西藏千年史话

History of Tibet for Thousands of Years

白玉芬 编著

Yufen Bai

世界华语出版社

World Chinese Publishing

Published by World Chinese Publishing, New York

History of Tibet for Thousands of Years
Yufen Bai

西藏千年史话

白玉芬 编著

出　版：世界华语出版社
邮　箱：minellc@gmail.com
发　行：谷歌图书（电子版）、亚马逊（纸质版）
版　次：2024 年 2 月　第一版　第一次印刷
字　数：212 千字
定　价：$35.00 美元

序　言

　　中国青藏高原是世界屋脊，也是世界上面积最大的高原，面积约250 万平方公里，平均海拔 4000 米以上。以行政区划分它包括今天的西藏（全部）、青海、甘肃、四川、云南等的部分地区，同时它以畜牧业为主，也有半农半牧的一些地区。

　　这片高原上在旧石器时期，就有人类活动的遗迹，这点考古已经证实。特别是近年在藏北高原考古出土的旧石器和新石器文物。藏民族、珞巴、门巴、僜巴、夏尔巴等与华夏民族有着很深的历史渊源，是中华民族的组成部分。

　　藏族历史它以雅砻部落为核心，逐步建立吐蕃王朝，在吐蕃最强盛时期，兼并了甘肃、青海、四川、云南等地区。藏族源于古羌人诸部落及本地土著和一些其它民族形成而发展起来的。从公元前 4 世纪至公元 7 世纪的一千一百余年间，它有"四十四小邦""十二列国"。

　　1、西藏母系氏族苏毗末羯部落，西藏苏毗末羯母系氏族是在青藏高原延续时间较长的一个母系氏族社会，后来发展成苏毗末羯女国（俗称，女儿国），她一直延续到公元 6 世纪末与 7 世纪初（另一说公元 7 世纪初被吐蕃兼并，个人观点，被象雄兼并，比较准确，苏毗末羯母系氏族的地域与象雄接壤；再就是象雄完全被吐蕃征服是公元 8 世纪）。

　　苏毗末羯女国在隋代时期，位于今天西藏阿里改则县以西的日土县境内和噶尔县、革吉县的北部地区。

　　2、象雄部落，以"象雄小邦"为基础发展壮大，使象雄（大、小羊同）成为公元 6 世纪以前的发展中心，它是西藏高原出现的一个时间最早，统治地域最辽阔，势力最强大的游牧部落联盟。象雄分三部：今天阿里、拉达克等地为"内象雄"；卫藏（拉萨、日喀则）

等地为"中象雄";多康等地为"外象雄"。汉文史籍称象雄为羊同。这时本教在象雄兴起，象雄有自己的文字——象雄文。

3、山南雅砻河流域的雅砻部落悉补野,在公元 6 世纪开始逐步兼并青藏高原的各个部落,最后统一西藏高原,建立了吐蕃王朝。统一西藏。

4、拉萨河流域孙波（森巴、松巴），在公元前 4 世纪崛起，这也是一个强大的古部落，它的区域在西藏藏北与拉萨河流域中上游与青海部分地区《新唐书》说苏毗种，可知苏毗原属羌系民族。法国汉学家伯希和认为，苏毗是一个藏种的国家，苏毗系羌民族的名"孙波"则是吐蕃的名称，此论已为学术界公认（这里需要注明：孙波与苏毗末羁，在汉族史籍和一些史籍里记载有误）。

孙波（森巴、松巴）在公元 7 世纪松赞干布征服后，后来是吐蕃进攻青海、甘肃、新疆等部分地域的有力后盾。孙波（森巴、松巴）的炼铁技术比较先进。

这些古老的部族与华夏氏族有着密切的关联。除了青藏高原的土著，基本上都与古羌部族有血缘关系。藏民族也华夏的一个重要组成部分。

除了以上的四个部落外，公元 7 世纪初还有白兰、党项、附国、吐谷浑。白兰在公元 7 世纪时被吐蕃兼并；党项公元 7 世纪初，受到吐蕃的袭扰，大部分迁徙到陕西、甘肃、宁夏交界地带。在公元 11 世纪初，曾经建立了西夏王朝。有一部分留居原地，臣服于吐蕃王朝。吐蕃与党项有密切关系。元朝灭西夏时，西夏王族逃到吐蕃，受到萨迦地方的政权庇护，后来成为 13 万户长之一；附国分布于四川西部、西藏东部，公元 7 世纪初，由辽宁西迁甘肃、青海地区，与古代羌人诸部进行激烈争斗后，在青海一带建立吐谷浑王朝。在公元 7 世纪，被吐蕃打败，一部分内迁到陕西、山西、河北，一部分被吐蕃征服。在元代西藏归入中国版图。

拉萨这座千年历史发展史，经历千年沧桑发展，它留在了藏民族的历史长河之中。今天，有多少人去追寻这千年沧桑历史呢？它留给我们后人多少值得我们去继承发展的优秀文化。它是民族融合、发展、民族团结，共同抵御外侵，维护国家领土完整，使国土安宁的历史发展见证。

拉萨千年以来是西藏自治区的首府，同时也是政治、经济、文化、交通中心。位于西藏高原中部，海拔在 3650 米、东经 90°06′；北纬 29°26′。年平均温度 7.5°C；最低温度－16.5°C；水沸点 80°C 左右。全年日照时数约 3000 小时，拉萨素有"日光城"之美称。拉萨辖区总面积 29539 万平方公里，市区总面积 51 平方公里，有藏、汉、回、纳西、门巴、洛巴、僜巴、蒙古等民族，其中藏族人口占 87%。辖区有当雄县、堆龙德庆县（区）、尼木县、曲水县、墨竹工卡县、达孜县（区）、林周县、城关区五县三区，共有 48 个乡，9 个镇。

青藏高原在 2.8 亿年前的二叠纪时，它是一片波涛汹涌辽阔的海洋，这个海洋横贯欧亚大陆南北与非洲、南欧、西亚、东亚的海域联通，称为"特提斯海"，或"古地中海"，当时特提斯海地区的气候非常温暖，海洋生物及动植物极为丰富茂盛的海域。那时的特提斯海，南北两侧是被它分裂开来的原始古陆地。南面的刚瓦约大陆，包括今天的南非、非利亚、南极、欧亚大陆；北面的欧亚大陆，包括今天的欧洲、亚洲、北美洲。二叠纪晚期，地球上南大陆开始分裂、飘移、形成板块。印度板块分裂出来以后，以较快的速度向北移动，特提斯海洋壳受到强压，不断发生褶皱断裂和上升。到了距今 4000 万年前的始新世晚期，印度板块与欧亚板块相撞，导致了剧烈的构造运动，使喜马拉雅地区全部露出海面，特提斯海消亡，宣告了整个高原地区海洋历史的结束，青藏高原的形成。

拉萨这座千年圣城，源于吐蕃（唐朝）第三十三代（有的资料也称为三十二代）赞普松赞干布从雅砻地区迁都拉萨。

拉萨在这之前，它是一片平静的草地、雪山、湖泊，犹如人间仙境，这片净土没有任何人类雕琢的痕迹，它平地中崛起了三座峰峦，红山、药王山、磨盘山。它的四周是白雪皑皑雪山，中间是宽阔的天然草地，它的南、北各有一条河，南面是吉曲（拉萨河）、北面是流沙河（为季节性河流），这两条河随着它那自己热情奔放的性格而流淌在这片寂静的土地上，舒展着她那美丽长发，在这片静静的大地上，带着她那野性，在这平原上任意流淌。南边拉萨河奔流不息，她有时奔流而下、有时平静如镜，永不止境的流淌着。在这风景如画美丽草原、河流上，记载拉萨千年历史的沧桑，今天我们仿佛听到了那千年以来，那远道而来的牧人的脚步，伴随着，那牦牛慢慢悠悠的步伐，从高高的雪山上慢慢走近这片美丽的草原上，牧民们来到这安闲而爽阔的草地上，忘记了旅途的艰辛和疲劳。牧民们静静躺在这宁静的草原、河流、湖泊、山峰间，享受这里的美丽、宁祥，它在牧民们的眼里如同美丽仙境，她那四周连绵不断的山脉、披着那银顶的雪峰，仿佛变得渺小；那草原上小巧玲珑的小湖、碧绿的与天相连。牧民们亲切称呼他们为"卧塘"，卧藏语的意思是"卧玛"即"牛奶"的译音；塘藏语的意思是"平原、平坎"之意；"卧塘"藏语是"淌着牛奶的平原"。

拉萨远古原野的平原中心地区，是由于河床蔓延出了许多河滩与沼泽，在她那宁静湿润而美丽的怀抱里，成群的灰天鹅成双成对，盘旋与憩静的草原上，过着无忧无虑生活，在草原之中，可爱的黄鸭们家庭和睦相处，那一阵阵叫声悦耳可亲。我小时候经常，听我的老阿妈讲，在她年轻的时候，还可以看到那些可爱的公黄鸭们经常背着，他们的孩子，一只一只地把它们的宝贝小鸭子，送到小溪、池塘中，在哪里等候的母鸭子的怀抱里。过去野鸭子们的洞穴，就建在拉萨市区中心的三座山峰的中间是药王山（北边是红山、西边是磨盘山）。

远古时代，拉萨城东边是直孔河流域、拉萨河流域。拉萨河与雅鲁藏布江汇合处，在这片狭长的地带居住着"吉"氏族人。当时的"吉"地方是一片草地，河流纵横、长满荆棘。它的北面的荒野中有一小湖，称为"卧塘措（湖）"。公元七世纪吐蕃（唐代）第三十二代（有的史书称为第三十三代）赞普松赞干布迁都拉萨，在这片荒原草地上修坝提，整治河道，填平了"卧塘措（湖）"，在此地建立了大昭寺、小昭寺。

"拉萨"（罗些）二字在西藏历史上第一次出现，是公元 806 年，吐蕃王朝第 41 代赞普赤德松赞时期，所立的石碑《噶琼寺碑》，此碑中有言："神圣赞普先祖送赞之世，始行圆觉正法，建立大昭寺"。由此可知，拉萨的城名，已经近 1200 年了。

公元 1 世纪先后，青藏高原涌现出了大大小小氏族部落，这些部落经过多年战争、部落之间联盟，最后，形成了两个大联盟部落，阿里地区的象雄（羊同）王国、雅鲁藏布（江）以北的孙波（汉语称为苏毗）部落同盟最为壮大。此刻，拉萨河的古名为"吉曲"已经出现，如今拉萨所在地被称为"吉雪卧塘"，其意为"吉曲下流的肥绕坝子"。当时的吉曲（河）卧塘流域前后属于孙波（苏毗）部落联盟中的达甲沃和赤邦松两王统治。

拉萨北郊五千米河谷边沿的曲贡新石器遗址，距今约 4000—5000 年，该遗址出土了一万多件文物和大量兽骨。此遗址出土了一枚铜镞，铜镞为扁平形，经过测定，它的质地为铜冶炼而成，从而这证明了青藏高原的先民，此刻已经进入了青铜时代。因而，拉萨在公元七世纪以前，这里叫卧玛塘，是孙波部落管辖，是他们的放牧之地。

公元七世纪，雅砻部落联盟崛起，吐蕃第三十二代赞普，松赞干布统一，将吐蕃政治中心，从山南雅砻移到了拉萨，从而壮大了吐蕃奴隶制王朝的发展，在拉萨建立了大昭寺、小昭寺和最初的布达拉宫等殿堂和宫殿。传说一，松赞干布赞普，用山羊背土填湖，在湖的中心建立了大昭寺，在湖边建立了小昭寺。大昭寺是建在填湖之中，湖是山羊背土而填起的，因而，拉萨最初之名为"惹萨"其意为，"惹"（山羊）、"萨"（沙土）作为这座城市的名称。汉籍译为"罗些""罗娑"。传说二，拉萨城，昔日是一片沼泽之地，叫"卧塘湖"一个小湖，在建大昭寺前，文成公主运用阴阳，五行的方法观察地形，认为西藏地形为一仰卧魔女，而卧塘湖是魔女的心脏，应填湖建寺，才能消灾驱魔。工程在施工中，成群西澎波（今林周县一带）白山羊往来驮土，因为藏语"山羊"叫"惹"，"土"为"萨"，所以寺庙被称为"惹萨"。后来人们又把"惹萨"名赐于这座城市，公元 806 年"惹萨"改称为"拉萨"，即"圣地"之意。

公元 8 世纪，赤德祖赞迎娶了金城公主，金城公主将文城公主带来的释迦牟尼十二岁等身像供奉于大昭寺主殿，并且制定了一整套供养祭祀仪轨，在红山与药王山之间修造了称为"巴嘎噶林"的三座白塔，形成了进入拉萨的大门。

拉萨地区自然风光如画，山峰叠叠、山脉绵绵，显得雄伟壮观，念青唐古拉（山）脉，山峰有 360 座，主峰海拔 7162 米、琼姆日山峰海拔 7048 米、谭门千峰海拔 6373 米、格斗峰"海拔 6121 米等雪山冰川风光；当雄草原之中有美丽的神女湖—纳木错（湖），面积 1940 平方公里，平均水深为 30 米深；羊八井镇地热等高原自然风景。历史文化宗教名胜古迹：布达拉宫、大昭寺、小昭寺、甘丹寺、哲蚌寺、色拉寺、楚布寺、关帝庙、罗布林卡、直孔梯寺、嘎则寺、尊木采寺等等；曲贡遗址、帕拉鲁普、同盖墓地、加玛明久宫殿（松赞干布出生地）、药王山摩崖石刻、唐蕃会盟碑、达扎路记功碑、无字碑、驻藏大臣官邸、汉族墓地、回族墓地、直孔梯寺天葬台、哲蚌寺天葬台、色拉寺天葬台、苏毗（孙波）古部落等等；松赞干布、赤松德赞、文成公主、尺尊公主、噶尔东赞域松（禄东赞）、吞米·桑布扎、金城公主、赤祖德赞（热巴巾）、五世达赖喇嘛阿旺嘉措等等；拉萨的民俗民风等等。

拉萨这座千年的古都内涵极为丰厚的人文景观和民俗与宗教融合，形成了独特的民俗民风及人文。拉萨神居住的圣地，它孕育了古代吐蕃辉煌时代的金戈铁马，赞普与公主的动人爱情故事，藏传佛教神秘而悠扬的高原古城。千年的圣城今天它依然延续它那昔日的美丽、雄魂、传奇、迷人而美丽、善良。它备受世界各国人们的关注，承载着文化、宗教、民俗文化等，它是中华民族的一朵奇葩，依然展现着藏民族热情豪爽奔放坚毅的性格。

目　录

第一部分： 历史追溯

一、雪域十二小邦部落

在藏族历史中的古代羌族部落时期，十二个小邦是西藏的总称。在公元六世纪时，整个西藏地区有"四十小邦"。它在雅隆悉补野部落的兴起和发展的过程中，各地氏族和部落不断出现和发展，而且这些小邦经常相互战争、互相弑杀，长期处于兼并之中，吐蕃逐步联盟了十二小邦。这些小邦实际上是分散相互不隶属的小部落，其中有一些带有政治、军事性质的组织。小邦各有各的部落酋长和军事大臣，这些部落是由酋长和军事大臣统治。他们都有自己的领地和部落的名称。

十二小邦部落的名称为：

（1）深域朱普部落，王名为：古永，大臣为：囊、廷；

（2）象雄部落，王名为：李聂秀，大臣为：玛、热桑；

（3）娘若切卡尔部落，王名为：脱噶尔，干名为：囊；

（4）努域林部落，王名为：努杰弥巴，大臣为：梅乌、卓；

（5）娘若香布部落，王名为：昂杰仲，大臣为：谢、素；

（6）吉日江恩部落，王名为：吉日芒波，大臣为：昂、仲；

（7）昂雪查纳部落，王名为：森杰赤昌松，大臣为：噶尔、年；

（8）唯邦卡部落，王名为：森杰吞成，大臣为：俄、白；

（9）斯域古端部落，王名为：章杰空囊，大臣为：哲、秀；

（10）工域赤那部落，王名为：贡杰噶尔波，大臣为：喀尔巴；

（11）娘域南松部落，王名为：娘宗朗杰，大臣为：普、俄杰；

（12）塔域除奚部落，王名为：塔杰芒波杰，大臣为：朗、刚木。

大部分史书记载，在雅隆部落聂赤赞普时期以前，藏族地区最初有十二小邦部落，后来逐渐变成四十小邦。但是本人认为藏族地区最早应是四十小邦，后来逐步演化为二十四小邦，最后部落之间不断战争成为十二小邦。

二、吐蕃的崛起—雅隆部落

在伟大中国的历史上，吐蕃王朝建立政权有着约 200 多年的历史。它从公元七世纪初到公元九世纪中叶，几乎和唐王朝统治相终始。在这 200 多年里，它创造了藏民族辉煌的政治、文化、经济，而且孕育了丰厚的文化典籍，是中国文化宝库中的丰厚财富。吐蕃第四十二代赞普赤达玛乌东赞（朗达玛），他是最后一代赞普。他信奉苯教，对雪域圣地进行了大规模灭佛运动，使吐蕃的许多文献遭到了严重的破坏。赤达玛乌东赞（朗达玛）赞普在大昭寺门前被刺杀身亡后，吐蕃王朝开始分裂，相互混战。公元九世纪后期，爆发了农奴起义，彻底推翻了吐蕃王朝。

古代藏史记载："农田莫早于索当、国王莫早于邦贡恰加"。西藏历史上的第一块农田、第一代赞普、第一座宫殿、第一部经书等都是出现在雅隆河谷地区。藏族历史上，聂赤赞普（本名"乌贝热"，公元前 126 年即位，据有的史书记载，他于公元前 414 年即位）是雅隆部落的第一代赞王，他是一位确切世系记载的人物。

大约公元三世纪前后，西藏高原就出现了三个大邦：西北有古象雄（汉史记为羊同）；中部地区有孙波（苏毗）；南部（山南）雅砻河谷有雅隆部落。

天神之子——聂赤赞普。某一天，雅隆河谷的牧人正在泽当（山南）附近的哈日山上放牧，此时从山上走来了一位气度不凡的年轻人。牧人问他从哪里来，他用手指了指身后，他的身后是高山和蓝天。牧人们搞不清楚，他到底是从山上而来，还是从天上而来。于是牧人赶快跑回部落告诉长老，长老从部落中找了十二个聪明的苯教徒去山上，问这个年轻人。后来人们终于相信，这个年轻人是从天上下来的。于是这十二个人前呼后拥，将这个年轻人抬回了部落，并拥立他为部落首领。天神之子——聂赤赞普就是雅隆部落的第一代赞普，这就是吐蕃王朝的王室始祖，是"天神"所生，名为：鹘提悉补野，尊称他为：聂赤赞普，意为"颈座王"，是悉补野部落的第一代首领。

从聂赤赞普到第七代首领都是"功毕返天"，不留尸骸。前几代赞普首领名字的第一个字都随母亲名（说明悉补野早期部落中，依然保留着母系制）。悉补野部落第一代赞普聂赤赞普在山南地区乃东县建造了西藏的第一座宫殿—雍布拉康。雍布拉康藏语意为"子母宫"。悉补野部落与当地部落进行了联盟，聂赤赞普被推举为"蕃"地方的（或是"蕃"人的）六牦牛部落（或作六鱼部）的首领。这时的蕃地方是山南雅砻河流域的乃东、琼结一带，此时就是藏族社会进入父系制度的时期后，部落联盟的最早记载，同时也是"蕃"为西藏地名、藏族族称藏文中最古老的记载。从聂赤赞普到吐蕃王朝的建立，一共传了三十三代（藏文文献记载是三十二代）。

藏族传说第一代赞普聂赤赞普是天神之子，是顺着天梯来到人间的。聂赤赞普和以后六代赞普的名字中都带有一个"赤"字，因此被称为"七赤天王"，七天王在人间的大业完成后，就顺着天梯返回天上了。第八代赞普止贡赞普，在位约公元前一世纪，他与属下的小邦部落首领罗昂达孜在比武中被罗昂达孜杀害。从此这个天梯就被割断了，此后的赞普死后就升不了天了。止贡赞普是第一位将尸体留在了人间，于是吐蕃的赞普就有了陵墓。

第八代赞普止贡赞普被杀后，他的妻子被迫去放牧，诸子被迫逃到了工布、娘布等地的部落（今林芝地区工布江达县、林芝县、米林县、波密县等），后来，悉补野部落发动了反抗，把洛昂部落给消灭了，并从工布迎回了恰赤赞普（布德贡杰），在位约公元一世纪。他就是悉补野的第九代赞普。

第九代赞普布德贡杰，为父亲在琼结（今山南琼结县）建造了陵墓，把父亲安葬在此地。布德贡布杰赞普恢复了悉补野基业，发展生产、烧制木炭、用木炭进行冶炼矿、兴修水利、制造犁，并引进二牛耕地，并从象雄部落（象雄，汉史称为"羊同"，今阿里南部），引入苯教，请巫师、医药为业的苯教参与祈福祭祀和盟会等活动。从此第九代赞普布德贡杰时有了祖先崇拜和宗教信仰，并与诸部落之间来往，东达波沃。西达阿里，沿雅鲁藏布江流域两岸，诸部落各自聚集联盟，大约此时前后，西藏就形成了依地域划分许多结盟部落群体，逐步联合兼并成十个小邦。

从第九代赞普布德贡杰到第二十九代赞普赤年赞普时，曾经有外来的僧人到雅砻地区传教，但是，此时人们并不能接受佛教思想，于是僧人临走时留下了佛教经书与法器，部落对佛教及法器并不欣赏，佛教在此地未对藏地发生影响，只能证明一点，吐蕃与周边的佛教国家有来往，之间有经济、文化发展的关系。悉补野部落第二十九代赞普赤年赞普时期与塔布部落（今山南加查县、林芝朗县）通婚，因感染传染疾病，曾经派人到阿柴（吐谷浑，位于今青海湖境地）请医生，这说明此时悉补野部落就与西藏以北临近的部落之间就有了文化方面的交流和往来。

在西藏历史资料中，悉补野部落从聂赤赞布时到第二十九代赞普赤年赞普时，缺乏年代记载。据有的学者根据苯教典籍推算，断定认为聂赤赞布最初是被六牦牛部落推举的蕃地方首领时是木鼠年。

第三十代赞普仲年德乌、第三十一代赞普达日年思（藏历土猪年；公元 579 年出生，藏历土兔年；公元 629 年逝世）、第三十二代赞普囊日松赞（藏历铁鸡年；公元 601 年出生，藏历土牛年；公元 629 年被害）时期，社会发生了巨大变化，西藏社会已进入奴隶社会。由于全部落、或是全氏族、或是全家人的奴户，成为了社会最基层单位，他是最为典型的家长奴隶制。奴隶制一开始就出现了激烈的阶级斗争，从而迅速推动了政治、经济、文化繁荣发展。当时，以部落联盟组成的成为小邦部落，经过长期的联合兼并，最终由十二个小邦分布在整个西藏境内。而悉补野部落成为最强大的部落之一，此时已经是公元六世纪下半叶。

　　拉萨地区与悉补野部落隔雅鲁藏布江相望的拉萨河流域的额布小邦（今林周、墨竹工卡一带）首领赤邦苏，以武力吞并了一个小邦。他将被征服的原始部落、氏族赏给其部下为奴隶，使这些部落受到了虐待和侮辱，由此引起这些部落、氏族的反抗，于是他们在暗地里窜连结盟，过江去求悉补野部落达日年思赞普出兵讨伐。因为达日年思赞普与赤邦苏部落有婚姻关系，他有些犹豫，但是最后他还是答应了这些新入奴籍的愿望，与他们秘密结盟，准备出兵攻打赤邦苏部落。

　　达日年思赞普去世，后第三十二代赞普囊日伦赞即位，他继续与赤邦苏部落的属下联盟，发动了悉补野以及诸部落万人大军渡江北伐，首领赤邦苏兵败被杀，余部或附臣、或北投突厥，其两个小邦地区全部归悉补野。赞普囊日伦赞把俘虏奖赏给有功的功臣，各封赐奴户数百至 1500 户，并封为小邦的论（大臣），赐给告身（级别标志），将额布地名改为彭域，于是额布地区的臣民共同赏给他为囊日伦赞（意为如天高如山坚的伦赞）尊号。藏蕃（约今日喀则地区）小邦畏其声威，率部 2 万户来降，此时，悉补野部落小邦已有前、后藏地区了。

　　其余的西藏东部地区的附国；南部地区的悉立国；西部地区的象雄（羊同）；藏北地区的孙波（苏毗）等小邦任然实行部落联盟制，已经进入奴隶制度社会，而且这些小邦在隋朝末年和唐初就与内地王朝有过联系。象雄（汉译为羊同）、鹘提悉补野〔（补杰）吐蕃〕、孙波（苏毗）三大部落联盟的形成。

　　在经历小邦时代各个小邦之间的长期战争和兼并之后，在公元前二世纪时期，西藏高原的范围逐步形成了三大势力较大的联盟，他们是象雄（汉译为羊同）、鹘提悉补野〔（补杰）吐蕃〕、孙波（苏毗）。三大部落联盟，他们是不断征服和兼并各个小邦、小部落的基础上逐步发展壮大起来的，他们之间，最古老的是象雄（羊同）。

（一）古老部落—象雄（汉译为羊同）

根据藏文古籍文献《贤者喜宴》《敦煌吐蕃历史文书》记载中，所列当时比较著名的"十二小邦"来看，象雄（羊同）在小邦时代就出现了。由此推断，象雄（羊同）可能是以原有的"象雄小邦"为基础，在历史的过程中不断兼并征服周边的其他小邦而发展起来的。象雄（羊同）无疑是继小邦时代之后，在西藏高原出现的一个最早、统治地域辽阔、势力强大的游牧部落联盟。

象雄（羊同）最初的地域，根据格桑丹贝坚赞所著《世界地理概说》的记载，象雄（羊同）分为三部分，一是今天阿里、拉达克等地为"内象雄"；二是卫藏等地为"中象雄"；三是多康等地为"外象雄"。象雄王室的势力是否扩展到这广阔的地域，目前还缺乏证据，但是当时的象雄范围包括今天西藏的大部分地区可信。象雄的势力范围最初可能包括了吐蕃部落的一些地区。但吐蕃部落兴起后，这些地区逐步成为吐蕃的范围势力之内，相对象雄的范围则随之缩小。

象雄在汉文史记记载称为"羊同，并分为大羊同和小羊同"。早期象雄，大约是一个较大、较松散的部落联盟。根据藏文古籍《五部遗教》记载："一切象雄部落"，说明了象雄是由众多部落组成的联盟。根据藏文《玛旁湖的历史》记载，当时除了象雄王室外，还有"象雄十八王"，书中详细记载了十八王及其部落首府。象雄王辛绕的弟子辛唐玛俄杰曾经做过十八王之一的赤怀拉杰的古辛（相当于护身医生）。由此断定，十八王代表了彼此不相统属的十八个部落，但是他们都是臣服于象雄王室，后来可能陆续被象雄部落统一，因为后来的史书上在没有记载过十八王位的承袭记载。

根据本教传说，象雄部落都城—琼隆银堡，琼隆银堡位于今天阿里地区扎达县境内的琼隆地方。由此说明，在吐蕃和孙波（苏毗）两大部落联盟崛起之前，古老的象雄部落曾经一度拥有以西藏北部、西部为中心的非常辽阔疆域，而且曾经产生过高度的文明。因此，象雄部落可以说明是自小邦时代之后西藏高原形成最早的文明中心。

（二）孙波（苏毗）部落

孙波（苏毗），早在小邦时代的十二小邦之中，已有"亚松"小邦，亚松小邦就是后来的孙波（苏毗，待考）。孙波（苏毗）在公元前二世纪，就是西藏高原古老的小邦部落之一，已经出现在西藏历史舞台上。

根据藏文古籍《贤者喜宴》《红史》记载，在悉补野部落的聂赤赞普时代，赞普就曾经命令蔡米田吉木杰征服了孙波（苏毗）的苯教师阿雍杰瓦，并且占领了孙波（苏毗）的部分领土。孙波（苏毗）的部分宗教文化受到象雄（羊同）部落的强烈影响，它是当时象雄之外的另一个比较大的苯教中心。

根据藏文《嘉言宝藏》记载，当时的雅砻悉补野部落的苯教若干仪轨都是经过孙波（苏毗）介绍过去的。孙波（苏毗）最初的腹地中心是在襄曲（河）流域（今天青海玉树及四川西北一带）；另一种说法襄曲（河）流域是今天的日喀则地区的南木林县境内一带。随后逐步向吉曲（河）今天的拉萨河流域发展。

公元六世纪，她以今天的拉萨迤北彭波（林周县境内）为中心的孙波（苏毗）王赤邦苏。居于今天拉萨河下游一带的达甲吾乘其内讧之机征服。孙波（苏毗）自此以后得到了空前的统一，称为雅鲁藏布江以北的强大的联盟部落。此时的孙波（苏毗）的地域大致是东面与四川西部和昌都地区相接；北面与突厥；西南可能与玛旁雍错（湖）的象雄（羊同）相连；南面以雅鲁藏布江为界同雅砻悉补野部落相连接。

至迟在公元六世纪，西藏高原唐古拉山山脉南北草原地带山南河谷地带的雅砻部落、位于阿里、拉达克地区的象雄部落，这三大部落形成了三足鼎立的局面。这种局面是经过了长期漫长艰难的岁月而发展、演变逐步形成的。

孙波（苏毗）部落（藏族史籍说法不一，有三个原始）

（1）、据《新唐书》记载：苏毗是"西羌种"。可知苏毗原属羌系民族。法国汉藏学家伯希和认为，孙波（苏毗）是一个藏种国家，孙波（苏毗）系羌民族的名称，而"孙波"则是吐蕃（逻裟；即拉萨一带西藏民族）的名称，此论已为学界公认。孙波（苏毗）的原始部落居住在今天西藏日喀则地区的南木林县一带，也就是襄曲（河）流域。因此藏文史籍又称襄曲（河）为苏毗河。苏毗"在葱岭之南"，由此可知苏毗原住青藏高原西部及西北。之后逐步东扩，一直抵达拉萨河流域和昌都的西北一带。

注：孙波和苏毗末羯女国不是同一个部族。汉族史籍翻译有误，可能是由于这两个字，在汉语拼音中的第一个字母相同，造成，孙"S";苏"S"之间的误差。苏毗之名，原本是母系部族的族名，苏毗末羯女国之族名；而不是孙波（森波、森巴）之族名，准确来说，孙波（森波、森巴），才是现在称为"孙波（苏毗）"之名。

（三）鹘提悉补野（补杰）部落

鹘提悉补野（补杰）部落，即是雅隆部落，又称为"吐蕃"或称"吐蕃部落"，它是继象雄（羊同）部落之后在雅砻地区（藏南谷地）形成的一个联盟部落。在雅隆部落联盟以前，雅砻地区就存在六个部落，他们是各自为政，没有统一的首领，到了聂赤赞普时，由于历史发展规律，六部落产生了联盟的需要。

根据藏文古籍《贤者喜宴》记载，聂赤赞普降世时，六部落共同去迎接的，这说明了一个问题，这标志着六部落从此联盟，成为一个整体。原来的"吐蕃六牦牛部落"称为了"父王（聂赤赞普）的六族属民"。于是聂赤赞普成了悉补野联盟部落的第一代赞普，号称"鹘提悉补野"。聂赤赞普成为悉补野部落首领后，不断扩大自己的领地，而且还建立了宫殿—雍布拉康，他从象雄引进了苯教，大力提倡苯教，在雅砻地区修建了第一座苯教寺庙—雍仲拉孜寺。

聂赤赞布的儿子牟赤赞普是一位非常信奉苯教，到了第八代直贡赞普时期，本教在雅砻得到了很大发展，赞普身边的苯教徒拉苯（相当于经师）、古辛等人逐步控制了相当大的权力，此时引起了直贡赞普的恐惧，决心消灭苯教，其主要原因是悉补野的苯教徒及其后盾象雄王部落的威胁。由此可见，当时的象雄部落是雅砻部落西部的一个强大的对手。

此后不久，直贡赞普被手下的属民所杀，悉补野部落发生了内乱。经过了十几年的斗争，直贡赞普的儿子恰赤赞普（布德贡杰）重新恢复了对悉补野部落的统治。随着漫长的岁月，悉补野部落逐步强大起来，到了第三十二代赞普囊日松赞时期，无论在部落的政治、经济、军事都获得很大的发展，逐步成了以雅砻河谷为中心的强大的联盟部落。

鹘提悉补野（补杰）部落是西藏原始氏族公社时期的部落联盟，他们以犬和牦牛（特别是白牦牛）作为图腾，又称之为六牦牛部落。他们居住在洞穴之中，以野菜和野果为食，过着母系氏族社会的生活。

公元前二世纪，悉补野部落联盟不断征服周边诸部落，使联盟部落不断的强大，在经济、军事上也得到发展，成了雅砻河谷一个强大的联盟部落。

公元六世纪，悉补野部落逐步强盛起来，部落活动的范围和交往扩大到青藏高原。悉补野部落在向外发展的过程中，逐步与邻近的象雄（羊同）、孙波（苏毗）、白兰、党项、吐谷浑的其他的游牧部落产生了一定联系。

聂赤赞普是悉补野部落第一代赞普；部落由母系社会转为父系社会，他们仍居住在雅隆河谷地区，保留着母系氏族社会的一些残余。悉补野部落赞普世系：

七赤天王（意为七天座王）

（1）聂赤赞普（约公元前 825—前 785 年）

（2）牟赤赞普（约公元前 785—前 745 年）

（3）丁赤赞普（约公元前 745—前 705 年）

（4）索赤赞普（约公元前 705—前 665 年）

（5）迈赤赞普（约公元前 665—前 625 年）

（6）达赤赞普（约公元前 625—前 585 年）

（7）思赤赞普（约公元前 585—前 545 年）

七赤天王中，除聂赤赞普外，其余的六王的名字中前面都有母亲姓"牟、丁、索、迈、达、思"的字（说明母系制的残余，留余吐蕃初期，它可能跟孙波有关系，这只是个人的观点）。七赤天王中的第四代赞普索赤赞普时期，他以牧业为，以农业为辅的社会文明发展时期。

上丁二王（直贡赞普和他的儿子恰赤赞普或者叫布德贡杰，总称为上丁二王）

（1）、直贡赞普（约公元前 545—前 505 年）

（2）、恰赤赞普（布德贡杰，约公元前 505—前 465 年）

直贡赞普从天竺及鹊然瓦扎将外道"阿夏苯教"引入悉补野部落。由此导致了苯教和土著原始崇拜的对抗。他试图以比武铲除对抗势力，但在格斗中被大臣洛昂达孜所杀，尸首被抛入娘曲（河）之中。后来七良臣之一的茹拉杀死了洛昂达孜，到工布迎请了直贡赞普的儿子恰赤赞普（布德贡杰）并为王。

恰赤赞普（布德贡杰）在位期间，率兵征服了雅鲁藏布江以南的诸部落，将自己的父亲直贡赞普的遗骨殓如铜棺之内，带回雅砻，把铜棺铆以铁钉，并为父亲修建了陵寝，陵寝修建于青瓦达孜（今山南琼结县境内），这是悉补野的第一座王墓。从此时悉补野部落已经能用木头烧制木炭了，开荒种植、挖渠灌溉、修筑桥梁，此时的冶炼技术得到了极大的发展，能从矿中提炼出金、银、铜、铁的等；同时用黄牛和牦牛杂交牲畜犏牛技术，开始储存山草地等。

地带六王（六名赞普的总称呼）

（1）埃肖勒（约公元前 465—前 425 年）

（2）德肖勒（约公元前 425—前 385）

（3）梯肖勒（约公元前 385—前 345 年）

（4）古如勒（约公元前 345—前 305 年）

（5）中喜勒（约公元前 305—前 265 年）

（6）艾肖勒（约公元前 265—前 225 年）

埃肖勒赞普时期雅砻部落已经可用二牛抬杠耕地。德肖勒赞普时期，制定只立一人为王，其余的兄弟均将为"唐参"（让其居住于边地）。地带六王时，赞普们信奉苯教的数落，续部典籍和五明学，在山南地区的琼结县境内建立了 6 座城堡：

（1）达孜城堡

（2）桂孜城堡

（3）扬孜城堡

（4）赤孜城堡

（5）孜莫琼杰城堡

（6）赤孜崩杜城堡

八德王（八位赞普的总称呼）

（1）萨南森德（约公元前 225—前 185 年）

（2）德楚南雄赞（约公元前 185—前 145 年）

（3）赛诺南德（约公元前 145—前 105 年）

（4）赛诺布德（约公元前 105—前 65 年）

（5）德诺南（约公元前 65—前 25 年）

（6）德诺布（约公元前 25—约公元 15 年）

（7）德杰布（约公元 15—25 年）

（8）德珍赞（约公元 65—95 年）

八德王时期，赞普王族与居民的关系发生了巨大变化，氏族婚姻仍在狭小的地区之内和固定的血缘关系之上。但此时，开始了修建宫堡的高潮，从而标志着以宫堡为中心与纽带的地域联系已开始全面形成。以血缘为纽带的氏族文明开始瓦解，说了一个问题此时的西藏社会已处于文明时代的前夕。八德王时期，苯教僧侣被贵族酋长取代。开始设立了大伦（宰相），辅佐赞普处理事务。

下赞三王(三名赞普的总称)

1.多日隆赞（约公元95—135年）

2.赤赞南（约公元135—175年）

3.赤扎邦赞（约公元175—215年）

下赞三王时期，各赞普开始组织民众，设官治理，牧养牛马，以衣以食。说明了当时的社会已有明显的分工。生产力有了一定的进步。

五赞普（五名赞王的总称）

1、赤托杰赞（约公元215—225年）

2、拉托托日年赞（约公元225—375年）注：从该赞普开始有生卒年代记载。

3、赤年松赞（约公元333—404年）

4、仲年德乌（约公元394—454年）

5、达日年赞（约公元434—505年）

以上五赞王均征服邻近部落，开拓疆域，设官治理，牧养马牛，征民为兵，发给刀矛弓，编为军团以备械斗。在拉托托日年赞普时期，将印度传入西藏的佛经、法器供奉于宫殿，称为"年布桑哇"。下令铸铁成链，横贯拉萨河两岸，上铺木板，建成拉萨铁索桥，五赞王墓地都在青瓦达孜（今山南琼结县）。

吐蕃王朝建立与执政：

1、囊日论赞（公元558、601—629年）

囊日松赞第三十二代赞普（藏族史籍为第三十一代，吐蕃王朝第一代王），出生于藏历铁鸡年，生于公元558、601年，藏历土牛年、公元629年，被杀害。

注：囊日论赞（论赞弄囊），原为悉补野部落第三十二代（三十一代）赞普，他在位时，年轻有为，雄心勃勃，思想敏锐，励精图治，

在公元 620 年收复孙波（苏毗、森巴）等部落，基本统一了西藏，被尊称为"囊日论赞"。统一西藏后，重用在战争中有功的娘·臧古、农咐波、哲蚌·纳生、巴·鱼泽布、琼波·邦色等新贵族，引起旧贵族仇视。后来，旧贵族（父王三臣和母后三臣）先后叛乱，趁机被毒死，不少属部叛离，又陷于分裂状况。

2、松赞干布（公元 617—698 年）

3、贡松贡赞（公元 623—650 年）

4、芒松芒赞（公元 650—676 年）

5、都松芒布杰（公元 676—704 年）

6、赤德祖赞（公元 704—755 年）

7、赤松德赞（公元 742—797 年）

8、牟尼赞布（公元 769—798 年）

9、赤祖德赞（公元 802—841 年）

10、赤德松赞（公元 764—815 年）

11、赤达玛乌东赞（公元 803—845 年）

12、朗德维松（赤热巴巾，公元 845—905 年）

13、白科赞（朗达玛，公元 893—923 年）

注：以上悉补野与吐蕃赞普年代来源于，德荣·泽仁邓珠所著《藏族通史·吉祥宝瓶》，西藏人民出版社 2001 年出版，第 130—131 页。

雅砻部落—吐蕃王朝的建立

第三十三代赞普（藏族史籍第三十二代，按照历史惯例，松赞干布是吐蕃王朝的第二代王），松赞干布统一青藏高原。松赞干布是强大昌盛吐蕃王朝的奠基人，是藏民族历史上著名的民族英雄。他出生于公元 617 年（藏历火牛年），出生于降巴弥久林宫（仁慈不变宫），今拉萨市墨竹工卡县加玛赤康（加玛乡）地区。幼名赤松赞，汉籍中称他为弃宗弄赞或弃宗弄赞，亦称弄赞或弃苏农。他 13 岁（公元 629

年）继位。

他任用娘.芝布支尚囊为辅政大臣，他首先镇压各地的叛乱，对杀害他父亲囊日伦赞的凶手，进行了斩灭，并令其绝嗣。松赞干布把叛离民庶又复归于统辖之下，待吐蕃东部安定之后，就开始了兼并领部、统一青藏高原的战争。

招抚孙波（苏毗），收复象雄（羊同）、占领党项和白兰：党项地处现青海东南部河曲地区及四川省松潘以西的河谷地带。松赞干布收夏象雄后向东发展，"地乃入吐蕃，其处者皆为吐蕃译展，更号弥药"。即宋之西夏今之木雅。

白兰地处青川交界的果洛和玉树一带。以畜牧为主，与党项关系密切。《资治通鉴》记载："师众二十万余，屯住松州西境。"公元 638 年，松赞干布已占领了党项和白兰，占领吐谷浑（退浑），地处今甘肃、青海。

据《敦煌本吐蕃历史文书》记载："其后，赞普亲巡，当末抵北方亦末发兵之时，汉（人）与土谷浑即已纳献贡赋，从此，吐谷浑首先被收为居民。"在文成公主进藏前，就有如下关于攻打吐谷浑的记载："赞普赤松德赞乘隙前往北方，吐谷浑与汉地……两者交纳贡赋。"《敦煌本吐蕃历史文书》记载。

吐谷浑，最初是辽东慕容鲜卑的一个支系。《晋书·吐谷浑传》记载："吐谷浑，慕容廆之庶长兄也，其父涉归分部落一千七百家以隶之。及涉归卒，廆嗣位，而二部马斗。廆奴曰'先公分建有别，奈何不远离，而令马斗！'吐谷浑曰'马为畜耳，斗其常性，何怒于人！'乖别甚易，当去汝于万里之外矣。于是遂行。"涉归死于晋太康四年（公元 283 年），根据这个记载，吐谷浑迁徙的年代应该是在太康四年以后。吐谷浑的迁徙方向，史书上记载都是"西附阴山"即今天的内蒙古河套北的阴山。吐谷浑在阴山游牧了二十余年后，于晋永嘉七年（公元 313 年）又率部"度陇而西"，到了今天的甘肃南部的枹罕（临夏附近）的北塬。不久，又向西扩展，到达今天四川阿坝、松潘、青海都兰一带，建国于羌、氐部落的故地。吐谷浑死于晋元帝建武元年（公元 317 年）。

长子吐延嗣位，在位十三年，死于公元 329 年左右。其子叶延嗣位。叶延为了尊祖，逐以祖父的名字吐谷浑为姓氏、国号和部落名称。吐谷浑极盛时期疆域，东起今天甘肃南部、四川西北，南抵今天的青海南部，西至新疆的若羌、目末、北隔祁连山与河西走廊相接。吐谷浑后期的政治中心则在今天的青海湖西十五里名伏俟城的地方。吐谷浑的政权从叶延时起，到唐高宗龙朔三年（公元 663 年）被吐蕃所灭，它经历了 334 年的历史。在 300 多年的历史之中，吐谷浑人与被统治的以羌人为主的各民族共同生活逐步逐步融合为吐谷浑。

吐谷浑亡国以后，一部分吐谷浑人内徙，经过了三个多世纪，融入了汉族、契丹和近塞住牧的室韦等部落之中了。留居在原地的降于吐蕃的吐谷浑人，活动时间仍然很长久。从唐高宗咸亨三年（公元 672 年）至唐玄宗天宝十四年（公元 755 年），在吐蕃统治下青海各地的吐谷浑部落不断降唐，被安置在河西凉州、瓜州、沙洲、肃州等地之南的祁连山一带。正因为河西一带的吐谷浑人员比较多，唐朝曾在凉州设置了一个吐谷浑羁縻州—阁门州，隶属于都督府。阁门州在今天的甘肃武威南阁门川（今天青海大通河）一带。

吐谷浑亡国之后的百年，唐代宗广德元年（公元 763 年）吐蕃军队长驱直入长安（今西安）时，二十万队伍中，人数占首位的就是依附于吐蕃的吐谷浑人。从这一点说明了，此时留居在原地的吐谷浑人，还是有相当的实力。

到了北宋，史书上还有吐谷浑人在青海湖北大通河一带存在的记载。在《续资治通鉴长编》第四十三卷记载："咸平元年；（公元 998 年），七一丙辰朔，河西军右厢副使，归德将军折通游龙钵来朝。河西军即西凉府也。……游龙钵自言'河西界军至故原州一千五百里，南至雪山、吐谷浑、兰州界三百五十里，西至甘州同城六百里，北至部落三百里'。"河西军在今天甘肃武威。武威南 350 里山岭，即大通河的南的大坂山。这说明，北宋初年，青海的吐谷浑人主要聚集在今天青海大通河大坂山南。

公元十一世纪后，河湟地区兴起了一个以吐蕃为主的政权—唃厮啰政权。它以青唐城（今天青海西宁）为中心。其统治地区包括青海及湟水流域，居住在这一地区的吐谷浑人当然在唃厮啰政权统治之下，此后吐谷浑这个词在历史上不再见记载了。

松赞干布—迁都拉萨

第三十三代松赞干布（藏族史籍第三十二代），他为了吐蕃王朝更强盛，他采取了一系列治国措施。他首先把都城由雅砻迁都逻些（拉萨）。根据藏史文献记载，松赞干布在一个风和日丽的盛夏日子，这位雄心勃勃的王子，在吉曲（拉萨河）中沐浴。他发现这里水草丰盛、景色幽美，红山（布达拉）和药王山突兀而起，巍然对峙，地形十分险要。传说这里是圣化之地，松赞干布祖先拉托托日年赞曾想过：为了雪域众生，将居何处？想后，乃令居于红山。

公元 633 年，松赞干布效法祖先毅然决定于把王都迁到了吉雪卧塘。松赞干布迁都是有他的政治目的：一是远离雅砻河谷吐蕃旧部；盘踞着王朝的旧贵族；二是迁都可以远离那些旧贵族的控制；三是逻些位于吉曲下游一片开阔的河谷，宜农宜牧，便于发展生产，也便于向外发展。

松赞干布统一吐蕃后，着于建立吐蕃社会管理体制和法律制度，合称为"吐蕃基础三十六制"。他制定基础三十六制的目的，就是征服西藏众小邦、部落，统一全叶蕃，建立政权以后，以巩固统治、安定社会，增强势力的办法发展农牧业生产，稳固边防。

松赞干布时期，把吐蕃地区以军事组织的行政区划分为五大翼邦，即：卫茹（中翼邦）、沃茹（左翼邦）、也茹（右翼邦）、茹拉（支翼邦）、苏毗（孙波翼邦）。同时制定了三尚一伦的政权制度，管理前藏一切事务。松赞干布时期，三尚一伦掌前藏的行政事务。三尚是：

堆之没庐氏（坚赞僧格）、曼之琛氏（嘉期协丁）、中部之那囊氏（那囊嘉甘）；一伦是：韦氏（吉桑达纳），统称为："三尚一伦"。他们都是赞普属下的父族、母族的三舅和大伦（相）、有权参议重大事务，是"尚伦毕集"之名。

松赞干布主持国政之时，国家的大事不是赞普独断，而是通过尚伦（戚臣）共同商议的方式决断。国家重大措施是在赞普的亲自安排指导下，由公伦尚等宗臣办理的。尚伦（舅臣）是赞普生母亲属的要人，赞普把属于母亲血统的氏首领称为"尚伦"。尚伦比同等地位的大臣所对应的权力大。吐蕃的戍边三军镇守边疆在六十一千户之中，在镇守吐蕃边疆，抵御外寇入侵方面作出突出贡献者，有无畏的三军勇士之称。

根据《白史》记载：古代于边界设巡防、侦察的大臣，其中侦察外敌为务者称之为"期琐"，而在吐蕃自己境内进行侦察者则称为"朗琐"，后者迄今仍为官名，此总称为"贞伦"，见之于古碑文等中。

松赞干布时期，统一了度量衡标准，标准：升、两、普、掬、钱、分、厘、豆等。他对当时的农牧业产品交换和商业等经济发展产生了很大作用。他还与臣子们详细研究了当时社会上存在的各种细微现象制定法规，最后做出决定，以生死代价表示。其内部划分为：法律十五条、七大法律、在家道德规范十六条等，合计为细法有三十八条。

松赞干布时期创立了吐蕃文字及规范藏文。根据敦煌古藏文史资料记载，吐蕃古昔并无文字（象雄据说有文字），巧于松赞干布之时出现。《贤者喜宴》记载：松赞干布他认为不应该依赖其它地区的文字，要有吐蕃自己的文字。根据以上史料记载，说明松赞干布之前吐蕃是没有文字记载的（象雄联盟部落有文字），可能是用的别地区的文字来行文。

松赞干布在西藏建立吐蕃王朝以后，鉴于对内巩固政权，施政布法，发展生产，促进文化建设，对外往来关系不断增长，没有自己的文字。因此，他派遣了十六个聪明有智慧的青年人去天竺（印度）学习，准备创造文字。可是因为遇到了种种困难，最终以失败而告终。后来他又派吞米·阿鲁之子，吞米·桑布扎等人，携带黄金及器物再次踏上去天竺之路，向婆罗门李敬学习声明及学习于阗、克什米尔文等。学成归来，于逻些玛绒宫（现今称帕崩岗，位于拉萨夺底乡境内）。仿照克什米尔文，创立了吐蕃三十个字母，同时编写了《三十颂》和《性入法》口诀，用以拼写吐蕃语。在吐蕃境内，使无文字和有文字的诸部落统一用吐蕃文字，随着各部落融合成后来的藏族，吐蕃文字也就发展起来，成为藏族通行的文字。

吐蕃在松赞干布以前是否有文字值得研究。但是象雄文字肯定是有文字的，根据苯教典籍记载：古象雄有一种称为"玛"文字，自吐蕃第二代赞普牟赤赞普时，古象雄文"玛"就传入了吐蕃。将"玛"文字记载的苯教经典译成吐蕃语布道。藏语是否由象雄发展起来的，这一问题待进一步研究和探索。

吐蕃王朝空前发展源于—唐蕃联姻

松赞干布在公元 634 年，派遣使者到唐王朝送礼品，请求通婚，唐工李世民遣行人冯德遐下书临抚，这是唐王朝与吐蕃开始建立友好关系的开始。

唐代贞观十一年（公元 636 年），吐蕃松赞干布派遣大相噶尔·东赞域松和直斯如贡敦等一百多名请婚骑士，带着金币七枚、金沙一升和镶嵌着红宝石的琉璃铠甲等珍贵礼品，来到长安城。吐蕃使臣在长安等待了七天后，最终得到了唐太宗李世民的召见。噶尔·东赞域松向皇帝陈述了求婚的理由。经过种种考验，最终唐太宗答应将文成公主嫁给吐蕃松赞干布。

公元 641 年藏历铁牛年，唐太宗李世民将侄女义文成公主和随从，身穿锦绣之衣，佩戴金玉珠宝的十六美女等从长安出发前往吐蕃。唐太宗赐给文成公主的嫁妆有释迦牟尼像、金玉镶嵌的经史书籍、佛经三百六十卷、汉地卜算书籍三百卷、六十种工艺书籍、《医方八种》《五观六行》《四续医书》等许多天文历法五行经典，医方百种，各种工艺的书籍及器械，还有指示吉凶之物如明镜等。塔杰芒布杰带领一百多名吐蕃请婚使者、骑着白骡的文成公主，还有护送公主的唐朝江夏郡王李道宗等一百多名骑士一同踏上前往吐蕃之路。松赞干布亲自率兵到柏海（吐蕃东界、界外是吐谷浑）亲自迎请文成公主，并为文成公主修建了宫室居住。

文成公主在拉萨修建了小昭寺，并请来了唐朝工匠参与修建。同时协助尺尊公主修建了大昭寺。此处大规模汉文化的输入，给吐蕃文化带来了许多新鲜和丰富的养料。文成公主与松赞干布的婚姻，促进了藏汉各族人民的友好关系，起到了积极的推动作用，藏族人民把这联姻当作汉藏友好的象征，成了一千三百多年来往的佳话，在民间故事、壁画、戏剧、诗歌等中都予以了永久的纪念和颂扬。

唐蕃之间的联姻使汉藏之间的友好来往与日俱增。松赞干布爱好汉文化，为培养翻译和汉学学者。在他的统治时期先后派遣贵族子弟到长安，入太子府学习诗书。同时聘请唐代文士掌管和唐朝往来的文书。从此吐蕃也开始设史官，记录每年赞普和大相的活动，重要会议的地址和主持，吐蕃大政和内外重要事件。分别撰写成简略的编年体、传纪、王氏世系表、大相表、小邦王及家臣表记录下来。这种记事法，显然是受了汉文化的启发。

公元 648 年，唐使臣王玄策到天竺，在途中被劫，退到吐蕃西境。松赞干布出精兵一千二百人，又命令泥婆罗（尼泊尔）出奇兵七千人，支援唐朝使臣，平息了天竺的战乱。公元 649 年唐太宗驾崩，唐高宗李治即位，他授予松赞干布为驸马都尉、西海郡王等名号。松赞干布写信给唐朝宰相长孙无忌说：赠送金银珠宝十五种，请供奉于唐太宗灵座前。唐高宗李治感谢他的善意，加赠賓王名号，并回赠各色丝织三千匹。公元 649 年，松赞干布请皇帝赐给吐蕃蚕种、制造酒业、碾碳、纸、墨等工匠，得到了高宗的允许。公元 650 年松赞干布去世，唐朝派遣专使入吐蕃吊祭。

　　松赞干布是建立藏族与祖国各地民族人民之间相互依存亲密无间的开端。吐蕃都松芒波杰时期，从唐朝请来了种植茶叶和烧瓷工艺的工匠。公元 710 年，赤德祖丹又迎请了唐朝金城公主，汉文化又一次大规模地输入吐蕃境地。虽然吐蕃和唐朝为争夺土地发生了长期的战争，但是相互之间的往来连续不断。藏民族就是在汉藏长期往来之中吸收了汉文化来丰富自己文化，促进了藏族社会的发展。

　　松赞干布一生的业绩，就是将青藏高原分散部落和小邦组成了统一的吐蕃王朝，促进了吐蕃社会政治、经济、文化发展，奠定了藏民族和祖国不可分割的基础。

　　松赞干布逝世后，由第三十四（藏族有的史籍称第三十三代）代贡日贡赞继承王位。贡日贡赞公元 655 年去世。由第三十五代（藏族有的史籍称第三十四代）芒松芒赞继位。因赞普年幼，就由大伦噶尔·东赞域松（汉文称禄东赞）继续任大伦辅政。芒松芒赞去世后。

　　第三十六代（藏文有的史籍称第三十五代）都松芒波杰赞普继位，因赞普年幼，由噶尔·赞业多不（噶尔·东赞域松大儿子）辅政。在他执政时期吐蕃攻打吐谷浑，出兵西域，得到西域十八州。吐蕃又联合于阗国攻入龟兹国（今新疆维吾尔自治区阿苏县）、于阗国（今天新疆和田县）、焉耆国（今新疆中部）、疏勒（今新疆喀什）等四镇。此四镇是唐朝通往中亚之路。著名的"丝绸之路"的必经之路。唐朝失去西域四镇，以薛仁贵为逻娑（拉萨）道行军大总管、阿史那道真、郭待封为副，率十万余人，声言要进攻吐蕃逻娑（拉萨）首府。吐蕃人听说唐朝十万兵，要攻打罗些（拉萨），夺回文成公主带去的释迦牟尼十二岁等身像，于是就将逻娑（拉萨）十二岁等身像从小昭寺，移置到了大昭寺殿内南面的藏经洞，用泥巴把墙糊上，并在其上绘上了妙言菩萨像。其实唐军并未到逻娑（拉萨）来。薛仁贵为逻娑（拉萨）道行军大总管，率领十万大军以讨伐吐蕃，逻娑（拉萨）城里人心惶惶，到处谣传唐朝要夺释迦牟尼像之事，并且添油加谣，唐兵十万兵攻入拉萨，焚毁布达拉宫，菩萨显灵以天兵出击，大败唐兵等等谣言。其实，历史真实情况是：唐军进入到大非川（青海共和县切吉旷原—范文澜注），噶尔·钦陵（噶尔·东赞域松的儿子）率领大军歼灭了唐朝的大军，吐蕃大获全胜。

从此吐谷浑就成了吐蕃的属地，并以此为基地，长期征战于河西和东临松、茂等州（今四川阿坝地区），南接天竺、泥婆罗、西取西域四镇，北抵突厥，成为盛极一时的吐蕃王朝。根据藏文史料记载都松芒波杰赞普武功高强，胜于先世诸赞普，但是因为边境连年征战，使吐蕃人民的负担徭役过重，引起象雄的反叛，吐蕃内部贵族们也对赞普心怀异心，因此贵族内部之间相互残杀。

公元 685 年，大伦赞耶多布被杀，于是各种矛盾在吐蕃内部不断滋生。公元 685 年任命伦钦为大伦，噶尔氏兄弟分掌军政大权，实行武力扩张，使吐蕃得疆域扩大到东接凉州、松潘、茂州、嵩州等地；南到天竺（印度）；西到龟兹、疏勒等四镇；北到突厥，疆域万余里。汉史记载"诸胡之盛，莫与为此"。噶尔·钦陵自恃噶氏家族为吐蕃王室屡建功勋，加之噶氏亲信遍布了吐蕃内外，专权专制，心怀诡异。

公元 695 年，首先噶尔·赞辗恭敦叛逃，于是赞普下令杀噶尔·赞辗恭敦。公元 698 年，大伦钦陵引兵赴大小宗喀（今青海湟水流域）执唐军元帅都护使。赞普以出畋名誉，集兵执钦陵亲信两千多人杀也，派遣使者召钦陵兄弟，钦陵等举兵不接受命令，于是赞普以巡临北方为名，派兵讨伐钦陵，钦陵兵败后自杀。赞普清查了噶氏的罪状，没收了噶氏家族的财产。赞婆（钦陵之弟）投降唐军，被唐朝封为归德王，钦陵的儿子弓仁率领他的部下和吐谷浑七千多将士投降于唐朝，拜左玉钤将军，酒泉郡公。噶尔氏族这个扶持吐蕃政权五十多年的专权，从此一蹶不振。而后吐谷浑部落一千四百帐附于吐蕃，吐蕃内部的一些贵族叛离，此时的赞普都松芒波杰亲自在外征战，最后在征战南诏地区时，于公元 704 年逝世于军中，结束了他辉煌的一生。

第三十七代赞普赤德祖丹（又称为梅阿充，藏族有的史籍称第三十六代）继位，由于他年幼，就由他的祖母辅政。赤德祖丹（汉史籍为弃隶缩赞），因为他长着满脸胡须，藏文史籍称为梅阿充。由他任命曲·芒布杰拉松为大伦。后来因曲·芒布杰拉松犯罪。又任命宦臣韦乞力徐为大伦。在赤德祖丹统治的这一时期，吐蕃王朝，内政和睦，人民安居乐业。这时唐王朝名声更大，北方的突厥、西方的大食国均属唐朝辖区。

由于唐朝财富物产丰厚，西部的各地财宝，储藏于瓜州，赤德祖丹亲征汉地，攻下了瓜州等地，得到了瓜州的财宝，于是庶民、黔首都都穿上了唐人的上好绢帛。南方之部下，南诏白蛮王酋长部落，南诏王阁罗凤归顺吐蕃，吐蕃占领两地之后，将南诏地区丰富的资源作为他的军队给需之地，并从西域交通要道瓜州等地发展互市，从此他就垄断了西域交通贸易的财富，对吐蕃的经济发展得到了很大的利益。

赤德祖丹赞普时期，由于祖母犀玛米为首的重要宦臣进行辅政，灭噶尔氏家族后，就不在重用王族宰相了，因此，这样就造成了王族与宦臣之间的矛盾，大臣们因离判罪，被抄家者远远不断。犀玛米辅政时期，她为了稳定吐蕃王室内部的争斗夺权局面，为发展吐蕃经济，曾经多次派遣使臣到唐朝和好请婚，急于得到唐王朝的援助。

公元 710 年（藏历铁狗年）派尚·赞咄热拉金等为迎婚使者，唐中宗李显以养女雍王王守礼之女金城公主嫁于赤德祖丹赞普，当年金城公主只有十五岁。唐中宗李显亲率百官送金城公主到始平县，制书称吐蕃"屡披诚款，积有岁时，思论旧亲，请崇新好"。并诏免始平县当年租赋、死罪，同时改始平县为金城县。随后又将以河西九曲地（今青海省东部）赏给金城公主的汤沐邑。吐蕃派遣白·杰桑东赞和钦杰司秀丁等三百名骑兵迎接金城公主，在行至汉藏交界处时惊闻天子江察拉本逝世的消息，金城公主和使臣悲痛万分。但是，金城公主是一位心胸宽广的女人。她擦干眼泪说："女子当事一夫，不论苦乐，我都应当道蕃地"。于是公主嫁给了赤德祖丹赞普。

吐蕃通过金城公主出嫁，汉文化又一次大规模进入吐蕃。《新唐书·吐蕃传》记载："赐锦绘别数万匹，杂伎诸工悉从，给龟兹乐"。

公元 713 年，金城公主请《毛诗》《礼记》《左传》《文选》各一部。以上这些汉文史籍，对于当事吐蕃文化发展起到了深刻的影响。

唐朝金城公主是一位知书达理、笃信佛教。金城公主嫁到吐蕃之后，将文成公主带来的释迦牟尼佛像藏于大昭寺南镜门内的佛像取出，将此尊佛像供奉于大昭寺，将大昭寺尺尊公主（尼泊尔公主），带来的释迦牟尼八岁等身像移至于小昭寺内供奉。金城公主还大力资助逃亡在吐蕃的于阗僧众。

金城公主嫁到吐蕃以后不久，公元 714 年，坌达延与大伦乞力徐二人率领十万兵干扰唐朝境内的临洮，后来吐蕃在唐蕃边境直接骚扰唐朝边境，掠夺了河西、陇西一带边民的秋粮。吐蕃的这些行为，是驻守边将在没有赞普指令情况下，自行决定的。因为当时吐蕃王室曾多次派遣大臣入唐，要求与唐朝和好。藏汉史籍均有记载：当时双方使臣不断往来。赤德祖丹表称"外甥是先皇帝舅宿亲，又蒙降金城公主，遂和同为一家，天下百姓，普皆安乐"。从以上的语言中，表明了赞普与唐朝求和的诚意。而且金城公主于公元 733 年请求立碑于赤岭，以分唐朝和吐蕃的边境之地。经唐朝的许可后，在赤岭立碑划界，设置贸易，此事是唐蕃历史的一件大事，同时它也符合唐蕃人民的共同愿望和利益。

唐蕃之间由于连年在西北地区的战争中，吐蕃将领连年佣兵在外，把侵略唐朝边境视为邀功求赏，一旦息兵停战，那么他们的权力就会日渐消减，因此在盟和前后，仍然有不断战争发生。加之吐蕃与唐朝联姻政策，加之以吐蕃将坌达延留守吐谷浑经常骚扰河西一带。公元 736 年，小勃律王投降吐蕃，公元 740 年，赞普将女儿嫁给小勃律王为妻，切断了唐朝通往西域四镇的要道。

公元 751 年，吐蕃封南诏王阁罗凤为赞普锺（弟）号"东帝"。吐蕃与南诏结成了兄弟联盟，这样吐蕃与南诏就形成了对唐朝西南边境的威胁。公元 755—763 年之间，唐朝发生了"安史之乱"，由于唐朝统治受到了沉重的打击，唐朝为了平息叛乱，不得不撤回河西陇右两镇驻守的十五万军队，这样导致唐朝边境防备空虚，使吐蕃有机会侵入唐朝京城长安。公元 754 年，吐蕃贵族末氏、朗氏等杀害了赤德祖丹赞普。公元 739 年藏历土兔年金城公主去世，她在西藏生活了二十九年，金城公主进藏后，加深了汉藏民族之间的团结和友谊，对西藏文化发展做出了积极贡献。建陵于琼结县后山。

第三十八代赞普赤松德赞（据说母亲是金城公主）

公元 761 年即位，即位后，处死了杀害父亲的白·东杂和朗尼斯等叛臣。他进行了内部官员的调整，加重税收。公元 763 年，唐蕃之间又发生了战争。吐蕃军队攻破了泾州、汾州，攻占了奉天（陕西乾县）、武功，唐兵败退，唐代宗逃往陕州（今河南乾县），吐蕃乘机攻入长安城，并立李承宏（金城公主的侄儿）为唐王。吐蕃进城后乘机掠夺长安府里的宝库，焚烧房屋，还想掠夺城中的士女、百工、整众归国。唐朝将领郭子仪设疑兵，恐吓吐蕃军。吐蕃军队在长安城中滞留了十五天后，惊慌出长安城，李承宏遇害。

吐蕃退出长安城后屯兵于原（宁夏回族自治州固原县）、会（宁夏中卫县）、成（甘肃成县）、渭（甘肃陇西县）等地，窥伺唐境。赤松德赞对深取长安有功的大伦恩兰·达扎路恭立碑于布达拉宫前，敕授其子孙后代大银字告身并允嗣其位，所属奴隶、土地、牧场、草料、园林等等一切，永不没收、亦不减少，他人不得抢夺的特权。

赤松德赞赞普，在稳定了吐蕃局势以后，首先派遣桑希等人到汉地迎请汉地僧人，然后又派人到印度迎请寂护大师，大师于公元 743 年入吐蕃，只停留了 4 个月后，即去了尼泊尔，在尼泊尔停留了 6 年之久。在此期间，寂护大师推荐了莲花生大师如吐蕃传教。寂护大师在公元 749 年再次进入吐蕃，曾主持修建桑耶寺，并为 7 名贵族弟子剃度出家，史称"七觉士"。公元 762 年在吐蕃被马踢伤致死。寂护又名"寂命"，出生于孟加拉，是当地的萨霍尔王之子，后去了印度那烂陀寺，后出家为僧，受具足戒，是一位中观自续派论师，著有

《中观庄严论》。寂护在当时的印度佛教界有一定的知名度。

莲花生大师，由寂护推荐入吐蕃传法，入藏时间，近代学者多方考证，结论不一。据智慧海王所述年代推算，他是于公元 750 年，由印度启程制尼泊尔，752 年到达拉萨，秋季开始建桑耶寺，754 年建成。这不符合莲花生进藏是赤松德赞时期。学术界一致认为，赤松德赞在位时间是公元 755—791 年。由此证明，莲花生并不是在公元 751 年进藏，752 年与赤松德赞相见。那么桑耶寺是仿照印度超岩寺修建的，超岩寺修建于达摩波罗王时期，时间是其码在公元 766 年以后，那么既然他选定的桑耶寺寺址，奠基年代不可能早于公元 766 年？。

藏族史籍记载：桑耶寺于公元 775 年（藏历木兔年）奠基，于公元 787 年（藏历火兔年）竣工。桑耶寺中央依须弥山的形状，修建乌孜大殿。顶层左右两侧分别修建尼玛拉康（日殿）和达瓦（月亮殿）拉康。为了显示四大洲和八小州，在四周八方建十二座拉康。四角都修建了四座佛塔，围墙上面修建了一百零八座小佛塔。迎回了寂护大师。此时西藏出现了首批贵族子弟之中有七位子弟出家，史称"七觉士"：（1）巴·赛囊；（2）卫·赤协；（3）桑希达；（4）巴廓·贝若杂那；（5）恩兰·杰瓦曲央；（6）昆·鲁益旺布；（7）玛·仁钦却。此后陆续出家的王妃贵族子弟约有三百多人。从此组织大批翻译经书、查阅并翻译了大量的佛经，同时把经典编成了目录。其中有成就者有一百零八人。一百零八人中有九名被誉为"著名九译"。赞普此时下令僧人的生活供养由上级供奉。此刻是佛教制度在西藏初具规模。

由于佛教在西藏的立足，引起了信奉苯教贵族的强烈反对，于是赤松德丹决定召开佛苯大辩论会，结果是本教徒失败。赤松德赞赞普下令"不准实行苯教"，为了进一步巩固佛教在西藏的地位，他规定了"每三户属民供养一名僧人"。赤松德赞赞普解决了佛苯之间的争斗之后，又解决了以汉地和尚摩诃衍为代表的顿门派和天竺的莲花戒（嘎玛拉希拉）为代表的渐门派之间的佛教内部的宗派斗争。最后以莲花生大师的莲花戒派取胜。吐蕃佛教便沿袭了莲花生大师所开创的佛苯结合的道路发展。

自公元 763 年以后，吐蕃连年入侵唐代疆土，唐朝戍边节度使，驻扎重兵抵御吐蕃。公元 783 年，唐蕃在清水（甘肃清水县）会盟，唐朝承认吐蕃所占领唐州县为吐蕃领地。公元 786 年，吐蕃尚结赞开始败盟，进攻京西诸镇，趁唐朝内乱频繁，想利用此时消灭唐朝三大良将李晟、马燧、浑瑊。随后攻打长安。

公元 787 年，尚结赞于甘肃平凉唐蕃会盟时以武力却盟背约，引起唐蕃大战。经过此次的挫折，唐朝与北结回纥、南连南诏、西通打食、天竺等国，并屯兵于西北地区，防止吐蕃的入侵。此刻吐蕃主要兵力位于西部的大食国为敌。因此吐蕃备受四面受敌，他们的兵力和物力都难以抵挡，加之吐蕃内部佛苯之间斗争表面化，吐蕃统治者内部斗争激化，而逐步走向了衰败。

吐蕃王朝在赤松德赞时期势力强大，但是到了后期开始走向衰败。《旧唐书》记载：吐蕃人马时说，"凡五万九余人，马八万六千匹，可战者，仅三万人，余悉老弱"。《全唐书》记载：战兵在河陇者，五六万而已。这就说明了此时的吐蕃王朝的兵力已经处于十分衰弱的境地了，他已经无力于唐朝抗衡。赤松德赞于公元 797 年被害。

第三十九代牟尼赞普（汉史称足之煎，藏族有的史籍称第三十八代），赞普牟尼赞普藏语之意"圆满父王"。他是赤松德赞的儿子。他继位后立俗祭祀经、律、论三藏，下令臣民向寺庙布施金银财物，但是因为广大民众贫富两极分化严重，于是有的布施金银、有的只能布施破衣烂衫。牟尼赞普他进行改革，下令凡属地的子民的贫富悬殊应该缩小，因此他在此问题上进行了三次改革，但是效果是一次不如一次，到头来还是富得富，穷的穷，贫富悬殊任然较大，由于他的贫富改革，触动了奴隶主的根本利益，于是他被代表奴隶主利益的母后次朋氏给害死了。这位赞普在位时间只有一年零八个月就被害死了。

第四十代牟迪赞普（藏族有的史籍称第三十九代）是牟尼赞普的兄弟，也是赤松德赞的儿子。牟迪赞普（又称为赛那累）。在他执政时期，大力发展佛教，提高僧人的荣誉地位，同时让僧人参与政治。

牟迪赞普时期任命的四大臣子中，有两名是僧侣，他设立了钵阐布职位，是由娘·定埃增、勃阑伽·云丹担任钵阐布要职。钵阐布职位高于别的大臣之上。《新唐书》记载："钵阐布者，虏浮屠豫国事者也"。赞普制定了往后不再发生灭佛事件，同时制定了不灭佛诏书，进行盟誓和颁布两项规定：

第一，"赞普子孙从幼年开始起直到亲政作人主为止，以比丘善知识作为教师，尽其可能，悉心修习政法"。

第二，"出家人不得给他人为奴隶，不得贬他们入俗行列"。

牟迪赞普还赐予僧人农田、牧场、属民和奴隶。

从以上盟文的内容知道，吐蕃这一重大事件，是以赞普为首的大臣们盟誓的形式进行的，一经盟誓署名就会使诏书具有不能违反法律性质。此后吐蕃将佛教开始定了"国教"。

第四十一代赤祖德赞（热巴巾，藏族史籍称第四十代）是牟迪赞普的儿子，牟迪赞普共有五个儿子，长妃生有三个儿子；次妃生有二个儿子（均在幼年去世）。长子因信佛教于公元 815 年出家为僧；三儿子赤达玛乌东赞（朗达玛）不信佛教；次子热巴巾（汉史记为赤足德赞、可黎可足）即位，章卡·白吉永登（唐代史书为钵阐布）为摄政。由于赤祖德赞（热巴巾）非常信奉佛教，因此他继位后，规定七户供养出家僧人一位。因为赞普赤祖德赞（热巴巾）以长绫系在左右的头发之定端，令僧人们尊敬，后来称为头有二部僧人。赤祖德赞（热巴巾）在位时从黎域（于阗）召来了能工巧匠；从尼泊尔请来了雕塑工匠，修建了无比吉祥增殿（今曲水县境内，现今只剩下废墟）。此殿过去辉煌金碧，共有九层，下面的三层是用石头砌成的；中间的三层是用砖砌成的；上面的三层是用木结构建造的，房顶还有金碧辉煌的金顶，金顶是以金龙和玉龙装饰的，下面三层殿堂里是王、臣及眷属居住之所依处；中间的三层是供奉的高僧大德之处；上面的三层殿堂里供奉的是藏王誓愿之所依处。赤祖德赞（热巴巾）尊佛到了至高五上之境地，这样就引起了信奉苯教权贵们的大为不满。

赤祖德赞（热巴巾）在章卡·白吉永登（唐代史书为钵阐布）为

摄政的倡导下，他连续派遣使者去唐朝求和。在公元 821 年，他派遣吐蕃专使伦纳罗和唐朝会盟于唐朝之都长安西王会寺，立誓会盟碑；公元 822 年，唐朝派遣刘元鼎到吐蕃逻娑东郊，由吐蕃以钵阐布主持会盟；公元 823 年会盟立碑于大昭寺正门前，唐蕃前后共会盟八次，公元 823 年是最后一次会盟。

长安西郊立的会盟碑的碑文是："中夏现管，维唐是君，西裔一方，大蕃为主；自今而后，屏去并革，宿忿旧恶，廓焉消除"。吐蕃占领的河陇，唐朝承认为吐蕃境，吐蕃承诺不再侵扰唐朝边境，由此罢兵和好。在吐蕃逻娑哲堆园立的石碑上的碑文是："大唐文武孝德皇帝与大蕃圣神赞普，舅甥二主，商议社稷如一，结立大和盟约，永无渝替！神人俱以证知，世世代代，使其称赞。是以盟文节日，题之于碑也。文武孝德皇帝与黎可足都赞陛下二圣舅甥，睿哲鸿被，晓今永之屯，亨矜愍之情，恩复其无内外。商议叶同，务令万姓安泰，所思如一，成久远大善，再续旧亲之情，重申邻好之义，为此大和矣。今蕃汉二国所守见管州镇为界，以东皆属大唐封疆，以西尽是大蕃境土，彼此不为寇敌，不举兵革，不相侵谋封镜。或有猜阻，捉生问事讫给与衣粮放归。今社稷山川如一，为此大和。然舅甥相好之义，善信每须相传，彼此驿骑，一任常相往来，依循旧路，蕃汉并将军谷交马，其绥戎栅已东，大唐祗应；清水县以西，大蕃供应，须合舅甥亲近之礼，使其两界烟尘不扬，罔寇盗之名，复无惊恐之患。封人撤备，乡土俱安，如斯乐业之恩，垂诸万代，赞美之声，遍于日月所照矣！蕃于蕃国受安，汉亦汉国乐，兹乃合其大业耳，依次盟誓，永久不得易。于三宝及诸贤圣，日月星辰，情为知征，如此盟约。各自契陈，刑性为盟，设此大约，倘不依次誓，蕃汉背约破盟，先之者来其灾祸也！仍须仇对反为阴谋者，不在破盟之限。蕃汉君臣并秘告立誓，周细为文，二君之验，证以官印，登坛之臣，亲署姓名，手持如斯誓文，藏于玉府焉"。此碑文载于《吐蕃金石录》王尧、陈践编著。

此次会盟其意义深长，它实现了唐蕃人民共同的厌战愿望，使藏汉民族关系得到了更大的发展，同时也使吐蕃的经济、文化在一定的程度上得到了发展。

赤祖德赞（热巴巾）赞普把属民们授权于僧众和寺庙管辖之下，使不信佛教的臣民们十分恐慌，于是共同密谋商议杀害赤祖德赞（热巴巾）。于是有人说：首先把章卡·白吉永登拘谨于卓们的地方，把信教的大臣格杀无论。有一天乘赤祖德赞（热巴巾）在宫中饮葡萄酒，醉眠于宝座上时，被韦·达纳巾、觉绕·拉隆等人折颈杀死。

第四十二代赤达玛乌东赞（又称朗达玛，藏族史籍有的称第四十一代）是赤祖德赞（热巴巾）的弟弟。赤祖德赞（热巴巾）被害后，于公元841年由赤达玛乌东赞（又称朗达玛）继位。娶两个妃子，由韦·达纳坚担任大臣。此后吐蕃的势力日益衰退，社会矛盾和统治阶级内部矛盾日渐尖锐。加之此时，吐蕃农牧区频繁发生了前所未有的瘟疫、霜冻雹、干旱、洪水等自然灾害。由于他不信佛教，以此为借口，开始毁佛教。他首先是强迫出家人为屠夫，让僧人脱去法衣为猎人，如有不从这格杀无论。封闭拉萨河桑耶寺等寺院，对一些小的寺庙进行了毁坏，把经书投入江河或焚毁。

公元842年闻讯赤达玛乌东赞（又称朗达玛）灭佛之事，由曲卧山的岳格琼、章绕色、马尔·释迦牟尼等三人，用三匹骡子驮着律、藏四教，由经北路逃往康区。于此同时在叶巴（现达孜县耶巴寺）修行的岩洞内的僧人拉隆·贝吉多杰，只身来到了大昭寺周围，有一天拉隆·贝吉多杰趁赤达玛乌东赞（又称朗达玛）在大昭寺前观看舅甥会盟碑时永箭将他杀死。吐蕃王朝走向灭亡。

赤达玛乌东赞（又称朗达玛）遇刺后几个月后，王妃蔡邦氏，生产之后，害怕大妃加害王子。派人日夜守护，夜以灯守卫，取名额达沃松（藏语意为光护主）。大妃纳朗氏过继了一个幼子，时年三岁，取名云丹（意为母所依）、汉史籍称为：綝氏尚延力之子，名为乞离胡。两位王妃和两派大贵族为争夺王位继承权，由于大相结都那反对立异子为王，大妃纳朗氏一派杀害。由此后吐蕃王室之间逐步分裂，永丹王子一派占领拉萨一带；沃松王子占领雅砻一带，双方开始了权力之争的战争，同时各地也分裂成了诸多派系，你争我夺，有的派系支持大的政权；有的派系支持小的政权，多数和少数、金派和玉派、什么吃肉食的、吃糌粑的到处对了交战，此刻西藏一片混乱。吐蕃王朝自囊日论赞开始传承赤达玛乌东赞（又称朗达玛）被杀后，共延续约 224 年（约公元 618—842 年）。朗达玛时后，吐蕃政权没有统一之王，政权大乱，分裂割据时代局面约四百多年。（注：吐蕃赞普出生、逝世、继位年代，藏文史籍之间和汉文古籍都有些不同。）

吐蕃文化

吐蕃最初的文字是吐蕃大臣吞米·桑布扎，精心研读印度蓝扎和乌尔都，并仿照梵文创建了藏文。于是松赞干布带头学习文字，并下令让臣民学习文字。最初的文字是写在木简上的。从现今发现的木简、碑刻、钟铭等资料来进行考研，藏文是松赞干布以后出现的遗物。吐蕃前期的文字至今未发现。从目前《敦煌本吐蕃历史文书》中的在《传纪》部分是最早的书面文学作品。

西藏最初的文学是神话传说及谜语开始的。吐蕃后期出现了翻译文学。敦煌文献中记载的《罗摩衍那》是最早的译书。随着翻译事业的发展，在赤松德赞时期，他对藏文文字进行了改革，规范了一些使用文字的规定；在赤祖德赞时期，公元 826 年—827 年之间根据"以合乎地区、时代兼及通俗易懂为准则的原则，对藏文又进行了一次文字改革"。吐蕃曾经统治了整个青藏高原及新疆、云南、西北等地方，藏文也曾经在这些地区其他民族中使用。吐蕃时期重大事件由官吏编年体扼要记载下来的，其中包括远古的传说、王臣的世系、盟宴的经过。其内容涉及了吐蕃社会各个方面，有赞普的政令（诏文），有王臣及地方官吏呈文，收文档案于字据账目等。

历史著作：

（1）《敦煌本吐蕃历史文书》分三大部分：《纪年》《传纪》《小邦家臣及赞普世系》。

（2）《王松赞干布遗训》。

（3）《巴协》他是赤松德赞的大相巴·赛囊所著。书中记载的是赤德祖丹（梅阿充）与金城公主联姻，那囊氏于金城公主夺子，赤松德赞倡佛、兴佛、建立桑耶寺，剃度七人出家与反佛大臣之间的斗争情况。

（4）《贤者喜宴》。

（5）《智者喜筵》。

（6）《西藏王统记》。

（7）《西藏王臣记》。

（8）《红史》

（9）《青史》等等古籍

三、拉萨城市中心—变迁

（1）元代城市中心—蔡公堂

根据《元代西藏史研究》〔意大利〕伯戴克著；张云译。书中记载："蔡巴在《元史》中作"搽里巴"，是一个特殊教派的所在地。它的中心是位于拉萨东郊吉曲（拉萨河）南岸的蔡公堂寺。蔡巴万户长掌控着拉萨，并含有三千七百零二个霍尔都的地区，汉文拼写"搽里八"。是当时拉萨城市的中心点。

元世祖至元五年曾在蔡公堂设置擦里巴田地管理民万户，封该首领桑结额珠为蔡巴万户长，兼掌政教。其子仁钦坚赞赴京朝贡，元世祖赐诰命金印，逐渐成为前藏三万户长中势力最强大的。元代初期兴盛时期僧徒曾达万人。公元十四纪后，随着蔡巴领主的势力而衰弱，后来蔡巴万户长合并于帕木竹巴万户下，蔡巴寺也成了桑浦寺的属寺了。

蔡巴噶举派的创立和强大，是噶氏家族作为它的后盾，蔡巴噶举派的强盛和噶氏家族密不可分的。蔡巴噶举派是西藏佛教后弘期影响很大的教派之一，曾经是一个势力强大的地方势力，称雄拉萨一带，它曾经一度是拉萨的政治、经济发展中心。

公元 1239 年，蔡巴噶举派派使臣到蒙古地区寻求靠山，忽必烈赐蔡巴庄园属民三千七百户。在元代划分的卫藏十三万户中，蔡巴万户是当时前藏一带势力最强盛的三个万户之一，它在拉萨发展演变进步的历史长河中起到了重大的作用。蔡巴万户的辖区内建有蔡巴寺、贡塘寺，而且它还是蔡巴噶举派的创始人向·尊珠扎巴和他的门徒的驻锡地。历代的蔡巴万户长，曾经长期有条不紊地管理着大昭寺，而且还对大昭寺进行了多次修缮，蔡巴万户长还曾经组织力量疏通水道，加固河提。蔡巴万户对拉萨市兴旺发展起到了一定程度上的贡献。

（2）明代拉萨的城市中心—柳梧

拉萨市堆龙德庆县柳梧乡（现为拉萨柳梧新区）。

柳梧乡，在明代帕竹政权（帕木竹巴政权）设立了宗，柳梧宗（县）。后来柳梧宗由拉萨地区的首领吉雪巴的余威下，第巴.吉雪巴家族的驻锡为柳梧宗（县），世代担任柳梧宗（县）的宗本。此地当时为拉萨市行政中心。

吉雪巴家族也是格鲁派的主要支持着之一。

清代拉萨市的城市中心—八廓街

八廓街有着一千三百多年的历史，以尼泊尔尺尊公主和唐朝文成公主修建的大昭寺（藏语为：祖拉康）和小昭寺（藏语为：绕木钦）而闻名遐迩，逐渐发展起来。鼎盛时期是在清代以后，它成了拉萨市的政治、经济、文化、宗教中心。

拉萨（逻娑）在公元 857 年，吐蕃内部的"邦金洛"平民起义揭竿而起，以拉萨为中心的卫茹地区，两大奴隶主纳朗氏和蔡邦氏，他们分别代表着两个不同利益的集团，开展了旷日持久的争夺战争。平民起义军，利用两大奴隶主集团战争的间隙，直接攻入吐蕃的统治中心拉萨。此次平民起义连续了几十年之久。吐蕃的奴隶社会，在这场大起义的风雨中彻底的土崩瓦解。拉萨作为西藏的政治、经济、文化中心的地位衰落了，许多宫保城寨也在此时毁于兵燹之中。

公元 1642 年，以五世达赖喇嘛阿旺嘉措代表的格鲁派（俗称黄教）集团为了稳定自己的地位，借助卫拉特蒙古四部之一的和硕特部首领固始汗的势力，故邀请固始汗出兵入藏，消灭了格鲁派最后的敌人第悉藏巴汗地方政权，把大部分的藏族地区位于他的统治之下。五世达赖喇嘛阿旺罗桑嘉措在固始汗的帮助下，建立了噶丹颇章政权。噶丹颇章政权的所在地是在哲蚌寺内，此时的哲蚌寺成为了五世达赖喇嘛阿旺罗桑嘉措统治权力的中心。

清朝统一全国以后，五世达赖应清朝顺治皇帝的邀请，于公元1652 年赴京，受到了清政府的隆重接待，于第二年返回拉萨，清政府派人带着金册、金印，正式封五世达赖喇嘛阿旺罗桑嘉措为"西天大善自在佛所领天下释教普通瓦赤喇怛喇达赖喇嘛"。从此，达赖喇嘛的地位，正式得到清政府的确认，以五世达赖喇嘛为首的西藏政教合一地方政权力量得到了进一步发展。拉萨作为西藏地方首府，从此延续至今。

五世达赖喇嘛时期，拉萨的发展进入了一个新的历史时期，在此期间拉萨的著名的寺庙进行了大规模的修缮和扩建，特别是大昭寺的改造、扩建，对拉萨城市布局产生了重大影响。如今围绕大昭寺周围的八廓街，成为拉萨的城市中心和主要交易市场，"八廓"二字是藏语译音，它的意思是中转经道之意，是朝佛转经道。随着拉萨的发展，八廓街的两边逐步建立了旅馆、商店、居民等，后来演变成了商业街。由于围绕大昭寺周围八廓街不断的扩建，向四面延伸发展，形成了拉萨老城区的范围。

八廓街由最初的大昭寺建立而发展起来。八廓街原为湖泊和湿地，在公元七世纪吐蕃松赞干布迁都拉萨及建立大昭寺后，在湖边四周修建四处房屋建筑，这四座建筑是八廓街最早的宫殿，它也是有史以来八廓街最早的建筑。随着大昭寺的建立，周围地区的僧人、信徒纷纷到大昭寺朝佛，慢慢的大昭寺周围由十八座以贵族家族建立的建筑。由于朝拜大昭寺的人不断增加，周围逐步出现了建筑物、僧人的宿舍以及小的寺庙与拉康，许多佛教信徒迁居大昭寺周围，于是出现了住宿、小摊贩、手工作坊等。

而后，八廓街内最初的地方政府、法庭、监狱、邮政、门孜康（藏医院）相继建立，商店、摊点、作坊、贵族庭院、僧人、学者、金银匠、铁匠、木匠、画工等手工者和平民，也逐步落户于大昭寺周围。

今天的八廓街风采依旧，保留着许多名胜古迹，如小昭寺、木如宁巴、日松贡布东、西、南、北各一座、曲亚塔钦、希德寺、阿尼仓姑、下密院、曲结颇章、驻藏大臣衙门、邦达昌院落、朗孜夏等等。

八廓街今天依然是风采依旧，是民族商品的购物天堂，商品琳琅满目，是旅游者购物的天堂之地，商品有特色生活用品、手工艺术品、唐卡画廊、、古玩店、宗教用品、西藏各地的土特产、印度、缅甸、尼泊尔、克什米尔等商品。

第二部分：西藏文明

一：政教制度的形成

1、乌斯藏

"藏"成为称谓，经历了一个较长的演变过程。在历史上，汉文史籍中对藏族的称呼很多有变化，往往将地名称呼混用。宋、元时期，"吐蕃"与"乌斯藏"二称同时使用，有的时候还为"乌思藏"后来逐渐用"乌斯藏"这个称呼。公元 1247 年，随着"凉州会谈"的成功，乌斯藏（西藏）正式纳入中国版图，元中央政府行使管辖权。管辖范围包括"乌斯藏"及阿里在内的藏区。

明朝时亦沿袭"乌斯藏"的称谓，后来出现了"卫藏"也只是读音上的差异而已，在藏文书写中与"乌斯藏"无二，即是本域范围上也是相同的。"卫藏"是青藏高原上的一个大区域名称，为地理概念是"卫"和"藏"两个地区相加后的地域。相应"卫藏"这个地名也是由上述两个地名组合而成的。"卫"和"藏"地名最早出现在吐蕃王朝时，当时，将卫藏地方划分为 4 个茹（如军政区域）。这是一种大行政区域设置，相当于唐朝的"道"。

明朝称西藏为"乌斯藏"。乌斯藏，在云南西郊外，去云南丽江府有千余里，距四川马湖府一千五百余里，陕西西宁卫五千余里。其地多僧，无城廓。群居大土台上，不食肉娶妻，无刑罚，亦无兵革，鲜疾病。

乌思藏是西藏传统和文化上的一个地区，范围大到相当于中华人民共和国国的西藏地方，元朝、明朝称为乌思藏。清朝以来称为卫藏。

2、噶夏政府

噶厦是官署名。藏语音译，即西藏原地方政府，达赖、摄政以下是政府行政机构，藏语称"噶厦"。"噶"是命令的意思，"厦"是房屋的意思，"噶厦"就是发号施令的地方。清乾隆十六年（1751年）定制，设噶伦（噶布伦、噶卜伦）四人，受驻藏大臣及达赖喇嘛管辖。办理一切行政事务。噶厦所属机构有译仓（相当于秘书处）、仔康（相当于审计处）及各个勒空（局）。民国及解放初期继续存在。1959年3月解放时解散。

康熙五十九年（公元1720年），清政府派军队入藏，打退了入侵西藏的准噶尔之后，把居住在青海塔尔寺的第七世达赖格桑嘉措护送回西藏，在布达拉宫举行了隆重的坐床典礼。并决定废除管理政务的第巴职位，设立噶伦联合掌政（康熙六十年，清政府设噶伦三人；雍正元年，清政府设噶伦五人；乾隆十六年，清政府设噶厦，实行四噶伦制），命他们在大昭寺设立办公所。乾隆十六年以后，清朝命令诸噶伦在达赖喇嘛和驻藏大臣领导，办理西藏政务。

1959年以前，西藏地方政府称为噶厦政府。噶厦设有噶伦四人，三位俗官和一位僧官。他们的官位为三品（这是清政府规定，达赖为二品，摄政王也为二品），所有的重要事务，由噶厦政府议定后呈达赖喇嘛或者是摄政上核准后，方可定决。噶厦政府遇到不能做决定的重大事务，比如战争、议和、选举摄政王及达赖转世等问题，噶厦政府要呈请达赖喇嘛或者摄政王召开"民众大会"，藏语意为"冲者"，参会的是各机关的管员代表，三大寺（甘丹寺、哲蚌寺、色拉寺）的堪布和贵族代表参加议事。

噶厦政府主要的办事机构有两个：

译仓：译仓的意思是秘书处，它的地位低于噶厦，但是它是直接由达赖喇嘛和摄政王领导，达赖的印鉴是由译仓保管的。噶厦政府的公文要由译仓盖章以后才能发下去。译仓有仲译（秘书长）四人，他们全都是僧官，都是四品以上的"堪穷"担任。他们管理所有的寺庙，僧官的调动、任命都是由译创决定的，他们代表达赖和摄政王起草文件。译仓在形式上隶属于噶厦政府，但是实际上是受达赖的总堪布（基恰堪布）领导，噶厦政府的一些重大事情，都是要通过译仓未向达赖呈报。

仔康：意思是审计处，他管理财政和俗官、贵族的事务，同时也负责发布政令。西藏的所有的贵族，有多少庄园，应该向政府交纳多少税，出几个兵，都是由仔康规定，它也负责培训贵族子弟，凡是贵族的子弟出任官职，都是必须由仔康登记，而后在接受训练，一般要经过两三年的训练，才能出任官职。仔康设有孜本四人，都是俗官，官品是四品。如噶伦出现短缺时俗官噶伦大多数是从孜本中选任，僧官噶伦是在大仲译中选任。

噶厦政府除了"译仓""仔康"，政府的各个行政机关官员也是僧俗搭配制度，同时在各基恰（相当于现在的地区）、各宗（相当于现在的县）等地方官员也是僧俗搭配。除此之处，噶厦还有马基康（即为藏军司令部）、朱颜列空（粮务局）、索朗列空（农务局）、门孜康（医药历算）等部门。噶夏地方政府建制最大的是基巧，相当于一个现在的地区。每个基巧都是一个或者两人，意为总管。总管都是由四品以上的僧官或者是俗官担任，一般三到四年为一任。任职满后或调职或留任，由噶厦政府决定。在基恰中，昌都总管为最大。因为一般出任昌都总管的是噶伦，其地位比基它基巧总管地位高，权力大，通常称昌都总管称为"昌都噶厦"。

基巧以下的建制是宗，贵族、寺庙庄园的辖地称为"溪卡"，设溪堆。宗本的品级较高，溪堆的品级较低。噶厦把宗、溪分成三等：一等宗由五品官任宗本，僧俗各一，二等宗，溪的宗本，溪堆六品官担任，僧、俗各一；可只设一个宗本（溪堆），僧俗轮流；三等宗，溪由七品官担任宗本（溪堆），一般为一人，僧俗均可。

西藏噶厦政府政治制度等级森严，被一种特殊的政教合一的官吏制度统治，广大农奴和奴隶是无权、无地位的。

3、摄政制度

摄政制度是西藏的一项重要的政治制度。它是由于西藏历史和宗教原因，藏传佛教格鲁派（黄教）采用的活佛转世传承制度。达赖喇嘛圆寂后，转世灵童的寻访、认定、坐床、学经、受戒，直到 18 岁亲政，这需要至少 20 年左右。在这期间，需要有人主持西藏政教事务。清朝政府为了防止噶伦等人"擅权滋事"，命西藏地方当局从甘丹、哲蚌、色拉三个大寺庙及四大林（丹结林、功德林、策木林、次角林）中推选学识渊博，声望卓越的活佛为摄政候选人，由驻藏大臣奏请清政府任命，清政府视其出身及勋绩赏给呼图克图，诺门汗禅师等名号，须给金册、银印。在新的达赖未寻获灵童坐床后和尚未达到法定执政年龄（18 岁）之前，暂行代理达赖喇嘛主持西藏政教事务。清政府这一措施确立了西藏地方政权的摄政制度。摄政王就宗教地位而言，由于他是受中央政府册封，代理达赖喇嘛总理西藏政教事务，位高权重，一切重大问题皆决于摄政王。因而藏族群众称其为藏王。

西藏地方政府的摄政制度始于 1751 年。1751 年，清朝对西藏地方的行政体制进行了重大改革。第一，清朝废除了在西藏封授郡王的制度，正式建立噶夏。在达赖喇嘛与驻藏大臣的领导下，负责处理西藏日常政教事务。第二，加强驻藏大臣的权力和地位，就是加强了中央政权对西藏的直接管理，使西藏行政、外事、军务、经贸、税收等重大事宜，直接处于驻藏大臣管辖之下。第三，提高加强达赖的权力，正式授权七世达赖格桑嘉措管理西藏行事务，使其成为西藏名副其实的政教领袖。1757，七世达赖格桑嘉措在布达拉宫圆寂，藏中政教事务一时无人主持，乾隆皇帝命第穆诺门汗·阿旺江白德勒嘉措"常办商上事务"，即担任摄政。在达喇嘛新灵童未找到与灵童未达到法定的亲政年龄之间，代理达赖职权，这是西藏摄政制度的开始。

第穆德勒嘉措担任摄政期间，创立了摄政的办事机构"雪嘎"，负责传达摄政命令，"雪嘎"由四品僧官南卓负责，设有五品俗官 8 名，侍卫 2 名，联络僧官一名。各级呈报摄政公文及其批示，由南卓向噶厦下达执行。以后，凡是摄政执政期间，都建有这一办事机构。

4、噶伦制度

公元 1721 年，清政府废除汗王及第巴制度，以 3 名噶伦（后增设 2 名）联合理政，并封郡王、贝子、辅固公、如吉等爵位。不久藏政又让郡王颇罗鼎独占，发生了珠尔墨特那木扎勒叛乱事件之后，清政府再废郡王制，建立噶厦地方政府，没一僧三俗伯四噶伦制。1751 年，清王朝命七世达赖参政，与驻藏大臣共同管理西藏行政事务。

噶伦这个噶厦政府的制度，它源于清朝 1721 年至 1959 年。

噶厦政府噶伦表

序号	姓　名	离任时间	备注
1	康济鼐·索南杰布	1721-1727 年	首席噶伦,1727 年被噶伦阿尔布巴等杀害
2	阿尔布巴·多若杰布	1721-1728 年	1728 年因杀害康济鼐被处死
3	隆布鼐·扎西杰布	1721-1728 年	1728 年因杀害康济鼐被处死
4	扎尔鼐·罗追杰布	1721-1728 年	1728 年因杀害康济鼐被处死

5	颇罗鼎·索南多杰	1723-174 年	
6	朵喀·才仁旺杰	1728-173 年	
7	通巴·悉觉才丹	1728-1765 年	
8	噶锡·南杰才丹	1731-1739 年	
9	布隆赞·旺结才丹	1734-1750 年	
10	噶锡·班智达	1739-1782 年	
11	尼玛坚赞	1751-1767 年	
12	桑颇·贡噶丹增	1763-1773 年	
13	通巴·悉希旺都	1765-1787 年	
14	格桑云丹	1773-1778 年	
15	格桑丹增南杰	1773-1778 年	
16	朵喀·索南旺杰	1773-1788 年	
17	格桑南杰	1779-1782 年	
18	噶锡·丹增班觉	1783-1791 年	
19	桑颇·扎西南杰	1788-1789 年	
20	宇妥·扎西顿珠	1788-1791 年	
21	霍康·索诺木拉喜	1789-1792 年	
22	拉定·顿珠才旺	1792-1801 年	
23	帕拉·丹增南杰	1792-1801 年	
24	强白脱丹	1792-1805 年	
25	夏扎·贡嘎班珠尔	1792-1804 年	
26	赤门·多吉才仁	1801-1813 年	
27	索康·悉觉才丹	1804-1815 年	
28	噶锡·米居索南班觉	1805-1834 年	
29	夏扎·郭珠布多尔济	1808-1839 年	
30	帕拉（佚名）	1813-1829 年	
31	通巴·丹增才旺	1822-1843 年	
32	索康·才旺多吉	1829-1844 年	
33	帕拉·索南杰波	1834-1843 年	
34	朵喀·居美才旺班觉	1839-1842 年	
35	夏扎·汪曲结布	1843-1858 年	
36	基夹·顿珠脱杰	1844-1851 年	
37	萨迥·努金彭措	1847-1850 年	
38	班伦（佚名）	1847-1858 年	
39	桑颇·坚赞额珠	1852-1856 年	
40	哲康才丹	1852-1856 年	
41	吉堆（佚名）	1858-1859 年	

42	江交·拉旺衮布	1858-1861 年	
43	噶锡·尼玛伦珠	1858-1860 年	
44	朵喀（佚名）	1859-1862 年	
45	帕拉·帕玛杰波	1860-1874 年	
46	波雪·洛桑达吉	1860-?	
47	让那·多吉顿珠	1862-1867 年	
48	普陇·彭措才旺	1862-1870 年	
49	萨迥·才旺班巴	1865-? 年	
50	措果·米玛才仁	1867-1871 年	
51	夏扎·才仁旺秋	1869-1871 年	
52	珠巴·南杰多吉	1870-? 年	
53	朵喀·才旺诺尔布	1871-1896 年	
54	才旺班觉	?-1873 年	
55	宇妥（佚名）	1873-1878 年	
56	帕拉·扎西达吉	1876-1891 年	
57	阿兰巴·拉旺多吉	1878-1898 年	
58	洛桑云丹	1878-1889 年	
59	拉鲁·伊喜罗布汪曲	1881-1891 年	十二世达赖之兄
60	意希普迥	1889-1893 年	
61	索康·索南旺钦	1893-1901 年	
62	夏扎·班觉多吉	1893-1903 年	1908 年升任伦钦
63	（佚名）	1893-1900 年	
64	雪康·顿珠彭措	1900-1903 年	1908 年升任伦钦
65	锵青·阿旺钦若班桑	1901-1903 年	
66	霍尔康·索南脱杰	1902-1903 年	
67	宇妥·彭措班丹	1903-1907 年	
68	擦绒·旺秋杰波	1903-1912 年	
69	洛桑赤烈	1904-1910 年	
70	萨迥·才丹旺秋	1904-1914 年	
71	协噶果林（佚名）	1912-1913 年	
72	强白丹达	1912-1922 年	
73	达吉林（佚名）	1913-1914 年	
74	凯墨·仁钦旺杰	1914-1921 年	
75	擦绒·达桑占堆	1914-1929 年	
76	赤门·诺尔布旺杰	1917-1936 年	
77	阿沛（佚名）	1924-1932 年	
78	洛桑丹迥	1925-1931 年	

79	美堆·多吉南杰	1929-1931 年	
80	格敦曲达	1932-1934 年	
81	哲通·居美嘉措	1932-1938 年	
82	乃穷·培巴顿珠	1932-1943 年	
83	土丹释迦	1934-1939 年	
84	本仲·才丹多吉	1934-1945 年	
85	彭康·扎西多吉	1934-1945 年	
86	丹巴降央	1939-1944 年	
87	索康·旺钦格勒	1943-1959 年	
88	土丹贡钦	1944-1951 年	
89	噶雪巴·曲结尼玛	1945-1949 年	
90	拉鲁·次旺多吉	1946-1952 年	
91	朵喀·彭措若杰	1949-1957 年	
92	阿沛·阿旺晋美	1950-1959 年	
93	钦若旺秋	1951-1956 年	
94	土丹塔巴	1955-1959 年	
95	桑颇·才旺仁增	1957-1959 年	

参考书：毕达克《1728-1959 西藏的贵族和政府》，沈卫荣、宋黎明译中国藏学出版（2008 年）。

5、金瓶掣签

金瓶掣鉴制度始于清朝乾隆五十七年（公元 1792 年）。

元朝以来，西藏事务是由宗教上层和信奉藏传佛的蒙古王公及西藏的大贵族操持着的。皇帝对西藏重大事务有时也派钦差进藏督办。清朝时，中央政府加强了对西藏的直接控制。康熙、雍正、乾隆皇帝考虑到对边远蒙古部族的约束，都对西藏达赖、班禅两大活佛体系，采取优抚政策。

在清王朝康熙到乾隆时期，西藏的各个教派纷争激烈。游牧于青海的蒙古汗王和西藏的地方势力，用各种办法控制西藏的大活佛，以扩张自己的势力，并巩固所获得的特权。当时，蒙藏地区大活佛圆寂之后，转世灵童主要是由最有名望的跳神巫师"吹冲"来认宗。雍正五年。清政府正式在西藏设立驻藏大臣衙门，内阁学士僧格和副都统马喇成为首任驻藏大臣。驻藏大臣不仅直接掌管西藏政务，还直接督察西藏宗教重大事务。对大活佛转世灵童认定除了"吹冲"降神之外，还需要报驻藏大臣，并由驻藏大臣上奏皇帝恩准，"吹冲"在各种贿赂下，在跳神中，假借神谕，指定的活佛转世灵童大多出自蒙古王公或西藏的大贵族之家，有的甚至还是"吹冲"家族的人。这种大活佛几乎都出自一家的现象，由于这种现象，促使乾隆皇帝下决心整治西藏活佛转世制度流弊的一个重要原因。

在西藏实行金瓶掣鉴制度，源于噶玛噶举红帽系，活佛确失嘉措叛国，勾结廓尔喀入侵西藏事件的发生。

清乾隆四十九年（公元 1785 年），噶玛噶举红帽系，第十世活佛确朱嘉指外逃到廓尔喀国（今尼泊尔），并挑唆廓尔喀国王发兵西藏。廓尔喀人第一次侵藏获得的利益并不多，到乾隆五十六年（公元 1791年），廓尔喀再次入侵，将扎什伦布洗劫一空后，又攻打日喀则宗城堡。乾隆皇帝派嘉勇公福康安为大将军，率兵入藏，由日喀则一路南下，将廓尔喀夹逐出西藏，并狭军威，一路扫荡，最后临近廓尔喀首都加德满都城下，廓尔喀国王投降，并将确朱嘉措的尸骨，妻小及掠夺的扎什伦布寺的部分财物一并送至福康安大将军面前，表示永不敢犯边界，还许诺向大清国五年一朝贡。

福康安胜利，班师回到西藏之后，按乾隆皇帝旨意对西藏事务进行了整改，严惩确朱嘉指的叛国行为，废除了噶玛噶派红帽系活佛转世，查抄了该系的寺庙（羊八井寺）和财产，并强令其所属百余名红帽系僧人改信奉格鲁派（黄教）。从此，噶玛噶举红帽系，在西藏销声匿迹，不复存在。为使西藏长治久安，对外受人侵扰，对内治理有法可依，乾隆皇帝派人与达赖、班禅的僧俗要员商议，制订出《钦定二十九条章程》。该章程使清王朝治理，西藏的制度更加完善，得到西藏上层由衷地拥护。

《钦定二十九条章程》第一条就立下了金掣鉴制度。

一、关于寻找活佛及呼图克图灵童的问题。依照藏人旧例，确认灵童必问卜于四大护法，如此难免发生弊端。大皇帝为求黄教得到兴隆，特赐一金瓶，今后遇到寻认灵童时，邀集四大护法将灵童的各字及出生年月，用满、汉、藏三种文字写鉴牌上，放进瓶内，选派真正有学问之活佛，祈祷七日，然后由各呼图克图和驻藏大臣在大昭寺释迦牟尼像前正式认定。假若找到的灵童仅只一名，亦须将一个有灵童的名字的鉴牌，和一个没有名字的鉴牌，共同放置瓶内，假若抽出没有名字的鉴牌，就不能认定已灵得的儿童，而要另外寻找。达赖和班禅额尔德像父子一样，认定他们的灵童时，亦须将他们的名字用满、汉、藏三种文字写在签牌上，同样进行，这些都是大皇帝为了黄教的兴隆，和不使护法弄假作弊。这个金瓶常放在宗喀巴佛像前，需要保护净洁，并进行供养。

金瓶又称为"金奔巴"或"金本巴"（"奔巴"藏语意为"瓶"）。金瓶掣鉴制度特别设立了两个金瓶，一个放在北京雍和宫，专供蒙古地区大活费转世灵童掣鉴用。另一个一直放在拉萨大昭寺专门供西藏、青海等地掣鉴定大活佛转世灵童。凡蒙藏大活佛如章嘉、哲布尊丹巴、达赖、班禅等转世时，均须经金瓶掣鉴认定。

金瓶掣鉴制度建立后，第一个启用金瓶掣鉴并得到认定的达赖是九世达赖的转世灵童，即十世达赖楚臣嘉措；第一个用金瓶掣鉴认定的班禅是七世班禅转世灵童，即八世班禅丹白旺修。自清王朝至民国的 200 多年间，仅西藏一地，就有格鲁、噶举、宁玛三派的 39 个活费转世系统 70 余名活佛通过金瓶掣鉴认定。

中华人民共和国成立后，第一个用金掣鉴认定的大活佛是十世班禅转世灵童，即十一世班禅确吉杰布。

注：按历史定制，藏传佛教大活佛的转世灵童须经金瓶签认定，唯独噶玛噶举派的活佛噶玛巴例外，其转世灵童主要是由上一世噶玛巴的遗嘱来认定，但必须经过中央政府的批准。

6、宗、谿制度

元末，帕竹地方政权取代了萨迦地方政权，统治西藏的的绛曲坚赞被元朝封为"大司徒"，他推行了一系列新的措施，建立了"宗"的行政单位，取代了萨迦时期的"万户"制度。在前后藏设立了 13 个宗，各宗设有宗本（营宫），由绛曲坚赞直接任免。

"宗"为藏语音译，古代义为"寨落、城堡、碉堡"，一般是该地大小部落酋长的驻地。"庄园"藏语称为"谿卡"，行政上于宗同级，庄园不论大小都由一座比较高的庄房作为庄园的标志。宗、谿卡是继西藏部落组织后出现较早而逐步演变的行政组织。宗作为基层行政单位名称，出现元代，为后代所延续。宗内的行政长官藏语称为"藏本"。明代由帕竹阐化王任命的各宗的行政长官亦得到了清朝政府的承认，并封其为都指挥使金事。他们既是帕竹地方官，又是明朝的中央命官。

17 世纪后半叶，固始汗和五世达赖建立西藏地方政府后，加强了对西藏地方统治，沿袭帕竹时期的行政管理组织，并有所发展。1793 年噶厦地方政府在前后藏共设 124 个宗（谿），由大小宗本 163 名。

7、金瓶掣签渊源—活佛转世

在西藏拉萨藏传佛教中，活佛这个词已响彻大地。活佛转世，是藏传佛教持院决定其佛教首领而继承采用的一种制度。活佛藏语称为"朱古"，其本意为"化身"。藏传佛教的高僧法位的继承有好几种，大体可分为两大种类，一是家族传承式，它也是包括了师德传承和家族的传承方式，另一种是非家族传承方式，也就是"活佛转世"。

藏传佛教，活佛转世的制度是噶举派首创的，它源于公元 13 世纪中叶，活佛转世要仪规是降神、占卜、观湖选定灵童、座床、继承法位。后来格鲁派引用了噶举派活佛转世制度。到了清代，由于清政府抚持奉行黄教（格鲁派，又称为新噶当派），为了"辑藏安边""安众蒙古"的怀柔政策，藏传佛教格鲁派在清政府的抚持下，发展得到空前的规模。因而格鲁派很快形成了四大活佛转世世系统制：1、达赖喇嘛系；2、班神额德尼系；3、章嘉活佛系；4、哲布尊丹巴系。这四大活佛转世系，源于格鲁派创始人宗喀巴的四大弟子。活佛转世制度形成后，格鲁派的各个主寺都相继效仿，蒙（蒙古地区也信奉藏传佛教）藏各地出现了大大小小不同等级的活佛。根据史载：清末时期，在蒙古地区的"喇嘛寺庙就数以千计"，大小活佛不计其数。

公元 13 世纪以前，藏传佛教的各教派采用的是家族方式传承。比如藏族历史上最早的教派宁玛派的最初传承方式是以家庭的世代传，宁玛派的"三素尔"就是祖子三代传承，素尔波且之后是由他的养子穷.喜饶扎巴继承；后又由素尔穷之子卓浦巴·释迦僧格继承，使宁玛派得到发展兴旺，宁玛派的寺庙逐渐增多，传承的方式以师徒传承为主。萨迦派基本是以昆氏家族为基础的家族内部传承。比如："萨迦五祖"中的始祖贡噶宁波（萨迦派创始人）衮却杰波的儿子，二祖索南孜摩、三祖扎巴坚赞，都是贡噶宁波的儿子，四祖萨迦班智达·贡噶坚赞是扎巴坚赞的侄子，五祖八思巴·洛追坚赞是萨迦班智达的侄子。噶举派（四大八小支）虽然支派银多，但是采用的转承方式是师徒相传。藏传佛教一些小的教派，比如：希解、觉宇、觉囊派等，也是师徒相传的方式。随着藏传佛教教派之间的，不断争斗和教派内部的师徒之争，使上师法位的矛盾不断加深，体现了这种传承方式的弊病和局限性，于是产生了活佛转世制度。可以说活佛转世制度，它可为藏传佛教的一个创举，不在是以家族与师徒传承，而是以"转世"这种宗教化的形式来完成。这种传承方式把佛教基本教义、仪轨和宗教上层错综复杂的政治因素、宗教因素协调起来，并且以此制度巧妙解决宗教首领地位之争，解决了政治，经济权力的传承和延续问题。由此可以看出活佛传世制度开始，它就和政治结下了不解之缘。

8、金瓶掣签制度

金瓶掣签制度始于清朝乾隆皇帝时期，因他看见了活佛转世这中的一些弊端，制定了活佛转世的金瓶掣签制度。致使乾隆皇帝下决心实行金瓶掣签制度的主要原因是：噶玛噶举红帽系活佛朱嘉措叛国、勾引廓尔喀入侵西藏事件发生而进行实行的。

金瓶掣签制度的弊端是，在寻找寻童的过程之中，有很少贵族等人为因素，他们可以左右转世灵童的寻访工作，某些人为了个人的利益，不择手段的使用各种方式，加以干扰灵童寻访过。《章嘉国师若必多吉传》的作者土观却吉尼玛在书中针对当时的不良风气，就指出："现今多数寻认活佛转世者，总是努力在前辈活佛去世后不久出生的有钱有势的家族中的孩子之中寻找，一经找到，就不顾护法神活佛圆寂的授记，真伪难辨、互相串通，即行认定，另外在执行问卜认佛等程序时，有的以重金贿赂活沸的左右侍从和扮护法神者，让他们按自己的意愿作出预言，甚至伪造盖了印的假文书等，种种弊端如妓女的舞步，花样翻新，不胜杖举"。他们之所以这么做，是因当佛活给他们带的利益太诱人了。

乾隆皇帝为了格鲁派（黄教）得到兴旺发展，特赐金瓶，在今后寻找寻童时，邀集四大护法将灵童的名子及出生年月，用满、汉、藏三种文字写于签牌上，放入瓶内，并选派有真正有学问的活佛，祈祷七日，然后再由呼图克图和驻藏大臣在大昭寺释迦牟尼像前进行认定。如果只找到了一位灵童，也将此灵童名字签牌和一个没有名字的签牌，共同放入金瓶之内，如果抽出没有名子的签，就不得认定寻找到的这名灵童，要重新寻找。乾隆皇帝特别设立了两个金瓶，一个放在北京雍和宫，供蒙古地区大活佛的传世灵童掣签之用，另一个放在拉萨大昭寺内供西藏、青海等地之用。

清乾隆皇帝五十六年（公元 1791 年）九月，派御前侍卫惠伦等人奉皇帝之命护送金瓶到拉萨。到拉萨之后受到达赖喇嘛、班禅额尔德尼以及西藏地方的僧俗官员的隆重接待，金瓶安放在大昭寺（现金瓶保存在西藏博物馆之内）。

9、达赖喇嘛称号渊源

达赖喇嘛俗西藏佛教格鲁派（俗称黄教）中与班禅并列的两大宗教领袖之一。全称为："圣识一切瓦齐尔达喇达赖喇嘛"，藏语为"多吉绛"；汉语为"持金刚"。"识一切"和"瓦齐尔达喇"为佛教显宗、密宗最高成就者；"达赖"蒙古语是大海之意；"喇嘛"藏语上师之意。这个封号最初是明代蒙古可汗掩答汗赠予三世达赖喇嘛索南加措的尊号。清朝顺治十年（1653 年），清世祖福临（顺治皇帝）正式册封五世达赖喇嘛洛桑嘉措，承认了达赖喇嘛在西藏的政治和宗教地位。全称为："西天大善自在佛所领天下释教普通瓦赤喇怛喇达赖喇嘛"。

二：西藏行政制度

1、通司岗衙署

在乾隆年间，驻藏大臣衙门所在地"通司岗"曾经发生了一场血案，血案的结果是颇罗鼎的儿子，号称"藏王"珠尔墨特那木扎勒被杀，两位驻藏大臣地战死。这场血战彻底改变了清代治藏策略。

乾隆十五年的拉萨风起云涌，当时的驻藏大臣是付清和拉布敦，而那时侯的驻藏大臣衙门在拉萨，虽然地位较高，但是没有驻兵，衙门里的人员只有驻藏大臣的家丁和护卫，地处尴尬的位置，尴尬的配置让付清的前任，纪山一筹莫展，在他看来，只得与野心渐大的"藏王"珠尔墨特那木扎勒虚与委蛇。

但是付清和拉布敦的想法跟纪山截然不同，在他们看来，若是能够凭借家丁与护卫直接将珠尔墨特那木扎勒斩杀，那织要将其头颅悬于高墙，公布其罪状，珠尔墨特那木扎勒的部下肯定散去。然后就可以安心等待乾隆皇帝册封新的西藏地方长官。如果珠尔墨特那木扎勒的部下不散，反而来攻打通司岗呢？那只有死战一条路。就靠手下几十个人，想要在拉萨抵抗乱军直到乾隆的援军，在几个月后赶到，那真是天方夜谭。珠尔墨特那木扎勒的部下会散吗？付清和拉布敦都是从战场上杀出来的汉子，他们知道对手也是上过战场的军人，二人在决定之时，就已经做好了死的准备。

乾隆十月丁丑，乾隆接到了付清和拉布敦的最后奏章，打算将珠尔墨特那木扎勒一举拿下。并且二人担心乾隆再下旨意阻挠，特别说明不待请旨，见机行事。其实，乾隆即便想阻挠，也来不及了，就在乾隆收到奏章前，惊天动地的大事已经发生。当天（乾隆十五年十月十三日），付清和拉布敦请珠尔墨特那木扎勒前来通司岗衙门，大门关紧之后，付清突然拔刀，杀死珠尔墨特那木扎勒，两人协同杀死其随从多人，珠尔墨特那木扎勒的部下，罗桑扎西从楼上跳下，前往召集同党数千人，包围通司岗衙门。当时珠尔墨特那木扎勒是否反抗，为什么不将其却为人质，这一切都只有当事人，才能回答。而当事人都已经随着通司岗衙门一块倒塌在浓烟列火中了。消息几个月后传到北京，乾隆也为之泪下。

死者中还包括主事策塔尔，参将黄元龙，笔帖式齐诚自刎未死，阵亡将官 2 人，兵 49 人，平民 77 人。驻藏大臣死了，衙门被烧毁了，西藏的政局将以此为契机，发生根本性的转变。一个新的名字，噶厦政府，将成为后二百年西藏政治的主要舞台。

2、甘丹康萨衙门

甘丹康萨位于八廊北街，是拉萨有名的古迹，始建于公元 16 世纪后期，公元 1587 年由吉曲第巴顿珠杰布创建。五世达赖时期为固始汗父子的"王宫"，七世达赖的时期成为弥王颇罗索朗多布杰及其子珠尔墨特那木扎勒执政时的拉让"王宫"。一世策墨林活佛任西藏摄政时，首先驻于此地"甘丹康萨"，从此遂成为摄政的临时拉章。

据说，五世达赖时期，便已在小昭寺南面的甘丹康萨建立作坊，以完成布达拉宫木构件的"备料"。这或许是"雪堆白"的前身。

1928 年，更敦群培离开甘肃拉卜楞寺，途经塔尔寺，历时 4 个多月来到拉萨。最初，他寄宿舍在一位名叫贡却诺布的商人家中，即拉萨的甘丹康萨大院内。现在甘丹康萨衙门，已经是居民大院。

3、扎什城衙门

扎什城衙门的背景，由于冲赛康"通司岗"衙门是清政府，在拉萨设立的第一个驻藏大臣衙门，因为，珠尔墨特旧宅，"甘丹康萨""桑珠康萨"相断被作为驻藏大臣衙门使用。后来，驻藏大臣衙门被迁往较为偏远的北郊扎什城兵营（大概今天的扎基寺）。大概在同治元年（1862 年），驻藏大臣衙门又再度从城外迁至"朵格格"办公，直到民国初年随着驻藏大臣制度的终结而废弃。

清代驻藏大臣的衙门，设置于公元 1727 年（雍正五年），直到清朝灭之的宣统三年（1911 年），总共 185 年。驻藏大臣衙门是代表中央行使地方管理权的派出机关，是权力的象征，大臣衙门也多次变更，衙门署地饱经沧桑，多遭破坏，现在有的只存遗迹，有的连遗址也不好找了。

4、鲁固衙署

鲁固衙门位于大昭寺西面的鲁布地方为衙署办事（待考）。关于衙署位置的考察，藏学专家们认为驻藏大臣驻地及衙署曾经变动首先是位于大昭寺东北方向的通司岗（即双忠祠所在地）、甘丹康萨（珠尔墨特那木扎勒私宅）、札什城（拉萨以北 7 公里处、前扎什衙门兵营的前面），以及大昭寺西面的鲁固地方为衙署办事。关于"鲁固"的由来，得来从传召大法会说起。"鲁"是藏传佛教中的神，常居于树下、井边、厨房等，"固"是"等待"。"鲁固"的意思是"鲁神"在这里等待释迦牟尼佛，每年的藏历正月初四至二十五日，是大昭寺举行传召大法会，其间各地僧人云集大昭寺内，诵经祈祷，讲经辩学，而身在布达拉宫的释迦牟尼佛要想到大昭寺参加法会，鲁固是他的必经之路。

三：西藏重大事件

1、廓尔喀入侵西藏事件

廓尔喀入侵事件，是藏汉团结抗击入侵西藏的民族团结之歌，也是清政府维护祖国领土的统一，民族团结的楷模。

清乾隆五十三年（公元 1788 年）至五十七年（公元 1792 年）清军与藏兵抗击廓尔喀（今尼泊尔）兵入侵西藏的一场战争，廓尔喀与日喀则交界，贸易关系十分密切。

在乾隆五十三年（1788 年），廓尔喀与西藏发生贸易纠纷，正遇六世班禅之弟沙玛尔巴与兄仲巴呼图克图发生内斗，沙玛尔巴请求廓尔喀相助。于是，廓尔喀兵就以"西藏运往之食盐掺土"为借口，乘机入侵后藏（日喀则地区）。六月，素尔巴尔达布率廓尔喀兵 3000 人，先后攻占了西藏南部边境的聂拉木、济咙宗（今吉隆东南）、宗喀宗（今吉隆）等地，围攻协噶尔宗（今定日）。七月，清廷部署军队反击，命驻藏大臣雅满泰率驻藏绿营兵及驻达木厄鲁特蒙古兵，前往扎什伦布（今日喀则）慰问班禅，并与班禅之兄仲巴呼图克图，部署沿边防御；命四川总督李世杰，四川提督成德，抽调满、汉、藏兵 4000 余人，由成德统领，驰赴后藏，命尚在热河之成都将军鄂辉速返回成都，至西藏统兵。为了保证作战军队的粮草，于是，暂拔达赖、班禅库存，并于藏内买粮。乾隆皇帝并遣御前侍卫巴忠为钦差大臣，赴藏主持用兵。当时驻藏清兵有 500 人，藏兵 1600 人，台站兵 1300 人。庆麟接到朝廷谕旨之前，便调遣藏内 500 人的绿营兵及察木多、达木等 700 人，分路堵御廓尔喀侵略军。四川总督李世杰，亦于成都抽调了满兵 500 人，绿营兵 1300 人，屯练降"番"兵 1200 人，俱交提督成德、总兵穆克登阿率领经由打箭炉（今四川康定）、巴塘、里塘（今四川理塘）、察木多，驰赴后藏（日喀则）。但是由于，当时清军日夜兼程，奔赴藏廓边境时，达赖喇嘛、仲巴呼图克图和噶布伦班第达、庆麟雅满泰等，已经私下与廓尔喀议和，同时也得到了巴忠、鄂辉、成德等赞同，于乾隆五十四年（1789 年）初，西藏与廓尔喀签定了协议，由西藏噶布伦每年交纳元宝 300 锭，作为聂拉木、济咙宗、宗喀宗三地的赎金，廓尔喀退兵。由于此事，巴忠、雅满泰等隐瞒不报。

1789 年 3 月，鄂辉等人率清军"收复"失地。因廓尔喀兵先已经陆续撤回国，故未遇到任何抵抗。6 月，清政府调整西藏之防务，加强了扎什伦布等地的防御，在宗喀宗、聂拉木、济咙宗等要地修建了砌卡碉。调整了与廓尔喀贸易政策。清军此次出兵虽然未交战，但已经耗费军饷百余万两白银。巴忠以有功之臣离藏回京。乾隆五十六年（1791 年）六月，廓尔喀人又以西藏方面未按约付足银元之事为由，出兵千余人，再次入侵西藏，夺占了聂拉木。噶布伦丹津班珠尔等被掳到廓尔喀。8 月初，廓尔喀兵向西藏发动进攻。他们一路由济咙入侵，围攻宗喀，遇到了汉兵陈漠、潘占魁率领 400 名藏兵坚守，久攻不下退回济咙，另一路由乌咙入侵，滋扰定结。入侵聂拉木的廓尔喀兵逐渐增加到了千余人，抢占了定日。第巴济仲喇嘛噶冲带领藏兵退守协噶尔。

公元 1791 年 8 月 21 日，廓尔喀兵侵占了日喀则扎什伦布寺，肆意抢掠。七世班禅丹贝尼玛退居拉萨，整个西藏大震，达赖、班禅飞奏清廷告急。此时的巴忠正在护驾避暑山庄，闻此讯后畏罪自杀。鄂辉、成德等把所有的罪责都推给了巴忠一人，以此骗得了朝廷信任，率领川军 4000 人，由四川打箭炉前往西藏去抗击廓尔喀入侵者。9 月 12 日，廓尔喀入侵者 3000 余人由兴萨开进，夺取了定结。10 月 12 日，都司严廷良率藏兵、汉军及达木兵 700 多人，连打了三仗，于 11 月 1 日，收复定结。此时，雅满泰先后调遣内地官兵 7000 多人，但是他们的进展非常缓慢。10 月 26 日，乾隆皇帝下令命黑龙江将军都尔嘉，在索伦、达呼尔（今达韩尔）的军队中挑选了 1000 人，奔赴京城。11 月 2 日，清朝政府派福康安为将军，海兰察、奎林为参赞大臣，统领官兵经青海进入西藏作战。随后又免去鄂辉、成德职，以惠龄为四川的总督，奎林为成都将军。乾隆五十七年（1792）正月二十日是，福康安率领清军抵达前藏（拉萨）。此时，西藏境内的清军和藏兵已经收复拍甲岭、聂拉木（见聂拉木之战）等地。廓尔喀国王派遣使者谈和。但是乾隆皇帝已下决心，严厉惩罚廓尔喀，直捣摘首，由此拒绝和议，于公元 1792 年 3 月 15 日任命福康安为大将军，统领劲旅对廓尔喀进行围剿。大概三四月份，游击关联升、总兵表国璜等部的 3000 人先后抵达前线。而廓尔喀侵略军，在济咙、绒辖尔（今定结南）等处修筑碉堡、增加兵力据守。在闰 4 月 25 日，福康安、海兰察率清军 6000 人，从拉子（今西藏日喀则拉孜）出发，开赴到了绒辖尔、聂拉木等地，5 月 7 日，福康安大将军率领部下攻打擦木要隘；5 月 10 日，他们收复失地济咙，5 月 12 日，由成德岱、森保等部收复了聂拉木以南要隘木萨桥。清军扫清了擦木至济咙等地的边境的廓尔喀侵军。5 月 13 日，福康安率领清军，由济咙热索桥进入了廓尔喀境内，企图捣毁廓尔喀首都阳布（今加德满都）。5 月 18 日，福康安率领清军进入了抵旺噶尔，此时已深入廓尔喀境内 170 里，清军未遭到拦截。廓尔喀的兵已经收缩到阳布以北的地区，进行严密的布防。5 月 19 日至 27 日，清军突破了恒河防线（恒河之战）；6 月 9 日，清军又突破东党防线。但是，在之后，清军在攻打雍雅山时，受到了严重的阻击，受到了严重的前后夹击，损兵非常严重，加上士兵水土不服，粮饷又接济不上。阳布以北重山大河阻隔，廓尔喀兵防范森严。在此危机的战况下，福康安大将军在 7 月 8 日奉旨与廓尔喀进行了议和。8 月 21 日，福康安率清军撤回西藏。

廓尔喀之战，大败了廓尔喀军，保卫了祖国领土完整。

2、准噶尔入侵西藏事件

公元 1717 年西藏历史上发生了准噶尔入侵西藏事件，使格鲁派（黄教）确立了地方政权噶厦统治地位，设立了噶伦制度。

十八世纪初叶蒙古准噶尔侵入西藏的事件，清康熙五十八年（公元 1717 年）蒙古准噶尔部策零敦多布率军 6000 人，偷袭了拉萨。杀死了拉藏汗，摧毁了蒙古和硕特部落在西藏的统治。

康熙五十七年（1718 年）清政府派兵，从青海进藏平叛，遭到准噶尔军队的围攻，全军覆没于藏北的那曲。康熙五十九年（1720 年）清政府又派兵，兵分两路，分别由青海、四川进入西藏，原来的西藏地方政府统治者拉藏汗政权的部分官员，在阿里，后藏（日喀则）、工布（林芝）等地纷纷起义，配合了清军平乱。在 1720 年 8 月彻底击败了准噶尔军队，大获全胜。

拉藏汗的军事统治，遭到藏族上层集团和下层人民及青海和硕特上层的反对。拉萨三大寺（甘丹寺、哲蚌寺、色拉寺）和青海察罕丹津等和硕特王公，在西康理塘仓央嘉措的转世灵童格桑嘉措（1708—1757 年），把格桑嘉措迎请到了青海的塔尔寺内，跟拉藏汗进行对抗，但是西藏的局势没有因为拉藏汗的胜利而稳定，清政府为了稳固西藏局势，于公元 1709 年派侍郎赫寿协助拉藏汗办理西藏的事务，清政府为了利用班禅的声望稳定西藏局势，在 1713 年册封五世班禅罗桑益西为"班禅额尔德尼"，由此，清朝政府确立了班禅的名号。但是准噶尔首领策妄阿拉布坦，为了分裂祖国，乘着西藏动乱之机，利用他和拉藏汗亲戚关系，拉藏汗的姐姐是策妄阿拉布坦的妻子，并提出把他的女儿嫁给拉藏汗的儿子丹忠，策妄阿拉布坦邀请丹忠到伊犁完婚之际，把丹忠做为人质软禁了，可是，昏庸的拉藏汗未看清策妄阿拉布坦的险恶用心。于是，策妄阿布坦暗中勾结西藏上层喇嘛，于公元 1716 年派他的堂兄策零敦布率领大军翻越昆仑山进入藏北那曲。突然发动了对拉藏汗的袭击，使拉藏汗的军队无准备，并仓促应战，一败再败的境地。公元 1717 年 11 月，准噶尔军队，在早已买通的僧侣配合下，占领了拉萨，拉藏汗被打败，只有率领少数残部退入布达拉宫死守，于 12 月战死在布达拉宫山脚下。从此，蒙古和硕特部落结束了对西藏统治 75 年。

公元 1717 年准噶尔侵入西藏以后，清朝政府先后两次派兵入藏，分别是公元 1718 年与 1720 年。在公元 1720 年 8 月，清兵与西藏僧俗人民的大力配合下，将准噶尔军队全部驱逐西藏，维护了西藏领土与社会的安定，。于 1720 年 9 月，将七世达赖格桑嘉措从青海塔尔寺迎请到拉萨，并在布达拉宫举行了"坐床"仪式。清朝政府在公元 1721 年决定废除第巴制度，设立了噶伦掌管政权制度，即由四名噶伦共同管理西藏地方行政事务。公元 1727 年，四噶伦之间发生权利之争的斗争。

噶伦阿尔布巴、扎尔鼎、隆布鼎联合杀害了首席噶伦康济鼐。争斗事件发生之后，康济鼐的助手颇罗鼐从后藏（日喀则）起兵进行平定了叛乱，收复拉萨，掌握了地方政府实权，因而清潮政府承认了他的统治地位，将颇罗鼐封为郡王。让他管理西藏地方政务。公元 1727 年清政府在拉萨设立了驻藏办事大臣二人。

公元 1747 年，颇罗鼐去世之后，其子珠尔默特那木札勒继成了父亲的郡王。但是不久之后，他就秘密勾结蒙古准噶尔部，谋划反清大臣的叛乱，杀害了驻藏大臣，在七世达赖格桑嘉措的领导下，在公元 1751 年平息了珠尔默特那木扎勒的叛乱，由此清政府废除了郡王制，正式设立了噶厦（即西藏地方政府），噶厦设立了一僧三俗的噶伦制度，由四位噶伦共同管理西藏日常事务，因而明确规定西藏地方重大问题，必须请示达赖喇嘛和驻藏大臣。噶伦官员的任命要报请中央政府任命。

1751 年清政府正式授命由七世达赖格桑嘉措掌管西藏地方政权，由此达赖喇嘛成为噶厦政府的最高领导者，藏传佛教格鲁派（黄教），在西藏正式执政。在此后的 200 多年里，格鲁派掌权，使"政教合一"的制度不断完善，成为了西藏地方政府的基本行政体制，一直延续到公元 1959 年西藏民主改革前被正式废除。

3、英国入侵西藏事件

英国从 1888 年、1903 年至 1904 年间，英帝国主义对西藏发动了两次入侵战争，其目的就是把西藏从中国分裂出去，变成英帝国主义的殖民地，属印度北部边境的一个缓冲区，进而掠夺西藏的财富。

公元 1903 年底，英国派遣麦唐少将和荣赫鹏上校，率领 3000 士兵护送的"使团"进入西藏。要求与西藏地方政府"谈判"十三世达赖喇嘛派藏军进行阻止。因而藏军与英军在曲米香果对峙，于是英军诡称双方进行谈判，荣赫鹏上校要求双方都将枪里的指弹退出，但是英军退出一发子弹后，随机又将另一发子弹上膛。因为藏军，不了解英军的现代步枪性能，熄灭了火药枪的全部火绳。在谈判中英军突然开枪，此时的藏军因为将火药枪的火绳熄灭，无法还击。因此，这成为了一场血腥的屠杀。"英国作家彼得.费莱明在《刺刀指向拉萨》的书中写到，1500 的西藏藏军留下了 600—700 具尸体英军仅 6 人受伤"。

公元 1904 年 3 月，英国开始对后藏的战略要地江孜进行攻击，由于藏军们的英勇抵抗，江孜保卫战到 7 月才被英军攻破。江孜保卫战打得十分惨烈，英勇的藏军，用火药枪、石头、大刀抵制着，英军的炮兵散弹、机枪、步枪的猛烈射击，山上的水喝干了，勇士们就喝自己的尿。最后，英勇的藏军粮绝殚尽，与英军展开了肉搏战，有不少的藏军，不愿意投降跳崖自尽，从而体现了藏族人民，为了保卫家园不受外侵，英勇抵抗，献出了他们的生命。

1904 年 8 月，英军荷枪实弹进入拉萨，进行了大肆的枪杀掠夺行为。十三世达赖喇嘛被迫逃亡。9 月 7 日，英帝国主义进入布达拉宫，强迫地方政府签订了不平等条约《拉萨条约》。条约中规定，西藏向英国赔款、拆除要塞、开放商埠、英国可在西藏亚东驻兵的不平等条约。说明英国想吞并西藏，掠夺西藏资源的野心，瓜分中国西藏。

英帝国主义侵入拉萨时，屠杀了 4000—5000 千藏族同胞，掠夺了大量珍贵文物后，于 9 月下旬返回印度。如今在西藏康马县乃宁寺（1200 多年历史）的墙上喝门上，留有当时的子弹痕迹，当年被英帝国主义烧毁的五层经堂残墙半壁上，默默地留下了，那段被褥的历史痕迹。在抗英战斗中，乃宁寺有 44 名僧人牺牲，后来寺庙将他们的尸骨集中起来，修建了一座土旺佛像，以永远拜祭这些英烈们的灵魂。与乃宁寺遭到英军洗劫的寺庙还有众多，如紫金寺、白居寺等等，然而，投入到抗英斗争中的僧侣不计其数，从而，表现了他们为保卫家园，维护祖国的大无畏精神。

从公元 13 世纪起，西藏就属于中国的版图。但是，面对英帝国主义的入侵，腐败的清王朝，却没有给西藏提供有效合理的保护，这也是中华民族的奇耻大辱。不过，最终清朝政府，最后，拒绝了在《拉萨条约》上签字。

4、龙夏事件

龙夏一生充满了对改革发展西藏的理想，他是受到进步思想的影响，并且有着强烈的改革愿望，他曾经带领十三世达赖喇嘛派出国的留学生，在国外生活 7 年。回来后，担任了藏军的总司令，他的一生充满了理想，希望发展西藏。

根据喜饶尼玛写的《近代藏事研究》和《西藏文史资料选辑》中记载，1930 年，国民党政府文官处书记官刘曼卿（女，藏族，名雍金），带着蒋介石给十三世达赖喇嘛写的亲笔信，奔赴西藏，沟通西藏地方政行与中央政府的关系。她曾在自己著作里记载了龙夏有着强烈的改革愿望：龙夏他派秘书到刘温卿下榻之处，请求她抄写翻译孙中山遗教。

　　龙夏与刘曼卿进行过多次的会晤与长谈，在送别刘曼卿之时，谈到了对西藏的前途的三条意见："一、祈告中央，藏政府非不欲行三民主义，然以人之顽固，幸勿操急，徒致纷扰。以云外交，藏人决以中原行动为行动，断不致单独有所表示。其二、闻内地军备远不及列强，请加意准备，使内足以镇变护边，外足以御侮持平为要。其三、希望刘曼卿继续为藏努力，对中原人士亦应鼓吹其注意边事，望其得间重来，吾将尽力保护"。由此可以看出龙夏清醒的认识到改革的难度，并且希望国民政府能在富国强兵的基础上，推进西藏的改革。只可惜，当时的南京政府忙于国民党新军阀的混战和"剿共"，而且日本帝国主义又开始武装侵华，无力主持西藏的改革。

　　1933 年底，十三世达赖喇嘛圆寂后，以龙夏司令为首的改革派，他们希望借助民主之风，秘密串联，订立誓言，组织了"吉求贡吞"（即"求幸福者同盟"）。提出废除西藏地方政府噶伦终身制，要求每 4 年改选一次，从西藏民众大会提出候选人之中产生。政府应由贤者在位，能者在职，赏罚分明，不得再行卖官。他们并用委婉的语言把建议提出，用请愿的书面形式上呈给噶厦及摄政王，称改革是"为保全政教宏业万古长青"，其中也包括揭露了在位的噶伦种种劣迹的内容。但是，顽固的贵族上层是不可能允许这种侵犯自己利益的改革。在"吉求贡吞"之中，人心也是不齐的，很快就有人告密，说龙夏要发动流血的政变。因此，在 1934 年初，龙夏被诱骗到布达拉宫，被诬陷"密谋杀害西藏地方政府在职噶伦"的罪名，被逮捕入狱。噶厦在对龙夏的审判中，龙夏对"企图谋杀，噶伦"的罪名始终没有承认，他始终坚持"我们主张噶伦须经过选举产生，根本没有谋害噶伦之意"。于是，审判团又指控龙夏是"共产党分子""亲苏分子""梦想在西藏搞十月革命""想要毁灭宗教"等等罪名。

　　龙夏有一尊纯金冠顶的观世音菩萨像，他是十三世达赖喇嘛亲手赏给他的，并为祝福龙夏："愿你世世代代得到观世音菩萨的保佑"。可是在那疯狂的黑暗的社会旧势力面前，观音菩萨也保佑不了他的命运。最后审叛团将决定，将龙夏剜去双眼，永久监禁，其妻被流放，儿子被革去世袭贵族的地位，永不录用；他的家产全部被噶厦政府没收。"吉求贡吞"组织中的重要成员被发配到了边远地区。由于查出该案牵涉甚广，噶厦政府只好将参与次事的百余名官员从轻发落，龙夏司员的改革，以失败告终。

1934 年 8 月，国民政府派遣的祭奠十三世达赖喇嘛的专使、参谋本部次长兼边条组主任黄慕松到拉萨，噶厦政府担心国民政府追查残害龙夏司令之事，就诬陷龙夏是亲英分子，并指责龙夏"拒绝中央大员入藏"，当时黄慕松一时也难辨真伪，也就信以为真。1939 年，蒙藏委员会委员长吴忠信入藏，龙夏司令强撑着他那病躯的身体，派人送给吴忠信一尊佛像，吴忠信派随行的官员朱少逸探望了龙夏。龙夏希望中央政府出面，排除外国侵略势力，改革西藏的政治，造福西藏，并泣血进言："中央持派主管边政长官来藏……尤其望吴委员长有所决断……中央管护藏民，众所周知……果中央尚以西藏为中国之领土，则解决藏事，不容再缓"！由于国民政府的软弱与忙于抗战，不愿和英国人翻脸使龙夏先生一身报国，维护祖国领土完整的一胸热血付之东流，含恨而亡。龙夏一生为改革西藏信念是可歌可泣的，他的一生为西藏改革鞠弓尽卒，死而无憾。

5、热振活佛事件

翻开西藏历史，你可看见有多少爱国的人士，以生命维护着祖国的统一，民族的团结。

第五世热振活佛（摄政王），全名是热振呼图克图·图旦锋白益西丹巴坚赞。呼图克图是蒙语，即俗称为活佛。第五世热振活佛，他是西藏东南部塔波下如地（今西藏山南加查县）的人，出生于 1912 年（民国元年），传说他出生时，天降大雪，后来雪止天晴，邻居看见一只乌雅落在他家的屋顶上，用嘴划来划去。邻居此时爬上屋顶去看，雪上面划出的，似是藏文"热振"二字。在他童年的时候，有一次他外出放羊，经过一条小溪，他正要跳过去，可是当他用力一跳，他脚下的那块石头上留下了他一只脚的足迹，就像用脚踏在软泥上一样。

他的童年时期传说很多，于是有人将此事报告给了十三世达赖喇嘛，达赖喇嘛得知此事后，便通知热振寺，去查访这孩子是否四世热振活佛（热振寺活佛是按照格鲁派定制）的传世，并予以保护。查访结果，认定这个孩子是四世热振活佛的转世灵童后，迎请到热振寺，经过打卦问卜之后，确定他就是四世热振活佛的转世灵童无误后，于是报告了十三世达赖喇嘛，同时上报北京政府蒙藏院备案，并批准该灵童为五世热振活佛，举行了坐床大典，并且为他取法名："图旦降雪益西丹巴坚赞"。按照惯例，将他送入了色拉寺大乘寺学经，并拜阿旺端智和贤巴嘉措二位喇嘛为师，从此开了他人生学法的生涯，他先学习阿底峡大师传承下来的经过宗喀巴大师发展改革的新旧噶当教法等，后又循序学习五大部论，经过他刻苦努力学法及多年修学，成为一名"通过者"。

十三世达赖喇嘛亲自为他主持了"立宗答辩"，由于他学识渊博，思路敏捷，加上他辨才无碍，顺利的通过了答辩，取得了拉让巴格西学位。此时的他已 20 岁。尔后，这位爱国爱教的五世热振活佛，出任了热振寺的主持，开始了他人生中弘法利生的事业之中，他心地宽厚慈悲，经常深入民间，了解民间的疾苦，为他们解决困难，深得十三世达赖喇嘛的厚爱与赞赏。达赖喇嘛还亲自到热振寺探望他，并把他自己常读的一本经书予了他，并深切的对他说："这是一本签别善恶的好书，你要好好学习"。

在民国二十二年（1933 年）的 11 月 17 日，十三世巴赖喇嘛突然圆寂，享年 58 岁。当时热振活佛 22 岁。西藏国民大会讨论决定，依照达赖生前遗愿，呈请国民政府，由热振活佛摄政，掌管前藏政教事务。国民党政府接受了建议，册封五世热振活佛为摄政王，并赐封他为"辅国弘化禅师"。同时，西藏噶厦政府和地方政府为达赖举行盛大的葬礼，在布达拉宫兴建的灵塔。民国二十三年（1934 年）元月，国民党政府派蒙藏委员会委员长黄慕松，为致祭十三世达赖专使，赴拉萨布达拉宫祭祀，并追封十三世达赖为"护国弘法普慈圆觉大师"。黄慕松在藏期间，曾经指示热振活佛及噶伦、噶厦等，在认定达赖转世灵童一事上，要尊循乾隆 53 年的规定，以金瓶掣签办理转世。

当时由于热振活佛的摄政，使西藏的局势暂时得到了稳定，热振活佛与国民政府也保持着融洽的关系。在寻找十三世达赖喇嘛转世灵童上，曾多次向国民政府通报，希望能得到中央政府帮助与批准。民国二十七年（1938 年），他向中央政府报告，在青海省灵访得到灵童 3 名，请派官员入藏主持掣签仪式，民国二十八年（1939 年）二月，时在重庆的国民政府，电青海省主席马步方，派官员护送三名灵童入藏，于当年冬天，派蒙藏委员会委员长吴忠信入藏，主持转世灵童掣签及坐床大典。吴忠信带领随从人员一行 19 人，由印度入藏，于民国二十九年（1940 年）元月抵达了拉萨。但是吴忠信抵达拉萨时，原灵访的三名灵童只剩下了一人，于是，热振活佛与吴忠信磋商，二人联名给中央上书，称："青海灵童灵异卓著，全藏僧俗公认该灵童为十三世达赖化身，经民众大会决议，不再举行掣签仪式，拟请中央按十三世达赖喇嘛之先列，准免除掣签手续"。2 月 5 日中央复电批准此项申请，2 月 22 日，吴忠信会同热振活佛，主持了十四世达赖喇嘛的坐床大典。同时，吴忠信抵藏之初，代表国民政府授予热振活佛金印一枚，文曰"摄政经师热振阿齐图慧呼图克图"，吴忠信于主持达赖喇嘛坐床之后，于 4 月 1 日，在拉萨成立了"蒙藏委员会驻藏办事处"，此事是国民党政府以来，中央政府首次在拉萨设立的驻藏机构。

热振活佛摄政七年以来，在他执掌西藏政教权力之期，他始终与国民政府合作，维护祖国的统一政策，有力打击西藏上层亲英卖国分子的势力。在国民党的五届六中全会中，被选为中央候补委员。由此引起了亲英卖国势力的强烈不满，对热振活佛进行了造谣毁谤，亲英分子们利用宗教降神来敌毁热振活佛，说他有三年厄运，需闭关静修，方可化厄运。热振活佛权衡了情势，为缓和对立的矛盾，做出决定暂时辞法摄政王之职。把摄政王之位交于他的师傅达扎·阿旺协饶图多旦巴杰增代理，以三年为期，热振活佛向国民政府呈报暂时辞职，经国民政府核准，于民国二十九年（1940 年）十二月去职。1941年 1 月 1 日，达扎代理热振活佛执政，此时他已 73 岁，他为了稳固自己的地位，勾结亲英分子，到了三年代理执政三年满后，拒不交还摄政王之职。拖到了民国三十五年（1946 年）初，同时他还在"西藏国民大会上，自称为，杰布呼图克图"，自封为摄政王，继续执政。热振活佛将此情况报告了国民政府，请政府给予财力和军事支持帮助，希望以此取回自己摄政的权力。因国民党政府指示驻藏办事处，暗中支持热振活佛。此事被达扎以及亲英分子所知道，加之社会上要求热振活佛再度执政的呼声高涨，亲英卖国分子和达扎惊恐万分恐惧，以先发制人，给热振活佛捏造了一个罪名，并把热振活佛及身边的重要人士逮捕。由于色拉寺与热振活佛关系密切，得知热振活佛被捕的消息，组织了六、七百名僧侣进入色拉寺所在地的乌孜山，对驻扎在扎溪兵营进行了开战，达扎及亲英分子，调动了 3000 余名地方武装力量，包围了乌孜山色拉寺，于是双方交战数日，最后色拉寺僧侣终于以弹药失尽，被达扎的军队攻陷，保护热振活佛的行动失败。此刻祖国的内地侵略者日本战败无条件投降，抗战胜利以后，南京蒙藏委员会收到拉萨办事处的电报，并回复电报给达扎及噶厦地方政府，电文如下"色拉寺为佛教圣地，不容摧毁，立即和平解决"。然而达扎及亲英分子复电民国政府，称："前任摄政王热振，企图谋害现任摄政达扎呼图克图，故将热振活佛及关系重要者数人拘禁，色拉寺无知僧众，附和热振活佛反对政府，经西藏僧侣民众大会一致同意，严加惩处，并无摧毁寺庙之事，所有中央在藏官员及旅藏汉商均当切实保护。"南京政府再次复电拉萨噶厦地方政府："对热振活佛，务必保护其安全"。但是以达扎为首的亲英分子，不雇南京中央政府的电文，于民国三十六年（1947 年）五月七日，将热振活佛秘密毒害在布达拉宫雪监狱的牢房内，其热振活佛的随身的主要人士也遭到残害。当时热振活佛只有 36 岁。热振活佛被害的消息传到了热振寺，热振寺的僧侣非常愤怒，组织了 500 多名僧侣，武装起来，将驻扎在热振寺内的 20 多名藏兵杀死。达扎及噶厦政府调集了 1000 多名藏兵，把热振寺包围起来，激战七天七夜，由于热振寺与噶厦藏兵的悬殊，被噶厦地方武装力量所镇压，只有热振活佛生前亲随曲本·益西曲臣等 4 人突围出来。曲本·益西曲臣等逃出西藏，来到西康省省政府刘文辉，向他报告了热振事件的经过，请求援助，但是刘文辉收了噶厦政府贿赂，对此置之不予理会。而此时的国民政府正与共产党忙于内战，无暇顾及西藏事件，对热振活佛事件也鞭长莫及，热振活佛事件也就不了了之了。

6、直孔之乱

元代，元至元二十七年（1290 年）直孔派与萨迦派因政教之争，发生了战争，直孔梯寺大经堂被毁，同时，18 尊巨佛、7 座多门塔被毁。据说，在此战争中，被杀直孔噶举派僧人及属民一万多人。该事件史称"林洛"（意为"寺院之变"），也称为"直孔之乱"，因此，直孔派势力受到严重的打击，直孔万户也被帕竹万户兼并。元政府为了缓解萨迦派与直孔派之间的矛盾，赐予了大量物品，修复了直孔大殿，扶持新任法座，直孔派才逐步渐渐恢复影响。直孔噶举的领袖仁波切——仁钦贝杰（直孔梯第十三任寺庙主持）于明朝永乐十一年（1413 年）被明成祖封为阐教王。15 世纪格鲁派兴起后，直孔噶举派抵制格鲁派，被击败。五世达赖受清朝顺治皇帝正式册封后，直孔噶举派不得不处于达赖的管辖之下。15 世纪后，寺庙也开采用了活佛转世制度，直到 17 世纪前半叶，该寺还是格鲁派的主要劲敌之一。

7、川兵入藏—清朝大臣赵尔丰

赵尔丰（1845—1911年），字季和，汉军正蓝旗人，祖籍山东蓬莱。初任山西静乐、永济知县，河东河道监事同知。1903年（光绪二十九年）得川督锡良赏识随锡良入川，官至四川永宁、建昌道。1905年（光绪三十一年）赵尔丰率兵入西康，平定土司叛乱。1906年（光绪三十二年），清政府以"四川、云南两省毗连西藏，边务至为紧要"，决定设立相当于省级建制的川滇边特别行政区，以赵尔丰为川滇边务大臣，其辖区东起打箭炉，西至丹达山，南抵达云南维西、中甸，北至青海玉树，每年有四川拨出46万两白银作为行政经费，兵源及给养也主要由补给。

1908年（光绪三十四年），赵尔丰升任驻藏大臣兼川滇边务大臣。次年率兵入藏，屡次打败受英国操纵的西藏叛军，赵尔康在川滇边实行改土归流，废除土司制度和寺庙特权，对发展藏区农牧业、手工业、交通、邮电业和文化教育事业颇有建树。1911年（宣统三年），赵尔丰署理四川总督，制造成都惨案，人称"屠户"。武昌起义不久，成都宣布独立，成立大汉四川军政府，赵尔丰被新任都督尹昌衡处死。

在历史研究中涉及到赵尔丰时，对其历史事件多持贬意。但是，亦有学人提出不同看法。近代学者章士钊便是一例。早在1927年，章氏创作诗卷《将军叹》中，对赵尔丰的军事才能及整治川边的功绩给予了应有的肯定。

晚清知兵帅，岑袁最有名；

岂如赵将军，川边扬英明。

赵尔丰的一生确实与武力相始终，他虽然镇压了川南会党和四川保路运动，此乃他一生中的污点，但他在川边藏区实行改土归流及各项措施，促进了川边藏区社会经济的发展，巩固了西南国防，维护了国家的统一。特别是他怀有强烈的反帝爱国思想，与帝国主义侵略势力进行斗争，这些都是应予肯定的。此外，赵尔丰也并非嗜杀之徒。权衡赵尔丰的历史功过，应该说他是功大于过的。只有正视历史事实，对赵氏的评价才会更接近客观、公正。

8、西藏的统一与川藏边界的形成

传统上，西藏分为四个部分：卫，即以拉萨为中心的地区；藏，即以日喀则为中心的地区；康，又称喀木、朵甘，包括今西藏昌都地区和四川甘孜藏族自治州；阿里西藏极西部分。溯至唐初，吐蕃与唐朝并不接壤。在今天的金沙江两岸，分布着众多的氐羌系统部族。随着吐蕃王朝的强大与东扩，吐蕃逐渐占领了整个康区，极盛之时直抵岷江、大渡河。康区的众多氐羌部族文化、语言上逐渐同于吐蕃，融合形成今天意义上的藏族。然而，自公元842年吐蕃王朝崩溃，青藏高原直到被元朝纳入中国版图都再也没有实现内部的统一。在元代，宣政院统管整个藏地。

从1637年到1642年，和硕特部固始汗率部进入青藏高原，先后消灭了卫、藏地区的统治，而固始汗则成为包括青、康、藏在内的全藏的大汗，由此开始了和硕特蒙古与黄教（格鲁派）集团共同管理西藏的时期。1717年清朝（康熙五十六年），准噶尔势力由伊犁突袭西藏，占领拉萨，杀固始汗曾孙拉藏汗。清王朝为绥定西藏而采取直接介入已势在必行。1718年（康熙五十七年）四川巡抚年羹尧奏准派兵进驻里塘。1719年（康熙五十八年），定西将军噶尔弼、永宁协副将岳钟琪率部由打箭炉进军西藏。噶尔弼进一步向西进驻察木多周边各地。经过两次战争清政府驱逐了准噶尔人，恢复了西藏地方社会程序，巩固了西南边疆，维护了祖国统一。

西藏平定后，主持四川方面军事的各大员认识到里塘、巴塘在经营西藏事务中的重要性，该地区正值由四川向西藏进行粮秣供应的冲途，有必要由四川方面对其进行节制。加之在战争过程中曾有将该地划归云南的动议，结果丽江土司就迫不及待地派员向当地人威声恫吓，令其归附云南，由此造成的时段一度影响川省向西藏的军粮运输，由此川、藏、滇之间明确边界和行政管辖分野的工作在战后被提出。

1725 年（雍正三年），川陕总督岳钟琪上奏称："察木多之外洛隆、察洼、坐尔刚吹宗（桑昂区宗、衮卓尔贡觉）部落虽非达赖喇嘛所管地方，但洛隆宗离打箭炉甚远，若并归内地，难以遥制，应将原系内地土司所属之中甸、里塘、巴塘，再沿近之得尔格特、瓦舒霍尔地方，俱归内地，择其头目，给土司官衔，令其管辖。其洛隆宗等部落，请赏给达赖喇嘛管理"。此项建议很快得到清中央的批准，1727 年（雍正五年），副都统鄂齐、内阁学士班第、四川提督松潘镇总兵周瑛前往巴塘察木多一带，指授赏给达赖喇嘛地方疆界。五月，抵巴塘、会堪巴塘、邦木、与赏给达赖喇嘛之南墩，中有山名宁静，拟于山顶亦界石。应该说宁静山边界符合了川藏双方的利益，它基本位于拉萨至成都的中点上，略近成都，便利双方的行政管理。加之，在清代相当长的时间内，西藏地方与中央关系良好，在此后的近两百年中，西藏与四川对此边界都没有提出任何异议。宁静山作为一条省级行政边界，成为双方尊重和维护的"宁静"的边界。

9、清末西藏地方与中央、四川关系的新变化

1840 年鸦片战争的爆发，中国开始面临西方资本主义强国的挑战。从道光到同治，英国完成了对尼珀尔、不丹、锡金、拉达克的侵略和控制，将目光投向西藏。1876 年（光绪）英国强迫清政府签定《烟台条约》取得了西藏"探访路程"的权利，引起了西藏民众的强烈反对。鉴于西藏民众的态度，清政府对英人入藏也持反对态度。为达到侵略目的，英国悍然于 1888 年和 1904 年两次武装入侵西藏。在抵抗英军的斗争中，西藏地方政府和僧俗民众都爆发出高昂的抗

战情绪。但清政府却错误地撤换了积极主张抗战的驻藏大臣文硕，代之以庸无比的升泰。到任后，对西藏僧俗的抗战不仅不予支持，反予压制。由此清政府自身威信下降，西藏地方政府和清中央之间开始产生裂痕。更为严重的是面对英国的咄咄逼人的侵略态势，清政府在事实上也对自己的西藏政策进行了反省和检讨。

清廷在 1906 年任命张荫棠"前往西藏查办事件"，张荫棠入藏后先弹劾了以驻藏大臣升泰为首的一帮驻藏官吏的胡作非为，清廷很快按照他的弹劾对上述人等进行了严办，表现了对张荫棠的充分支持、信任和整顿藏政的决心。张荫棠于1907年正月致外务部电陈治刍议，他提出："窃查印度政府意主侵略，开埠不过表面名词，亟应收回政权，迅筹练兵、兴学各事宜，以图抵制，而杜借口"。并进一步勾画了在西藏进行政治、经济、军事、外交、教育各方面改革的措施。

同年，驻藏大臣联豫在上奏中提出："为今之计，自非改设行省不可，万无疑义。然政贵实行收效，不尚虚声，事以积久而渐非，难期聚革。藏中之事，惟有徐徐布置，设官驻兵，借防英、防俄为名，而渐收其权力"。张荫棠和联豫的意见基本上代表了清中央的意见，面对险恶的国际形势和国内民族关系的新的微妙变化，清中央认识到旧有的西藏政策与体制已不适应新形势，如不再进行变革，恐有落入帝国主义彀中之虞。

就在此期间，西藏的东邻川边也在发生深刻的变化。

1904—1905 年，英人借通商要挟，自哲孟雄（今锡金）进兵，在江孜击溃藏军，进入拉萨，达赖出走蒙古。英人当时力量不够，而拉萨留守的噶夏政府又推说无权签约，英国只好求助清政府和留西藏的班禅，签署了中英处理西藏事件的条约，条约把西藏对外贸易的特权全部交给英国。由于英人挑拨离间，而朝廷及一些驻藏大臣举措失当，致使原来坚持抗英的达赖喇嘛政教集团，转而成为亲英势力，使之藏政府更形险恶。

1904 年，驻藏帮办大臣凤全在川边的巴塘重申雍正年间限制寺庙喇嘛人数的规定，以限制寺庙势力，减轻当地人民负担，从而引起当地上层喇嘛的嫉恨。凤全在巴塘被围攻和杀害。事件发生后，四川省调派提督马维骐、建昌道员赵尔丰前往镇压。这是赵尔丰参与藏事的开始。1906 年 7 月，巴塘、里塘动乱平定后，清廷任命赵尔丰督办川滇边务大臣，由此，川边疾风骤雨般的改革展开。

赵尔丰的确是那个时代少有的干练之才。四川总督锡良在上奏内廷保举他时，极尽推重之词："忠勤纯悫，果毅廉明，公而忘私，血城任事"。就任川滇边务大臣后，赵尔丰敏锐地抓住了川边问题的关键，即残暴腐朽的土司统治，以及与土司统治密切相连的落后的农奴制生产关系。赵尔丰鉴于左宗棠的平定西域的经验，为了防止英国对西藏的蚕食，决定把改土归流推行到西藏。在很短的时间内，赵尔丰以秋风扫落叶之势革除川边各地土司统治，派设流官，改革赋役，兴办卫生文教和各种产业。应该说这些措施是有利于川边各种人民的。也得到了受压迫民众的拥护。可其改革之势必触犯土司和寺院集团的利益，从而遭到他们激烈的反抗。赵尔丰作为一个封建时代的官僚，注定有其历史局限性，其个人的性格也是明显的暴躁严苛，习惯以强硬手段排除干扰与阻碍。又加之当时川边斗争的确具有艰巨性和复杂性，温和方式很难解决此起彼伏的武装叛乱问题。所有这些因素使毗邻的西藏当局对他产生严重的不信任和不安。

赵尔丰在川边的改革赢得了清中央的赏识。力图全面整顿藏政府的清中央很自然地想到主政川边的赵尔丰为派往西藏的人选。1908 年 2 月，赵尔丰被任命为驻藏大臣兼川滇边务大臣。西藏地方政府和寺庙闻讯后，深知赵尔丰主藏政，必会有与川边一样的改革。从四月开始，西藏地方政府前往察木多，以"欲攻三岩"为辞"三岩距巴塘西北，乍丫东北，北界德格，南界将卡。尚不属于藏，亦未服管"。调集藏兵，意图武力阻止赵尔丰入藏。五月，呈诉驻藏大臣联豫并请代奏中央，"谓赵尔丰仇视黄教（格鲁派），拟请另行简放"。联豫当予驳斥，并拒绝代奏。后西藏地方由海道直接递送中央。尤为值得注意的是，西藏地方政府的呈诉中，公然提出"按照唐朝界址，统归于藏"的要求，这种态度加上武力抗拒中央大员入藏的实际行动，西藏地方确实表现出离心离德的倾向。由藏方首先提出的该界要求，引起了赵尔丰的极大不满："查阅各禀，远引唐代与吐蕃和亲碑文，俨然自居敌国"。

10、西藏地方与赵尔丰之间的矛盾激化

1909 年（光绪三十四年），赵督训练有素的巡防军开始越过金沙江向察木多（今昌都）和类乌齐进攻。川军入藏，联豫的目的也是打算把西藏完全改土归流。朝廷命钟颖一个年方 22 岁的帝戚，率四川新军两个标（旅）进藏，1910 年（宣统元年）初，钟颖军与赵防军会师于察木多（川军自北线即今天甘孜州德格进兵；防军自南线即今四川甘孜州巴塘赵行辕驻地进兵），然后两军迅速推进到工布（今林芝专区首府八一镇附近）一线。本来，两军相继入藏，但联豫赵尔丰抢了功，奏请清朝廷制止赵军入藏。赵也鉴于孤军深入，后方改土归流的大事并没有完成在钟军暂时留驻此地区的一部的帮助下，对整个工布和波密地区（昌都、林芝地区）进行改土。赵的改土实际上是派军和钟军一起消灭这一地区长期威胁丹达岭以西的后藏安全的波密王白马青翁政权。两军的军事行动进展很顺利，不久即消灭白马青翁军，并将白马青翁擒拿处死。与次同时，两军对所到之处的土司头人进行招抚，说服他们建立郡县，这一地区先后建立起了察木多、江达（工布）、等十多个县，赵同时向南派兵，进入察隅地区，建立了察隅县（察隅在今西藏自治区最东南，临中印边境东段之东，与印占瓦弄相邻）。

赵的改土归流政策并不是一些海外藏人说的那么残忍。赵的政策是恩威并用，他和钟颖军击溃了四川边境老百姓（康巴人）不喜欢藏政权对他们的高税盘剥（整个清王朝时期，中央政府对西陲改土地区的征税都是象征性的，如果一个土司（改土后为县）管辖下的面积

土地，每年不过几只牦牛，十几两银子而已），基本上是拥护中央改土政策的，其结果是，许多赵军未到的边远和交通困难地区，当地头人纷纷派人来表示愿意归顺中央，比如白玛岗地区（即今墨脱县）和洛隅—下察隅地区（即今印占中印边境东段以南的大部分地区）的头人都派人来要建郡县。（事见民国任乃强《西康图经》所引赵派往察隅的管带程凤翔向赵尔丰上呈的"呈报杂隅形势文"档案，以及钟军管带陈渠珍写的《艽野尘梦》里第七章"进军鲁郎"）。

赵本拟向门隅—洛隅—下察隅地区（即今中印边境麦克马洪线以南九万平方公里的土地）派军接受（亦见《西康图经》），旋因英国干预乃止。（亦见英荣赫鹏的回忆录）。先是，英人在侵占印缅边境的阿萨姆地区以后，于光绪末，遣员去门隅—洛隅地区招抚，遭土著头人拒绝，乃采怀柔政策，在阿萨姆边境修公路，企图深入这一地区，英人以利获取当地头人的支持，逐渐把他们的影响扩大到这一地区，但由于此地区形异常复杂，高山密林，纯粹的原始状态，始终未把羁縻区域扩大到此地区的纵深，只能在附近阿萨姆边境附近收税，至今印人亦未曾将现代化扩展到此地区大部。但英国方面非常惧怕赵尔丰的西进，英印当局在上呈女王政府的文报里多次要求英政府通过外交努力制止赵军西进。1910 年，清军进入拉萨，十三世达赖逃往印度。清政府宣布剥夺十三世达赖的名号。

赵尔丰改土归流"所收边地（指改土归流），东西三千余里，南北四千余里，设治者三十余区，而西康建省之规模粗具"。后因辛亥革命爆发，清廷被推翻，各土司纷纷自行恢复。此后变乱迭起动荡不宁。直至民国政府在赵尔丰设制的该县的基础，与英国斡旋，力争国土，挫败了英国分裂西藏的企图。1928 年西康省，赵尔丰改土归流的成果至才尘埃落定。

对赵尔丰清末在川边的政绩，不少学者对赵氏予以较高评价。尚秉和在其《辛壬春秋》一书中说："尔丰自光绪三十一年以次，勘定康地，驰驱劳瘁，至是凡七年，共用款六十余万，部拨经费尚余三分之一，而西康全局皆定。尔丰之治康，以傅嵩谋。狎（xia）其人，并知其山川扼要形胜"。断言："自清以来，治边者无有著功若此者"。贺觉非在《西康纪事诗本事注》中的《赵尔丰经历情况及其永世》注中也说："尔丰之治边也，先与兵威，边地"既定，即从事各种建设。但奠定西康政治之始基，宜为赵氏。

赵本人亦明敏廉洁，办事公正。犯法者虽近亲不稍恕，康人多信服之"。近代著名学者李思纯也说："金沙江以东十九县，尚能归附（归附：指顺应改土归流），皆清季赵尔丰之余威，于民国以来诸边将无预也"。总之，在晚清时局岌岌可危，朝纲紊乱，社会人心疲怠，大臣互相倾轧，任事者动轧得咎的情况下，尚有如赵尔丰一些勇于任事，悉心边事，维护统一的贤士，其巩固国家统一与领土完整的历史功绩值得每一个中国人永志不忘。

四：拉萨考古遗址

1、曲贡遗址—远古的遗迹

曲贡遗址是新石器的遗址，它位于拉萨市北郊，分布于城关区娘热乡曲贡村，于军区总医院北面的山坡下。山上到处是裸露的山崖，山坡下是拉萨河谷平地。曲贡遗址就位于山坡下，它东西长约 150 米；南北宽约 30 米，遗址总面积约 5000 平方米。遗址由于长期被雨水冲刷，遗址坡的上部分被冲刷出了六道大沟，第一条洪沟与一条土路从遗址中间穿过，因此，使遗址遭到严重破坏。

曲贡遗址是当今海拔最高的新石器遗址，它的发现证明在新石器时拉萨就有人类生活着。它的文化堆积层里，证明了雅鲁藏布江中游河谷地带生命遗存。此遗址大约有 4000 多左右年，证明在 4000 多左右年前拉萨河谷就有藏民族先人生活在这片神奇的大地上。曲贡遗址发掘出青铜镞，这青铜镞年代与中游夏商文化接近；还出土了一枚玉镞。

曲贡遗址当年发掘是规模比较小的范围，发掘的面积约 23.4 平方米。发掘了灰坑两座、窖穴一座、晚期石棺墓一座（据推测为吐蕃墓葬）。灰坑出土了磨制玉锛、骨针、骨锥及打制石器、大量的陶片；窖穴内出土了打制石器、骨锥、骨匕、骨器、双肩石铲、长刮器、双边刮器、三边刮器、弧刃刮器、尖状刮器、盘状敲砸器、柱状敲砸器、球状敲砸器、两侧打着缺口的网坠等，磨制石器出土的较少，出土的比较完整的就是一件磨制玉锛，它的质地为墨绿色粗玉，通体比较光洁，刃部较锐利，并且有使用过的痕迹；还有一种琢制有凹槽石磨盘，凹槽石磨盘为典型的器物，石器之中有以双肩石铲、柱敲砸器、网坠、玉锛等器物。

曲贡遗址出土的陶片是手工制作的，其中个别以加慢轮修整的，泥质陶和夹砂陶各为一半。这些陶片烧制的火候比较高，陶片的胎质比较细密坚实，陶以灰色为主、有的陶片表面是磨光的黑色、褐色陶器。其中陶器中的精品是泥制磨光黑陶，器型较小，但是非的精美、器物的壁非常薄，黑陶的表面非常的光亮，是最具特色的精品。陶器上的纹饰非常的丰富，以刻花纹为主，有刻着重凌纹、三角纹、直线波折纹、蛇纹、直线几何纹、直线交错纹等。刻纹大部分是刻在陶器的腹部，有有一部分是刻在陶器的耳部、领部，有锥刺点纹、弦纹、堆纹、锯齿纹，另有一部分刻有三角形假镂空纹等。陶器大部分是以陶罐为主，陶器组合是以陶钵、陶碗、陶豆、陶壶等。陶器大多数以圜底、圈足，没有平底、三足底，但陶器的器耳比较发达。曲贡遗址出土的骨制品公元十五件，有骨针、古锥、骨匕、骨镞、骨刮、骨削等器物。

曲贡遗址是拉萨首次发现的新石器时代文化遗址，具有原始文化明显的特征，浓郁的时代特征，它填补了西藏地区新石器时代文化遗址的空白，揭开了对西藏新石器时代文化研究的宝贵资料。曲贡遗址与西藏其它遗址文化基本一致，如与林芝地区的遗址基本相同，但是它的陶器制作工艺、器型、陶制等方面都比昌都卡若遗址先进，由此可断定应该晚于卡若遗址。

2、古部落孙波（苏毗）

孙波（苏毗）部落是一个联盟部落。

1、孙波按照法国史学家 A·麦克唐纳著《敦煌吐蕃历史文书考释》（耿昇译、王尧校）一书中，比较明确记载，孙波（森波）古代的首府堡寨——噶尔城，也就是森波杰达甲乌的驻地。后来，这一堡寨也是吐蕃历史赞普们喜爱的府邸。敦煌吐蕃纪年中经常提到此地，如 651—653 年，677—693 年等等（《敦煌纪年注释》第 243 页，伯戴克）。伯戴克先生将此地考证为于今天的拉萨西北的堆龙，距今天的楚浦不太远。因此，这一地区是松赞干布祖父时代的某个独立王国中心，包括叶饶四部和鲁木雅松（见巴科等人书：《敦煌吐蕃历史文书》第 103 页，第 17—18 行，原写本第 134 行。因此，森波杰达甲乌把过去的一些独立领地也纳入了自己的势力范围，因为在后期的许多小国名表中已经在发现不了以亚松为首府的鲁木若的名字了。参见拉露：《古代吐蕃小王国国名录》第 193 页）。

2、孙波（苏毗）另一个首府补尔瓦域那地区，也可能就是补尔瓦的域那。巴科先生等人书第 105 页，第 24 行和第 108 页，第 9 行有一句短语为（　　　　）和（　　　　）。由此看来，此地又位于岩波地区，其国王就是森波杰·墀邦松，又称古墀森波杰。据巴俄拉陈瓦书中的小国王名表来看，岩波地区就相当于南木修，但对这一地名集体方位的考证尚未形成定论（石泰安：《汉族走廊古部族》第 25 页）。"就作为南秀木疆土一部分的边境草场森林"（这一句话出现在《恰茂珠巴传》中，第 11 页，此书由后藏疯子饮血者海茹迦的弟子拉尊·仁钦南杰于公元 16 世纪时所作。但我们在公元 13 世纪的成书的一篇文献，即乌苌人《仁钦贝传》中，第 164 页，就已经发现了这一史料）。恰茂珠巴在公元 12 世纪时建立了庐拂，后来又在此遗址上建立起了恰茂珠巴人的宗教首府登萨梯寺，位于藏布江以北，这一说法与大事记年表第 4 节中有关古·墀森波杰领地的记载并不相符。根据巴科等人的《敦煌吐蕃历史文书》第 108 页中所发表的段落记载，岩波（它当时已经吞并了第一位森波杰的领土）位于雅尔曲河（即雅砻江）的彼岸，其中也包括吉曲河地区（关于吉曲地方的方位问题，罗纳——塔斯对《西藏东北部古代民间文学》的书评，1957 年《匈牙利东方学报》第 7 卷，第 321—325 页和《敦煌纪年注释》第 242 页。更登群培在《白史》第 5 页中指出："古代民族卫、藏、吉曲、娘及琼保在安多地区曾大量存在"）。后来人们把岩波称为彭域，因此也就是位于雅鲁藏布江北岸，包括从拉萨到工布之间的辽阔地带。

3、孙波（苏毗）琼瓦地区，达西聂布在那里居住在琼瓦达则的堡寨，目前无法确定准确知道位置和于孙波（苏毗）治理的地理范围，但很可能是包括娘若香波地区是在布贡甲执政时并入的，在以后也可能有过某种变迁（钦则大师所著：《卫藏道场圣迹志》中的 B 号和 C 号地图；黎吉先生在《早期墓葬地》第 74 页中所画的平面图，在 73—77 页中对琼瓦达则地区的描述）。

以上所述的 3 个地区一共有三位王子。他们各自生活在自己的地域，一直到年噶尔森波杰的领土由域那森保杰所征服为止，最后一片领土最终并入了琼瓦国王的界内。写本第 3—4 节（石泰安先生在《西藏的文明》第 105—108 页中曾对此作了概述，并且重新翻译了其中几段）中介绍了这一吞并的阶段：

1、《敦煌吐蕃历史文书》原卷第 118—129 行，巴科等人书等第 102 页，第 22—103 行。在提到三位主要人物及其居住地区之后，便是对森波杰达甲乌的描述：这是一个恶人，从不听善人之言而对坏人的主意言听所计，特别憎恨那些勇敢的英雄们，毫无理由地惩处。他颠倒是非地进行统治。"当上面王暴而下面仆惧之时"，人们之间只有尔虞我诈，再不能相互信任。

2、第 129—136 行，巴科等人书第 103 页，第 9—12 行。达甲乌的大相年吉松向他进谏告诫，而国王却执意不从。国王罢免了年吉松的大相职务，后者怒不可遏，杀死达甲乌。他得到了岩波国王森波杰·墀邦松的支持，在杀死达甲乌之后，他那包括辛饶四部和鲁木雅松在内的领地便划归森波杰。墀邦松的疆围。年吉松作为背主的报酬获得了在岩波国王控制之下的一片封地。博格斯洛夫斯基在他的著作《西藏民族史概要》第 97、105—107 页等处曾长篇大论地阐述这一问题。根据他的认为，这里是指一位附庸"与自由即××"。这种定义似乎是完全正确的，比那种把××考证为农奴的作法要高明得多。我们可以清楚看到，"附庸"可以属于不同的社会阶级。因为起诉者娘氏明显属于当地贵族阶级，即直接处于上司年吉松和岩波的森波杰的管辖范围。在西藏很长一段历史上，附庸的依附性是其社会的典型特点），其地界从都瓦（都瓦堡寨）到鲁木雅松的下（东）部。

3、原写卷第136—142行，巴科等人书第103页，第21—23行。
在年吉松的新归附属者中间，有两位贵族，也就是娘•南木多日处及
其儿子门多日曾古。年吉松的妻子侮辱了娘氏，后者便向新国王森波
杰•墀邦松提起诉讼，但该国王不肯允准他对年吉松所提出的诉讼。
因此，娘氏既对年吉松不满，又对其新国王——岩波国王牢骚满腹。

4、原写卷第143—146行，巴科等人书第103页，第31—38行。
森波杰的两位官吏（乌瑞先生在《仲巴和度支官以及八世纪初吐蕃中
部的区域划分》第385页，博格斯洛夫斯基在《西藏民族史概要》第
162—165页及其其它多处分析了这个词。后一位作者在其文第164—
165页中指出：“年氏家族的人要负责维护财产权利，搜集和保护有
关经济活动和征敛税务方面的档案”）韦•秀多日库吉和线氏•赤热
准贡相互之间诉诸武力，结果韦氏毙命与线氏。韦氏的兄长旁多日义
策要求森波杰“向线氏讨还血债”，森波杰拒绝作出任何挽回和补救
工作，拒不道歉或作出其它弥补损失的表示。他声称线赤热曾杀害过
国王派向农奴们的大相，那是因为后者逾越职权或者残暴过份，在一
位伸张正义者杀死非正义者的情况上，不存在任何偿还血债的问题。
所以，韦氏也愤愤不平。

5、原写卷第147—154行，巴科等人书第104页，第1—13行。
娘氏与韦氏这两位对国王均怀不满情绪的人勾结起来了，他们轮番
提出要另行拥立一位明君，并决定选择雅尔江彼岸的君主。因此，琼
瓦国王当时似乎已经控制了雅砻和琼瓦地区，他们之间所拥立此君，
那是因为后者不仅是人，而且还天子，为人正直和诚实。在考虑到他
们的观点一致之后，二者便签署了一项条约（这项条约的程式用语是
一个词缀结尾的），他背叛了森波杰，并且向悉补野赞普（这里指达
布聂西）宣誓效忠和结盟。

6、原写卷第154—164行，巴科等人书第104页，第13—29行。
从前，他们各自阵营中都包括有岩波国王的支持者和敌手，但这些人
现在则分为他的大相和其它官吏。韦氏劝说其舅父温•桑多日松参加

了背叛岩波国王的事业。即使父温·桑多日松死后，他的儿子邦松准保也要归附。娘氏与蔡邦纳森缔结了一项条约。然后，娘氏、韦氏和温氏着三大家族通过蔡邦氏而发出了一封书涵，其中把它们的打算告诉了琼瓦赞普虚部也达布。赞普对蔡邦氏使者言道，"尽管我有一个妹妹嫁给了森波杰，但仍照你们的意见行事"。另外三位盟誓者在确信已征得达布的同意时，也亲自与他盟誓，暗中赶到了赞普设在琼瓦的城堡。但就在兴师讨伐森波杰的时候，达布年西突然亡故了。

7、原写卷第164—172行，巴科等人书第104页，第29行到106页，第4行。从一开始，蔡邦纳森就负责向达布赞普传递书涵，他曾把自己的秘密告诉过一个他的下属，此人和他一样也曾是森波杰的臣民，叫布金丹芒布。此人由于害怕在梦中泄密，就与其妻子分居。其妻甚怒，他便用牙齿咬碎其妻子的舌头的办法置她于死地。布金芒布本人也在对森波杰的攻击之前死去了，而且无子女。

这是孙波（森波、苏毗）两个小邦国王最早于琼瓦河北的最早期阶段。（注：这是孙波（苏毗）王国的记录。实际上汉族史籍记载的苏毗（孙波）王国与苏毗末羯女国（西女国）混为一谈。它们是两个不同的部落。孙波（苏毗）与苏毗末羯女国（母系制遗存）不是一个部落。）

其实，孙波（苏毗）亡国，是由于此执政的方式时间长了，难免产生矛盾，随着矛盾的不断激化和上升，导致孙波（苏毗）的一些重臣暗中勾结吐蕃达日年思赞普，图谋颠覆苏毗。达日年思赞普的儿子囊日伦赞赞普继位后，他与苏毗的旧臣起誓结盟，里应外合，攻占了苏毗部落的王宫。

根据《敦煌本吐蕃历史文书》记载：囊日伦赞时期吐蕃的地域已经达到了南到雅砻、达波；东到达布、娘波；西到藏、朱孤；北到孙波（苏毗）。这说明了此时的孙波（苏毗）已经归附于吐蕃的统治之下。囊日伦赞被旧贵族毒死后，孙波（森波、苏毗）、达波、娘波等纷纷反叛吐蕃的统治，各自独立。

公元七世纪囊日伦赞的儿子第三十三代赞普松赞干布继位后，

他平定了孙波（苏毗）、达波等部落，统一了青藏高原。松赞干布统治时期的政权，其权利统治青藏高原，已由初期雅砻悉补野为中心的"三茹"扩大到"五茹"增加了两个茹，两茹之一的就有"孙波"（苏毗），苏毗部落再次被吐蕃统治，整个苏毗、象雄（羊同）、党项、吐谷浑一同被称为"内四族"据《敦煌本吐蕃历史文书》记载：将吐蕃与苏毗称为"蕃孙"，此时说明了，此刻的吐蕃发展非常兴旺，征服孙波（苏毗）后，将之纳入藏族。孙波（苏毗）与吐蕃的合并以后，孙波（苏毗）的军队成为了吐蕃向外扩张武力工具，在河陇、西域一带第一次出征，孙波（苏毗）成了吐蕃的大后方。

孙波（苏毗）被吐蕃征服后，但仍有相当大的势力。据《新唐书·西域下·苏毗传》中记载：孙波（苏毗）位于吐蕃部落中属最大的一个部落，其范围东与多弥为邻，西与鹘葬硖，人口有三万户。到了唐朝以后，孙波（苏毗）在历史文献中逐渐无记录了。孙波（苏毗）部落是一个以畜牧业和农业为主的经济，同时狩猎也占有突出位置，饲养牦牛、马等产业，也盛产黄金、黄铜、朱砂、盐等。由于孙波（苏毗）与中原、天竺等有联系，它的手工业与贸易业非常发达。

孙波（苏毗）最初的地域中心说法：

（1）在今青海玉树及西北一带，后来逐渐向吉曲（河）现在的拉萨河流域一带发展，公元六世纪孙波（苏毗）向拉萨以北面彭波（今林周县境内）、墨竹工卡县为中心发展，孙波（苏毗）王赤邦苏将居住于今拉萨河下游一带的达甲吾乘其内讧，被苏毗征服，从此，孙波（苏毗）空前统一，成了雅鲁藏布江北岸以彭域（今林周县境内）地区为统治中心的一个强大联盟部落。这时，孙波（苏毗）的地域大约是东与今四川西部和昌都地区相接；北值突厥；西南境可能在玛旁雍错（今阿里普兰县境内）与象雄（羊同）相接；南以与雅鲁藏布江同雅砻悉补野部落为界。

由此说明至迟在公元六世纪时期，西藏高原唐古拉山脉南北草原地带的孙波（苏毗）、位于雅鲁藏布江以南河谷地带的雅砻吐蕃、阿里及拉达克地区的象雄（羊同）三大部落联盟形成了三足鼎立的局面，随时都有一争高下的局势。

（2）根据《新唐书》说苏毗是"西羌种"。由此得知苏毗原属羌系民族。法国汉学家伯希和（P.pellot）认为，苏毗是一个藏种的国家，苏毗系羌民族的名称，而"孙波"则是吐蕃（逻娑 Lhasa 即拉萨一带西藏民族）的名称，此论已被学者公认。孙波（苏毗）的原始聚集地在今西藏日喀则南木林县一带，也就是襄曲（河）流域。藏文史籍又称襄曲（河）为苏毗河。苏毗"在葱岭之南"，由此得知孙波（苏毗）居于青藏高原西部及西北。随着慢慢岁月，不断的征服小的部落等，逐步向东扩，最后一直抵达拉萨河流域和昌都的西北一带。

苏毗末羯女国（西女国）是亲藏高原上的一个母系制的遗存。

据《隋书》《北史》《册府元龟》及《印度史》《拉达克史》等均有记载。都对苏毗末羯女国（西女国）有记载。汉族史籍记载"女国，世以女为王，王姓苏毗……山上为城，方五六里，人口有万……起女王死，国中厚敛金钱，求死者族中之贤女二人，一为女王，次为小王……隋开皇六年（公元 586 年）遣使隋朝，后逐绝"。

苏毗末羯女国（西女国），在印度史上记载：名为，苏伐否刺瞿罗（又称"金氏国"，即梵文 Suvangotta 的音译）与汉族文史资料中的"西女国"（Stres—jye）相近。印度史中记载神话故事：关于蚂蚁黄金和女骑士的古老传说故事，所涉及的正是苏毗末羯女国（西女国）的一些地域。在亚历山大大帝也未征服她。

据《册府元龟》中称，苏毗末羯女国（西女国），在西海，但都是大概地域，未确定范围。据说在西藏北境，克什米尔东镜；中国地图社 1974 年出版的《中国历史地集》第五册的隋图中，标明了西女国位于今天阿里地区改则县以西的日土境内和噶尔县、革吉县的北部（包括整个羌塘）地区，大约东经 77°—83°，北纬 32°—33°，至唐朝边境。最后一代女王，据说出生于羌塘草原，在位 20 年（约公元 613—633 年）

其实苏毗末羯女国（西女国），原始部落名为"苏毗"。苏毗部落的风俗习惯中富有女儿国的特色，女儿国崇拜阿修罗神、树神。阿修罗神是天竺（印度）神话中的神灵，因常与天神争斗，而被印度视为战神。苏毗部落的丧葬习俗制度中，盛行二次葬俗，一般的贵人死后，要剥去死人的皮，以金霄和骨肉放于陶瓶内埋掉，等一年后，再与剥下来的人皮放入铁器里埋葬。苏毗部落有赭面的风俗（此习俗现林芝地区妇女保留），无论男女均以彩色涂面。

苏毗末羯女儿国是女人执政，管理国家，男人服兵役。据说苏毗国最大特点是重女轻男。国王和官吏都是女人，男人不能再朝廷做官，只能在外服兵役、种地、放牧、狩猎等。苏毗宫中女王的旨意是通过女官传达到外面，权力制度是设有女王和副女王（小女王），她们是在族人内部推举有才能的"贤女"来担当，女王去世以后，就由副女王（小女王）继位。这个盛极一时的女儿国，最后在公元6世纪末7世纪初被融入到了象雄部落，慢慢的退出历史舞台。

3、达隆查遗址

达隆查遗址位于拉萨堆龙德庆县乃琼镇，地处拉萨河北岸的山脚下。它属于西藏新石器时期末代遗址，遗址的面积约5000平方米。该遗址是在1990年文物普查中被发现的，1991年对该遗址进行了发掘，发掘中有两个坑壁比较规整，直径、深度不一圆形平底窖穴。出土的文物有石器品、陶片、兽骨等。石器有二十多件，为打制石器、磨制石器。磨制石器有石刀、石锛、磨盘、磨石等。石磨盘、磨石均为配套，出土的数量较多。石锛是长条形，它的长度19厘米、宽为6厘米、厚度为3厘米，颜色为墨绿色，石锛通体为磨光。陶片为夹砂陶、泥质陶，夹砂陶以红陶、褐陶为主。另外还有夹砂陶、泥质陶的磨光黑色陶。陶器大多数为手工制作，也有少量的是轮制陶器。陶器可以辨别的器型有陶罐、盆（钵）、碗等，陶器的表面有烟熏过的痕迹，陶器大多数为圆底，纹饰为附加堆纹。兽骨出土的大多数为牛、养、马等。

4、当雄古建筑遗址

当雄古建筑遗址位于拉萨当雄县境内，当雄县曾经为达木八旗驻地。县内的遗存的宫殿、寺庙、古建筑等比较多。最主要的有：乃至村古遗址、冲成古建遗址、冲嘎固始汗夏宫遗址等。

①乃至村古建遗址，位于当雄县羊八井镇乃至村。此遗址位于第二台地上，遗址的房屋建筑是石头砌城的，建筑有方形、长方形。在遗址的中央遗存着一座塔形状的遗址，据推测可能是古寺庙的遗址。乃至村古建筑总占地面积约四千平方米。

②冲成古建筑遗址，背靠着向拉山，古建筑呈长方形，周围是石砌的围墙，东西长 240 米；南北宽 90 米。围墙高为 48 厘米；厚为 58 厘米。当地的老百姓称此遗址为"卓姆巴宜"。此遗址中被挖掘出三通石柱，石柱上刻着莲花形线刻，碑文高 51 厘米；凹深 18 厘米，形状是圆形鼓腹。根据考证，此遗址是宫殿。

③冲嘎固始汗夏宫遗址，据初步考察位于公堂乡，现只留下几个夯土的土包。

5、甲玛沟探古

甲玛沟位于拉萨墨竹工卡县甲玛乡加玛雄曲（河）西侧河畔。它是一个充满神奇、神话、传说的美丽地方，是藏民族吐蕃第三十三代赞普松赞干布的出生地、同时也是阿沛·阿旺晋美副委员长的故地。

如今站在这片充满神话、神奇的地方，仿佛听见蒙古汗王固始汗从青海进军西藏，扶持五世达赖喇嘛阿旺嘉措登上西藏历史舞台，蒙古兵曾在这里与第悉藏巴汗地方政权决一死战的的战场。民间传说曾经是格萨尔与霍尔大战的古战场。甚至有些人把出土的古战炮、传说是格萨尔的战炮。

从拉萨出发六十公里左右，318 国道旁边南面的山沟口，有无数藏式房屋挡着，使人第一感觉这里就是川藏公路旁边一个普通的小村落。如今沟口修建了一个大牌坊"松赞干布出生地"。当你顺着沟口往里顺着小道往里走进去，转出村落与树林，展现在你眼前的是一片宽阔的山沟，东西两侧山峰连绵起伏，山势向沟底倾斜；远望南端被一座高山挡住去路，似乎是个死角。其实不然，看起来好像是到了山穷水尽的地方，只要到了山前，转几个弯，再翻越山峦，就会到辽阔的山南地区了。我们脚下的这条路，古时候是通往山南的大道，在那时候这里是人来马往，非常热闹之地，沿途有许多驿站。从此处往南走，中途要在驿站住一夜，再往前走，便可到达山南的桑耶寺。公里的两边是甲玛沟底，西边有一条小溪，溪水弯弯曲曲往北流淌着，小溪宽三里左右，中间有一水塘，水塘四周是青青的草地，牛羊甩着尾巴，悠闲的在草地上吃着青草。

沿着公里往南行约不到三里处，是一处水流湍急之中是被青草簇拥着的草塘。当地的老百姓把它称为："白玛草塘"。据说此地在古代时，它是个非常凶险之地。传说格萨尔王的大兵来到此地时，围攻霍尔时，见此草塘鸟都不敢停留、物不能立，官兵们疑是魔鬼之地，不敢贸然前行，只有绕道向南进行进攻。其实此地并没有危险，溪水清澈，草簇之中一群群小羊羔正在跳跃玩嬉，空中雄鹰盘旋，它给人一种宁静清爽的感觉。当你看到此景时，百思不得其解，当地老百姓对白玛草塘的传说。据一位老人告诉我们，沟的东面山坡上的古碉堡，就是当年格萨尔留下的碉堡，顺着老人所指的方向，放眼望去，的确在东面的山坡上，有一座石砌的碉堡，高不足五丈，但是因为此处周围的山坡比较平缓，碉堡显得巍峨高大。

走过白玛草塘，往前行约二里，在草塘和青稞之间，有一座藏式平房（现以修建成了一座松赞干布纪念馆），这座平房之下是原来的宫殿遗址，宫殿遗址有着一千三百多年了，名为"推嘎"。其原意为松赞干布之母慈塞推嘎住的宫殿，后来人们把慈塞推嘎用来命名为宫殿的名字。其实，老百姓称为"推嘎"，是语中带有双意，第一层意思是"没有福气"；第二层意思是隐藏着一个传说故事：传说松赞干布出生时，是在推嘎宫殿的西南面的冷那强巴林处出生的，当时他出生时，被一个肉团包裹着，肉团坠地，家人惊慌万分，不知如何为好，于是把他当成一个怪物，把他抱起就扔进了加玛河里，当肉团被河水冲到王后的宫殿前，王后也认为他是一个不祥之物，任他在河流漂流。就在肉团要飘出甲玛沟口时，他便发出了声音，说道："没有出沟"。此刻肉团就停留下来，就在此时天空中飞来了一只老鹰；地面上来了一头怪兽，怪兽用力撕开了肉团的外衣，肉团之中有一婴儿，于是天空中的神鹰把他救起，他就是吐蕃第三十三代赞普松赞干布。他便是后来统一藏民族历史上的英雄，所以人们认为松赞干布的母后紫塞推嘎没有福气，故称王后的宫殿为"推嘎"。

沿着沟底继续往东南处走去，看见山坡上有几处残墙断壁，此处是松赞干布在拉萨河谷修建的第一座宫殿—加玛明久林宫殿。根据西藏古籍史书记载：松赞干布被从河里捞起来，他一直生活在加布贡嘎之地，就在这年他 13 岁时，他的父亲朗日伦赞被旧贵族毒害身亡。在这危难之际，只有 13 岁的松赞干布继承王位，住进了加玛明久林宫殿，登上了吐蕃赞普的王位，开始了他戎马生涯的一生。

加玛明久林宫殿是依山而建，非常符合古代藏民族建筑历史。在公元七世纪至九世纪期间，藏民族的建筑，不论是达官贵族、还是平民百姓建筑都是居高临下而建，依山傍坡。加玛明久林宫殿这座经历了一千三百多年沧桑历史辉煌的建筑，如今可惜只剩下了残墙半壁，宫墙的周围，可隐隐约约可见残剩几条街道。此处在三十多年前，宫殿的宫室之上、山岩之下，有着一片有着古柳树和古白杨树，可惜现在所剩无几了。如今在每每逢节日时，僧俗们都有来这里转林卡、烧香朝拜，人们传说这里曾经是吐蕃国王的护法神圣领地。可惜在文革时期被破四旧时被毁，把白杨树和柳树都被砍伐了，现在所剩无几了。

加玛明久林宫殿的西南处的西边山岭之下，有一处山泉，泉眼不太大，泉水比较浅，乍眼望去，它非常普通。但是传说这是一处神泉，松赞干布小的时候经常在此处洗脸和玩耍，传说有一回他又来到此泉处洗脸，在泉水之中挖出了一尊佛像，他如获至宝，置于宫殿供奉。又传说在他继位之前，在此泉水洗脸时，看见泉水中幻影显现出红山（布达拉宫）宫殿的影像，宫殿之旁，有当年松赞干布祖父修行的山洞。由此松赞干布断定这是他事业兴旺发达的风水宝地。所以松赞干布在成为吐蕃赞普时，迁都逻娑（拉萨）时，先去了红山之上，并在红山建立了宫殿，后来逐步扩建成了布达拉宫今天的规模。这些传说故事虽然有些牵强附会，但甲玛沟的人们把这个泉眼里冒出来的水，视为"神水"，却是千真万确的。此泉在过去，许多高僧大德和著名的活佛都要到此泉水处念经取水，还有许多朝圣者不辞辛苦，翻山越岭来到此泉水处洗脸，喝上这泉水来完成他们一生的愿望。

在离泉水不足 50 步的位置处，它就是传说中的冷那强巴林宫殿。宫殿在 1990 年前，这座以三层楼的宫殿还存在，宫殿的旁边有一颗巨大的古柏树，后来宫殿被人们拆毁，古老的柏树也被砍伐了。在宫殿遗址的左面是霍尔庄园，庄园的墙体厚度大约是六—七尺厚，现如今墙体断断续续，但城墙的长度、厚度依然清晰（现今已简单的维修），从而显现出过去的霍尔庄园的雄伟，而且气势宏大。宫墙的北面可依稀看见有一浅沟，这可能是古时候宫殿的护城河（在西藏宫殿有护城河的建筑不多，其研究价值较高），如今护城河虽然被填，但是轮廓依然清晰可辨。传说在宫墙的周围，格萨尔与霍尔康王曾经在此地进行了一层较大的大战。如今此地还住着霍尔康王庄园居民的后裔。

据说格萨尔王当年在外征战，他的一个王妃，被霍尔王抢去。霍尔在当时是一个势力强大的部落。由于格萨尔在外征战未归，家人不敢轻举妄动，直到格萨尔王征战归来，家人向他报告了爱妃被虏的事情，他听后及其愤怒，于是挥师攻打霍尔部落，一直攻打到霍尔王城下，但是霍尔王宫殿城有护城河，易守难攻，无论格萨尔王怎么攻打都无法攻击城堡，最后格萨尔兵用麦草把护城河填上，终于将霍尔城堡攻破，此时霍尔王大败。据说从那时以后护城河基本被填平了。从此霍尔后代，再也不提那段不光荣的历史了。据说当年格萨尔战胜了霍尔部落，格萨尔王为了庆祝这一伟大的胜利，在西边的山坡上修建了普鲁兰迪灵塔，塔中埋藏着菩提萨陀的佛骨。如今在霍尔康庄园西边山坡上，此三座塔，还依稀可见。

在过去甲玛沟人丁兴旺，过去的霍尔康庄园，亦称为加玛赤康，即加玛万户长的庄园，因为连年征战，加玛赤康的人死的死、逃的逃、搬迁的搬迁、逃荒的逃荒，于是人口不断减少，开始衰落，农田也开始慢慢荒废。如今山坡上依然可以清晰的看到，那层层梯田遗迹，现如今梯田上长满了草，成了牧场。过去甲玛沟的加玛万户，如今也只有 500 多户了，3000 多人。甲玛沟内文物古迹、遗址众多，历史与传说意义深远，值得我们深入进行探索与考证。

6、加玛赤康

加玛赤康是一座历史丰厚渊源的庄园。它坐北朝南，庄园的城墙东西长 250 米、南北宽 180 米，庄园总面积 45000 平方米，庄园城墙的四角各有一座碉楼，碉楼的面积约 10 平方米、高约 4 米，碉楼的建筑全部是用石头砌成的，非常坚固。现如今保留的庄园整个残墙高约 0.20—4 米、宽约 2 米。赤康家族宫殿的位置，置于宫殿的西南角，面积约为 5000 平方米，如今已经被毁坏，只存留残迹；宫殿内的军队驻地，位于院内靠北的中央围墙的地方，占地面积约 1000 平方米，现已被毁，只留下残墙半壁；监狱的位置是靠近院内的西南角，它与赤康庄园的南殿距离相隔约 10 米，它的面积约 1000 平方米。

加玛赤康于公元 1253 年，元朝宪宗蒙哥汗派军队进驻西藏，从此西藏结束了 400 多年的割据时代，西藏得到统一。元朝于公元 1235 年薛禅汗忽必烈封八思巴洛追坚参（简称八思巴）为帝师，西藏正式建立了萨迦王朝地方政府，把十三万户封赐给了八思巴罗追坚参。加玛赤康就是当时的十三万户之一。甲玛沟是加玛万户长的府地。因此故名为加玛赤康（万户之地）。

　　萨迦王朝地方政府自八思巴洛追坚参统治到喇嘛当巴索南坚参，共传七代。统治西藏七十五年。它是由于萨迦王朝地方政府统治者内部出现矛盾，导致它分成了四个拉章，他们各自为政，从而导致了萨迦政权逐步被帕竹政权所代替。由于萨迦政权内部不和内讧，导致被最后一个十三万户之一的帕木竹巴万户长帕木竹巴取得了政权，从此结束了萨迦政权，帕木竹巴政权取代了萨迦政权。

　　帕木竹巴政权由大司徒·强曲坚赞执政，他共执政了十六年，在他执政的十六年中，取消了十三万户长制度，建立了宗（县）、谿（庄园）制度，并任命了宗本（县长）、谿本（庄园主）。大司徒·强曲坚赞执政时，将全藏划分了十三个宗（县）。此时的加玛赤康归属于墨竹工卡宗管辖的一个谿卡（庄园）。

　　根据藏族史料《新红史》记载：甲玛赤康"元代时，该万户有很大的辖区（从加甲玛到彭域）。甲玛哇在元代任万户长时，该万户辖属有二千九百五十户（此万户与甲域万户共五千九百户）各占其半，由于，娘嘎丹地区（在拉萨北面不远）之属民管长势力日增，逐渐消弱了甲玛势力。娘禅嘎丹地区首领是嘎丹巴军长索南杰波，当其孙辈色珠杰波时，从兵力占领堆龙和彭域两宗《西藏王臣记》。看来，这时从拉萨到彭域也不属甲玛哇势力范围了"（《新红史》）。

　　在公元十四世纪，藏文古籍《新红史》与《西藏政教合一》记载："宗喀巴修建甘丹寺，当时供应修建该寺一切开支费用和奉献寺庙庄园的施主是甲玛万户长达娃和乃乌东的帕竹查巴杰玲等，共同担当宗喀巴修建甘丹寺施主，况且他们奉献了墨竹隆学等地不少庄园。甲玛赤康，在清代王解放前它则成为蒙古族后裔霍尔贵族世袭领域。"

　　根据《墨竹工卡宗历史》记载："霍康是蒙古族世袭族类，五世达赖时，蒙古族的一个将军来到拉萨，修了一幢房定居在拉萨，从此以后这个家族在拉萨逐渐形成了一个世袭，当他们的后代快要断绝的时候，波拉米王·索朗多吉的一个兄弟的女儿嫁给他们的后裔，乾隆时霍康后代得到札萨的官职、（札萨）、清代官名，以为总管、有备兵札萨与旗札萨克、外有喇嘛为札萨克者管辖僧众，此官在原西藏地方政府为正三品。成了西藏名人之类"。

根据调研和考证，现霍康后裔名人：阿沛·阿旺晋美（原全国政协副主席）；霍康·索朗边巴（西藏政协委员）等。在 1959 年以前（西藏民改以前）霍康庄园，在墨竹工卡县有六个庄园之中，霍康庄园是范围最大的一个，势力也是最强盛的一个地方政府。

7、加玛仁钦岗寺

加玛仁岗寺位于甲玛乡政府约二公里处，加玛雄曲（河）西岸仁庆岗村后的西山脚下。在公元十一世纪以后藏传佛教后弘期，佛教兴起时，加玛周围曾经是噶当派的地区，该寺建于公元 1119 年，创建人加玛哇吉贡钦波。根据《红史》记载："加玛哇吉贡钦波创建加玛仁钦岗和加玛旧佛殿后，被称为甲域哇钦波的转世者"。"加玛哇，在佛教属噶当派《红史》称作嘎丹教派。加玛哇出杰氏族"。

据《汉藏文史》上册记载："加玛哇杰贡巴钦波建造了加玛旧寺及仁钦岗寺。"根据《红史铅印本》又称《新红旧嘎丹教史》记载："杰钦波旬努查，当即杰贡钦波阳铁马生嫩地，建造了仁钦岗寺。八十二岁铁兔年死于仁钦岗"。根据《新红史》记载："其弟子温旬努琼内曾建仁钦岗之新殿"。以上是藏文献中记载的仁钦岗寺、加玛旧寺、仁钦岗新殿，在文革中被毁，现今已在原址上修复。

8、加玛仁钦岗护法殿

加玛仁钦岗护法殿位于甲玛乡政府以南大约二公里，加玛雄曲（河）西岸的仁钦岗村后山腰下。仁钦岗护法殿内主供的是拉姆桑拉，拉姆桑拉意为是穿着一双铜鞋的女护法神。此护法殿是依山斜坡而建立的，护法殿是三层藏式楼房，当你进入护法殿大门，展现在你面前的是一个小院，护法殿的一层是牛圈；二层是住房；三层是殿堂，殿堂是座西朝东，殿堂长 4.7 米；宽 3.8 米；柱高是 2.5 米，柱子的直径为 0.02 米。护法殿在文革中被毁，现护法殿是在 1985 年修复的。该护法殿在 1959 年以前属于加玛赤康管辖的一个殿，该殿属于仁钦岗寺的一个拉康，它初期是属于噶当派寺庙，现属于格鲁派。

现在仁钦岗护法殿所供奉的佛像有拉姆桑拉、阿底峡、释迦牟尼、无量寿佛、绿度母、不动护法、四臂观音是新塑的像。但是也保留一些文物：狮面佛唐卡、红面女护法神唐卡、不动佛唐卡、随求佛母（五部陀罗之一）唐卡、石刻佛像、一尊铜佛、合金马头金刚柱一件。

9、松赞拉康

松赞拉康位于甲玛乡达夏村东面约 100 米处，高于地面大约 10 米的山脊上，现属于格鲁派。据说松赞拉康始建于公元七世纪，由第三十三代赞普松赞干布建立，当时的拉康之内供奉的是松赞干布、尺尊公主、文成公主。

据传说此拉康中所供奉的松赞干布塑像是他自己生前亲自雕塑的。由于松赞干布生前为西藏统一做出了伟大的贡献，所以千年以来松赞拉康一直香火缭绕，朝拜的人如云。原松赞拉康在文革期间被毁，现在的拉康是在 1985 年原址上进行修复的。它有主殿、转经道、僧舍、天葬台（现已废弃）组成。

松赞拉康坐落在高于地面大约 10 米的山脊上，为两层藏式平顶石木结构建筑，坐北朝南，东西长 9 米，南北宽 6 米，拉康总体高 9.5 米，由三级台阶进入主殿，前面为回廊，后为经堂，经堂进深均为一柱两间，内供奉着松赞干布、尺尊公主、文成公主泥塑像，二楼为松赞干布寝宫、供奉着三师徒以及用金汁书写的《甘珠尔》经文若干。转经道位于拉康周围，宽为 1.08 米。僧舍位于拉康主殿东南面的 10 米处；杰布丹恰天葬台（应为后期所建）位于拉康主殿东南 500 米处，其周围散落着不规则的石块，如今还能看到捆绑脖子的石头，以及并拢几块方形石块为台面，东西长为 3 米；南北宽为 2.5 米，现此天葬台以废弃。

五：拉萨碑记

1、吐蕃勇将—达扎路恭记功碑

进入拉萨城，从布达拉宫穿过，对面就是达扎路恭记功碑，在此屹立了 1200 年了，它见证了拉萨千年的历史沧桑及变化。

恩兰·达扎路恭是今天林周县人。他是"恩兰"氏家族的，也是吐蕃贵族家族之一。家族居住在"采邑在拉萨以北，彭域地"《敦煌本吐蕃历史文书》。恩兰．达札路恭《新唐书·吐蕃传》记载为吐蕃大将马重九（恩兰·达札路恭）。见李方桂：《马重九》一文。《吐蕃金石录》"恩兰·达札路恭记功碑"所录文字。

恩兰·达札路恭记功碑位于布达拉宫对面的稍东之地，相对布达拉宫（红山）脚下宫内另一座无字碑而言，达札路恭记功碑称为"外碑"，藏语为"雪·多仁乞玛"。该碑为方柱形碑身，庑殿屋顶加火焰宝珠式碑帽，叠涩方形碑座。碑身的正面、背面、左面有文字，正面有藏文 68 列；左面藏文有 16 列；背面藏文有 74 列。碑文的字体遒劲，棱角分明，虽然经历了 1200 多年的历史沧桑岁月，字体依然清晰可读。

达札路恭纪功碑立于吐蕃赞普赤松德赞时期（公元 755—798 年）在位时立的此碑。碑文涉及的内容是达札路恭率重兵入侵唐朝首府长安（西安），就达札路恭入京一事来看，它的确凿日期应该是唐朝宗广德元年（公元 763 年）后不久。达札路恭纪功碑是现存吐蕃碑刻之中年代最早的。赤松德赞在唐朝文献中译作娑悉笼猎赞，他是吐蕃王朝中三大贤王之一，在他的统治时期，吐蕃奴隶社会进入了鼎盛时期，恩兰·达札路恭是他手下重臣之一。

　　根据《敦煌本吐蕃历史文书》的传纪篇第二所记载大论名位序列："琛尚野息许于后，恩兰·达札路恭任之，其后，由那囊·尚野村拉囊任之。"大事纪年篇第 111："虎年，……尚·野息与论悉诺逻（达札路恭）、尚·东赞、尚·赞摩等人引劲旅还。"可证实碑文上的主要内容，因此立碑纪功决不是偶然。从历史发展的公证角度来看，在汉藏人民的团结友好长河之中，即有过纷乱、战争。

　　我国是由 56 个民族组成的大家庭，在历史民族关系之中，经常是相互交融，有些少数民族在历史时期还占据统治地位，如北朝诸代、辽代、金国、西夏、元朝、清朝都是少数民族占统治地位。西藏历史上的象雄王国、苏毗王国、吐蕃王朝在西藏历史的政治、经济的发展壮大起到了巨大的贡献，它对今天西藏也起到了很大的作用，周恩来总理在 1967 年说过："藏民族在唐朝是很大的，有很大的发展，曾到过陕西的关中北部、长安附近，到过甘肃的南部，还到过四川、云南，人口据说有四、五百万"（《关于我国民族政策的几个问题》，人民出版社，1980 年）

达扎路恭记功碑的正面译文

　　碑敕授论达扎路恭盟誓之诏书，并树碑勒石。

　　赞普赤松德赞陛下诏誓如下：

　　论达扎路恭之孙后代，无论何时，地久天长，赐以大银字告身，永作盟书证券，固若雍仲。赞普后世每一代之间，诏令"大公"之子孙后代中一人充任内府官员家臣以上职司，并可常待于赞普驻地牧之地。"大公"之孙后代果有任官府职司之能力者，必按其能力任命之，且予以褒扬。苟"大公"之子对赞普陛下不生二心，其他任何过错决不处以死刑，若法科处任何刑罚时，亦予以原科处减轻一等而加以保护，"大公"之子孙某代或因绝嗣，其所属奴隶、土地牲畜决不由（赞普）没收，而定举以畀其近亲兄弟一支。论达扎路恭之孙后代，当其手执盟誓文书。或因绝嗣，或遭罪谴，亦不没收其银字告身。论达扎路恭与"大公"之子孙最近支派一脉，授以"雍仲"大银字告身，论达扎路恭之父，"大公"之子孙蕃衍，均授"尚论长史"权衔，统三百军丁之职务。而禁卫军"彭域东本"之职，永不授予他人，论达扎路恭之远祖"悉腊"之子孙凡据能力者，公证临民者，授以"禁卫军彭域东本"永为世职。恩兰·悉腊之子孙无论如何时均令入禁卫军旅，其奉养决不减少，亦不变更。"大公"之子孙后代手中所掌握之奴隶、土地、牧场、草料、园林等所有，永不没收，亦不减少，他人不得抢夺。若彼自家不愿再管时，不拘其（血统）远近，贤与不肖，亦不更换而畀予焉。倘有人为报仇计，使"大公"之子孙后代遭到生命危险之时，将由上峰作主保护之。"大公"之子孙后代若不背叛（王室），则（赞普）决不听信挑拨离间之词，不计小疵，不予罪谴。子孙后代某人，苟对赞普陛下心怀贰志，情况属实，犯罪自身将受惩罚，其兄弟子侄决不连坐，（其本人）亦不科以死刑。

简言之，论达扎路恭之父，"大公"之子孙后代生命，予以中心……（下残）。

达扎路恭纪功碑的左面译文

论达扎路恭以任命大内相平革政事，如诏书所领，一切艰巨王事均曾从事，对内外政务大有裨益，上下黎庶一例公允平和，于蕃境黔首庶政堪称嘉妙。

达扎路恭纪功碑的背面译文

弃隶蹜赞赞普之间，恩兰·达扎路恭忠诚业绩卓著，时末·东则布、朗·迈色德任大相，忽生叛逆之心，由是，父王弃隶蹜赞被害宾天，王子赤松德赞政躬亦濒危境，蕃境黔首庶政大乱。斯时，路恭乃将末·东则布与朗·迈色德叛逆事实启奏王子赞普赤松德赞圣聪。末氏、朗氏叛乱劣迹确乎属实，逐将彼等治罪，路恭之忠贞矣！

恩兰·达扎路恭忠贞不二，足智多谋，英勇深沉，令任大伦平章政事后，彼洞悉唐廷政情，复任为往功（唐地）州县堡寨之先锋统军元帅，其精娴弓马战阵，所出计谋，均操胜算，先克唐廷蕃属（吐谷浑）阿豺，自唐土夺取人口，头匹，辖土，唐人震惊。于唐境之野猫川……湟水之滨……等地开始纳贡。路恭鏖战……大事，忠贞……利于社稷……献计谋，对赞普忠贞，对社稷禅益，心地纯良。赤松德赞赞普深沉果取，议事有方，所行政事靡不佳妙，攻取唐属州郡城池也多处。唐主孝感皇帝君臣大怖，年纳捐缯五万匹为寿，以为岁赋，其后，唐主孝感皇帝驾崩，唐主太子广平王登基，以尚蕃地纳赋为不宜，值赞普心中不怿之时，恩兰·（达札）路恭乃首倡兴入唐，深取京师之议，赞普逐以尚琛野息书通与论达札路恭二人为攻京师之统军元帅，直趋京师，于周屋之渡口岸与唐兵大战，蕃兵掩袭，击唐兵多人。唐帝广平王乃自京师出走，遁陕州，京师陷落。唐宰相×××等潼关与××××赞普××蕃地××赋×金城公主之地××大相××小君长××社稷长久，永远赞颂。路恭忠贞禅意社稷，心地纯良。

2、江浦寺的述说—江浦碑

我去过多次对江普寺遗址进行多次探访，可是其结果，毫无收获。江浦寺碑现在位于堆龙德庆县古荣乡，楚布寺院内，保存基本完好。对于碑中记载江浦寺的位置进行多方探访，至今未结果。

江浦碑是为江浦寺而立，如今江浦寺在历史的长河中以不复存在。江浦（意为柳园），地名，在吐蕃时期文献中就有四处江浦，此处为堆龙德庆县境内的江浦。

据考证，江浦碑建于吐蕃赤祖德赞（赤热巴巾）时期，由吐蕃时期的大贵族蔡氏建立的江浦寺。江浦寺的原址现今已无法考证，如今只留下这块碑。江浦寺碑立于吐蕃赤祖德赞赞普（公元 815—836 年）在位时期。碑上的藏文共有 68 列、正面 46 列、侧面 22 列，碑文保存的完整无缺。据碑文的内容该碑定名为蔡邦氏江浦建寺碑。原江浦寺已无存。此碑后来移至到拉萨堆龙德庆县古荣乡楚布曲（河）的楚布寺院内，如今此碑立于此地。

赞普赤祖德赞（又称为热巴巾）、汉书史籍中称为可黎可足，他是长庆舅甥会盟时的吐蕃赞普。蔡邦氏是吐蕃大贵族。根据《敦煌本吐蕃历史书》记载："蔡邦氏是在松赞干布祖父时，参加吐蕃部落联盟，随后与吐蕃王室通婚，权倾内外，在吐蕃历史上发生的重大事件，往往与蔡邦氏这一贵族外戚集团有很大的关系。"如赤祖德赞的祖母赤松德赞的妃子就是蔡邦氏，名字为梅朵尊，就是历史上一位纵横捭阖的好手，信奉苯教，打击佛教。据《后妃遗教》中记载着，她使用各种手段及阴谋搜取权力。蔡邦氏采邑在今天山南地区乃东县雅堆区境内，现在此地仍存有上、下蔡邦两个村庄。

江浦建寺碑高 2.62 米、宽 48 厘米、厚 21 厘米。

江浦建寺碑译文

尚·蔡邦·达桑聂多于堆之江浦，修建神殿之故事，勒石，赞普颁赐诏敕，书以记之：

赞普天子父祖之时，得圣教正法，历代以还，于圣教正法不离弃，有如盟书诏敕所载。尚·蔡邦·达桑聂多奉行圣教正法。圣教赞普天子可黎可足猎赞陛下之鸿恩，遇聂多极隆，为仰报赞普之恩眷，迴向赞普陛下之功德，广为祝祷延福、乃于堆龙之江浦，建神殿，立三宝之所依处敬事四部比丘等众。作为供养顺缘之奴隶、农田、牧场及供物、财产、牲畜等项，一应备齐、悉充赞普可黎可足猎赞之常川不断之供养功德。此殿之名，亦由赞普颁诏敕赐，书于温江道神圣大殿之后，颁诏概由王庭管理。作为寺产业之民户及产业之上，不征赋税、不征徭役、不取租庸、罚金等项。颁诏敕授寺产之文书。

此神殿之供养顺缘民产座作功德回向及使用，亦如尚·聂多所施、所行，回向严以昭示。今后，均赠赐为此神殿之供养顺缘。如此颁诏矣。

供养神殿之顺缘财产清册及迴向功德书，节目正文置于世尊教法堪布（亲教师）之前，副本赐予温江岛神殿之应供长老及主持执事。与此副本相同之另一抄本，存诸本殿，如此颁诏矣。

授与尚·蔡邦·聂多之孙盟誓文书正本，置于琼瓦达寨之牙帐，作另一盟誓文之配伍而置于玉府。盟文副本置于颇罗弥之龛内，安放于此神殿之库藏。如此须颁诏矣。

吉祥！

3、驻藏大臣——杨瑛碑

驻藏大臣杨瑛碑，系明代永乐年间，太监杨瑛奉旨进藏封赐西藏宗教领袖人物所立此碑，杨瑛碑位于大昭寺神殿院正中。太监杨瑛在《明实录》中杨瑛名为杨三保，他是明朝永乐年间朝廷与西藏地方政府联系的重要人物。在《明实录》中记载，杨瑛曾三次进入西藏，代表明廷，赉赐封赏。从杨瑛碑的位置来分析，杨瑛等一行人进藏后，曾到大昭寺朝拜期间所立的。

杨瑛碑，高 1.68 米、宽 0.97 米、厚 0.21 米；碑帽高 0.36 米、宽 1.05 米、厚度 0.26 米；此碑的碑座为方形，前与后伸出碑身 0.11 米，左右伸出碑身 0.06 米，其绝大部分都已深埋在土里，其厚度不可知晓。碑额为方形，没有文字，碑身向阳的一面没有文字，背的的阴面刻有 10 行，134 个人的名字（包括指挥、百户、丹书、石匠等）。在碑上人名的上部，横行阴刻着"微的纳牙尼"五个字，而且碑的四边刻着蔓草纹饰。

杨瑛碑上刻着的 134 人的名录

太监杨瑛　王彦　孟觉悟　尚道同　王安　吴亮　王振
周全　陈亭　吴诚　袁琦　莫庆　马□　刘通　党安
李信　来安　姚壁　阮安　□儿　李宁　李福　杨宝
陈昂　阮琮　陈日新　阮顺　王宜　田有年　金□　杜通
郁彬　杨庆　陈通　马盛　严风　僧保　□诚　张官昔
松宝庆　杨官保　刘秉中　李吉　福童　杜敏　卓成

罗福普安　张达　杨进保　范禅　谷春　宋延　陈恭　王□　谢安
廖山　刘志　阿万　何文清　扬署　王五拾　裴当　王荣　李瑾
□永　翁敏　□祥　阮良　南宁　福山　陈谅　安儿　何丘□
刘广　勃塔室哩哩　味四儿　吴必　李德　陈公　赵忠　刘冯儿
贾亨　妙缘　赏重间　妙吉祥　妙与
　　妙荣　有贤　妙香　妙新　妙果　银□　妙福　妙能
　　智贤　妙贵　妙顺　□花　地堂　会果　毛女　善通
　　妙交　妙庆　妙会　妙仙　阮涛　阮菊　阮包　孔哲
　　童儿　陈玉　雷春　苏进保　张盛　刘□　祁保　王福
　　但住　陈庆　浦观童　阮普受　阮金□□
　　从调官指挥　周鼎　于百户　王亨　王潮　董亮　丹书
　　燔石匠　朱顺　颜文祯

4、大昭寺无字碑

大昭寺无字碑立于大昭寺正门前"永远遵行"碑（劝恤种痘碑）的后面。大昭寺无字碑根据它的碑制分析，该碑年代大约是明代时期的，此碑上竟然无一字，是一块无字碑，究竟是何意及用意不可知，其寓意待考……

大昭寺无字碑的碑冒和碑高 1.84 米、宽 1.04 米、厚 37 厘米。碑的底座长 1.2 米、宽 67 厘米、高 63 厘米。此碑座的正面中部剔地浅浮雕，是动物图案，碑座的后面剔地浅浮雕着一对狮子，狮子雕刻的形象生动朴实。碑的帽是圆形的，长 1.25 米、高 0.85 米、厚度 0.4 米。无字碑的碑帽和碑身的连接处以上 0.2 米处有穿，直径为 13 厘米。

5、布达拉宫无字碑

布达拉宫无字碑，是为了庆贺布达拉宫重建工程竣工而立的无字碑。布达拉宫建于公元七世纪中叶（吐蕃王朝松赞干布时期），其说法有，其一说是因发展需要，松赞干布为了巩固政权，将统治中心从山南泽当一带迁至布达拉宫，又为了防守外来侵略，于是在拉萨红山上建造了红山宫——布达拉宫最早的称谓；其二是说松赞干布为了迎娶文成公主，建了布达拉宫；其三说法是文成公主推算后建议法王修建布达拉宫，后因遭雷电而毁。公元十七世纪（1645 年）重建后布达拉宫作为历代达赖喇嘛的冬宫居所。重建工程竣工后，就在山脚立了布达拉宫无字碑。

布达拉宫无字碑的形制与布达拉宫前面（现路的对面）的达扎路恭记功碑一样，不同之处是无字碑没有碑冒、碑身是方柱形的，叠涩方座。从远处望去，它显得十分伟岸。

布达拉宫无字碑保留的非常完好，碑上没有字。此碑需要深入的考研……

6、御制平定西藏碑

御制平定西藏碑，原立于布达拉宫正门前（原位于现公路中间处），在清代乾隆年间给御制平定西藏碑加盖了琉璃瓦歇山顶碑亭。公元 1965 年，因拉萨建设需要，将御制平定西藏碑和碑亭迁置于布达拉宫背后的龙王潭公园大门内侧。200 年布达拉宫广场修建后，此碑又移至布达拉宫前面。御制平定西藏碑如今依然保存完整。

御制平定西藏碑的碑文是由清朝康熙皇帝亲自撰写的，其目的是宣扬用兵西藏，驱逐准噶尔入侵的功德。碑文撰写于康熙六十年，碑立于雍正二年。碑文是由清政府内阁学士鄂贲等刻立于布达拉宫内。碑的形制与内地清朝碑形一样。碑的总高为 3.74 米。碑冒高为

1 米、宽为 1.13 米、厚度为 0.42 米，碑冒是螭帽方额。碑额的正面右侧阴刻着"敕建"篆书两字，左侧写有四列藏文，碑额的背面右侧刻着一竖行蒙文，左侧刻着竖行满文。碑身正面右侧刻着 15 竖行满文。碑身的正面和背面上下左右分别刻有 0.16 米宽的云带纹边框。碑身高的部分高 1.84 米、宽 1.05 米、厚 0.35 米。碑座为叠涩方形，为三阶，第一阶部分埋入地下，露出地面高 0.2 米、宽 2 米；第二阶高 0.25 米、长 1.47 米、宽 1.44 米；第三阶高 0.45 米、宽 1.23 米、厚 0.54 米。

碑的正面与背面分别刻有海水、太阳、云纹饰；第一阶有一部分埋于地下，露出地面的只有 0.2 米，其长宽为 2 米；第二阶高 0.25 米、长 1.47 米、宽 1.44 米。

此碑的碑文与《西藏志》《卫藏通志》《清圣祖实录》中的记载，有个别字句有异。具体见后对照表。

御制平定西藏碑碑文如下：

圣祖仁黄帝御制平定西藏碑文

昔者太宗文皇帝之崇德七年，班禅额尔德尼、达赖喇嘛、固始汗谓：东土有圣人出，特遣使自人迹不至之区，经仇敌之国，阅数年，始达盛京。至今八十载，同行善事，俱为施主，颇得安宁。后达赖喇嘛之殁，第巴隐匿不奏者，十有六年，任意妄行，拉藏灭之，复兴其法，因而允从拉藏苦苦脑儿群众共同之情。中间策妄阿喇蒲坦妄生事端，动准噶尔之众，肆行奸诈，灭坏达赖喇嘛，并发第五辈达赖之塔，辱蔑班禅，毁坏寺庙，杀戮喇嘛。名为兴法，而实灭之，且欲窃据图伯特国。朕以其所为非法，爰命皇太子为大将军王，又遣朕子孙等调发满洲，蒙古绿旗兵各数万，历烟瘴之地，士马安然而至。贼众三次乘夜盗营，我兵奋勇击杀，贼皆丧胆远遁。一矢不发，平顶西藏，振兴法教，赐今呼必尔罕册印，封为第六辈达赖喇嘛：安置禅榻，抚绥图伯特僧众，各复生业。于是文武臣工。咸谓王师西讨，历瘴疬险远之区，曾未半截，辄建殊勋，实从古所未有。而诸蒙古部落及图伯特酋长亦合词奏曰：皇帝勇略神武，超越往代，天兵所临，邪魔扫荡，复兴蒙古向所尊奉法教，坎麻藏卫等部人众，咸得拨离汤火，乐土安居，如此盛德大业，非臣下颂扬所宣罄，请赐御制碑文，镌勒招地，以垂永久。朕以何功焉，而群众勤请不已，爰记斯文，立石西藏，俾中外知达赖喇嘛等三朝恭顺之诚，诸部落累世崇奉法教之意。朕之此举，所以除逆抚顺，绥众兴教云尔。

御制平定西藏碑文与《西藏志》《卫藏通志》《清圣祖实录》中，有个别字句有差异，列表对照如下：

行	原碑文	西藏志》录文	《卫藏通志》录文	《清圣祖实录》录文
		圣祖仁皇帝	圣祖仁皇帝	
3	固始汗	固始罕	固始罕	顾实汗
4	人迹不至	人迹不到	人迹不到	人迹不到
4	阅数年	越数年	越数年	
4	之殁	之殁也		
4	第巴	弟巴		
5	复兴其法	复兴黄教		
5	苦苦脑儿	库库脑儿		青海群众
5	策旺阿喇蒲坦	策旺阿拉布坦		策旺阿喇布坦
5	并废	立废	并发	
6	辱蔑	辱衅		
6	土伯特			大将军
6	大将军王			大将军
7	平定西藏	早定西藏		
7	振兴法教	复兴法教		
7	呼毕尔汗	呼毕而汗		胡必尔汗
8	封为	即封为		土伯特
8	历瘴疬险远	历烟瘴险远		
9	图伯特			
9	图伯特			土伯特
9	向所尊奉	所向尊奉		
9	坎麻藏卫	坎康藏卫		
10	能宣罄	能罄		
10	镌勒招地	镌石召地		

10	勤请	动情		
10	爱纪斯文		爱记斯文	
11	奉法教之意	**奉法教无忽**		

7、御制"十全记"碑

御制"十全记"碑又称为"十全记功碑"。碑的形制它与内地清朝碑形制相同。根据《卫藏通志》记载，御制"十全记"的碑与其琉璃瓦歇山顶碑亭是遵清朝乾隆皇帝命令，于五十七年建筑的。碑文是清朝乾隆皇帝于五十七年（公元 1752 年）亲自撰写的，此碑是记述了乾隆皇帝在位的五十七年的十大武功，由四川总督惠龄、驻藏大臣和琳及驻藏大臣帮办成德主持立的此碑。碑文著录《卫藏通志》《清实录.高宗实录》碑文只有个别字句有出入。原碑校正付后表。

御制"十全记"碑总高 2.07 米、宽 1.32 米、厚 0.38 米。碑冒高 1.34 米、宽 1.44 米、厚 0.46 米，正面与背面一样，均为高浮雕二龙戏珠图，碑额是方形，额框的四周装饰着雷纹，额内侧框上下还有卷草纹。碑额正面右侧阴刻篆文"御制"二字，左侧阴刻一竖行"八思巴"文字，背额右侧刻有四列正楷藏文，左侧阴刻一竖行蒙文。碑冒下部以如意云纹作边饰。碑的阳面右侧刻着汉文 17 竖行、左侧刻着 17 竖行满文；碑阴面右侧刻 39 行正楷藏文、左侧有 17 竖行蒙文。碑身阳面阴面上下左右边框，分别线刻 12 厘米二龙戏珠纹饰。碑座在赑屃的背上驮着，赑屃身为椭圆形的，长为 2.5 米、宽为 1.8 米，赑屃前足紧缩，伸着脖子高昂着头，赑屃的身上雕刻着六菱形圆角浮雕，雕刻的非常精细，赑屃的形态非常逼真。赑屃的背甲边上刻有一圈雷纹、赑屃的背中间横置着高出赑屃背 0.05 米、长 1.6 米、宽 0.58 米的台、碑身放于中间赑屃背的正中。赑屃的座下是正方形的台座，台座正面宽 2.02 米、侧面长 2.24 米的拓石，拓石的大部分埋入地下。

御制"十全记"碑碑文

御制"十全记"

昨准廓尔归降，命凯旋班师，词有十全大武扬之句，盖引而未发，兹特叙而记之。

夫记者志也，虞书、朕志先定，乃在心；《周礼·春官》，掌邦国之志，乃在事。

旅獒，志以道宁，则兼心于事而言之。然总不出夫道，得其道乃能合于天，以冀承乎贶，则予之十全武功，庶几有契于斯，而可志以记之乎。十功者，平准噶尔为二、定回部为一、扫金川为二、靖台湾为一，降缅甸安南各一，即今二次受廓尔喀降，合为十。其内地之三叛幺么，弗屑数也。前已酉廓尔喀之降，盖因彼扰藏边界，发偏师以问罪，而所遣鄂辉等未宣我武，巴忠乃迁就完事，致彼弗惧，而去岁复来，以致大掠后藏，饱欲而归，是以罪庸臣，选名将，励众军，筹储饷，福康安等深感朕恩，弗辞劳苦，于去岁冬月，即率索伦，四川降番等精兵，次第由西宁冒雪而进。今岁五月，遂临贼境，收复藏边，攻克贼疆，履践险如平地，渡溜要若蹄涔，绕上袭下，埋根批吭，手足胼胝，有所弗恤。七战七胜，贼人丧胆。及兵临阳布，贼逐屡遣头人匍匐乞降，将军新檄事件，无不谨从，而独不敢身诣军营，盖彼岁曾诱藏之噶布伦丹津班珠尔等前去，故不敢出也。我武既扬，必期扫穴犁庭，不遗一介，亦非新以体□□□上天好生之意；即使尽得其地，而西藏边外又数千之遥，所谓不可耕而守者，亦将付□□□□□□□□之他人，乃降旨允降，班师以葳斯事。昔唐太宗策吉利曰：示之必克，其和乃固。廓尔喀非吉利之比，番边殊长安之近，彼且乞命吁恩，准之不暇，又安敢言和乎！然今日之宣兵威，使贼固意求降归顺，实与唐太宗之伦有所符合。昔予土尔扈特之事，于归降归顺，已悉言之，若今廓尔喀之谢罪乞命，归降归顺，盖并有焉，以其悔过诚而献地切也。乃知守中国者，不可徒言堰武修文以自示弱也，彼堰武修文之不已，必至弃其故有而不能守，是亦不可不知耳。知进知退，易有明言，予实服膺弗敢忘，而每于用武之际，更切深思定于志，以合乎道，幸而五十七年之间，十全武功，岂非天贶。然天贶逾深，予惧益切，不敢言感，惟恐难承，兢兢惶惶，以俟天眷。为归政全人，夫复何言。

乾隆五十七年岁次壬子孟冬月之上浣，御笔。
钦差总理西藏事务工部尚书镶白汉军世袭云骑尉臣和琳
兵部尚书都察院右都御史四川总督臣惠龄
钦差协理西藏事务赛尚阿巴图鲁副都统衔臣成德

"十全记"碑文原碑文和著录见《卫藏通志》《清实录·高宗实录》与原碑文有个别字句有出入。

对照表：

行	《十全记》碑文	《卫藏通志》录文	《清实录》
2	准廓尔	准噶尔	准噶尔
5	准廓尔	准噶尔	
6	包欲而归是以罪庸臣		包欲而归，使长此往，彼将占藏地，吓众番，全蜀无宁岁，是以罪庸臣
7	履线险	履贱险	
9	亦非所以体		亦非体
12	必至 不敢言感	不敢感言	
15	惟恐难承		

8、"永远遵行"碑

"永远遵行"碑，是和琳撰写的劝人们种痘碑，预防天花。此碑是驻藏大臣和琳的一个政绩，在清朝乾隆末年，西藏流行天花，死了无数的人，和琳在此期间劝恤种痘，同时接济死伤的人。和琳在任职期间，曾经想改革西藏的天葬习俗，曾经多次粘贴布告在拉萨、日喀则，号召人们设立义冢。并且"要求人们遇到死人时，要用棺材和衣席卷裹，报官埋葬，不许仍前毁弃。如有不遵。律法俱在，决不轻恕……。"和琳的改革其带有强制的性质，以当时的社会性质是无法执行的。

永远遵行碑它立于大昭寺前面，该碑面向东，碑的阳面为汉文，碑额镌阳文篆体"永远遵行"四个大字。碑的正文共有519个字、字是阴镌，字体为楷体，字刚劲俊秀。碑的阴面是藏文，内容与汉文相同。永远遵行碑的形制螭首、方额、须弥方座。碑的碑冒高1.1米、宽1.3米、后为35厘米；碑的碑身高1.88米、宽1.2米、厚27厘米；碑的碑座上枋高13厘米，上面是如意纹的浮雕。下枋是仰莲纹的浮雕。

"永远遵行"碑的碑文内容：

唐古忒为五印度之一，俗尚俘屠。唐、宋以来，虽通中国，未隶版图。自我朝太宗文皇帝时归诚，迄今百余年，熏陶王教，渐臻于化矣。乾隆壬子岁，予奉命整饬藏务。悉禀庙谟，以此厘定，自可永远奉守。惟有关于风化民生之大者，虽蛮？之邦，亦不可因循旧习，稍为羁縻也。夫痘疹之征，乃先天余毒，人所不免，苟治养得宜，断无不生之理，乃唐古忒遇有出痘之人，视恶疮毒痛为尤甚，即逐至旷野岩洞，虽亲如父子兄弟夫妇，亦不暇顾，竟至百无一生者，深甚悯恻。予以藏北浪荡沟之处，捐资修平房若干间，俾出痘番民得以栖止，捐给口粮，派拨汉番弁兵经理调养，全活者十有其九，僧俗当已知痘证非必不可治之患，因严谕前后藏，劝令达赖喇嘛、班禅捐给口粮，作为定例。又唐古忒风俗，除大喇嘛，小头目等物故，方得火化造塔，其余则念经忏悔后，将尸身碎割，抛喂鹰犬，名为天葬地葬；有罪抛弃河流，谓之水葬，无伦无理，残忍为甚，予谆切训导，晓以义理，缮发汉番告示，严行禁止。谕令达赖、班禅二喇嘛，将山场空地，拨出若干作为义冢，俾无力者得以掩埋，并令随时报明粮务察验，倘敢仍蹈故辙着，重治其罪。迄今年余，番民颇知化育，一体尊奉，诚恐行之日久，番民无知，渐踵故习，后人不识予心，任其自便，则予之前功尽弃矣。所有告示底稿，俱存署内，是用立石为记。倘后之君子，能推广此意，悉化其俗，是则予之所厚望焉。钦命总理西藏事务、工部尚书、镶白旗满军都统、世袭云骑尉和琳撰并书。乾隆五十九年三月日立。

此碑中所说的"未隶版图"之说，是不符合历史的谬论。西藏地区在元代时已归入祖国的版图。

9、札什城关帝庙碑

札什城关帝庙今已不复存在，据说此庙所在地是在拉萨北郊，现扎基寺（侧吉拉姆）是它的原址。清朝康熙以后，清朝官兵在札什城建有一座关帝庙，庙现已不复存在，但留有残缺的碑，现存在于大昭寺内，只有三块留有字数较多，从碑中的内容，可以确认是关帝庙。碑文是汉字，阴镌，是楷书，楷体的字迹非常工整。

札什城关帝庙碑碑文

恭维我国抚有区夏，东至朝鲜，西穷大漠，南极于交趾，北抵于库伦，暨海外西洋诸国，罔不输职贡、奉正朔，幅员之广，千古罕有，举凡王师所向，靡不诚服，关圣帝君实默佑焉。唐古忒在胜朝为乌斯藏，自圣祖仁皇帝时归入版图（与历史不符），驻兵札什城，旧建有帝君庙，灵应异常，僧俗无不敬礼。乾隆辛亥秋，廓尔喀部落惑于逆僧沙玛尔巴游说，潜师侵掠后藏，贼众我寡，凭高固守，贼屯林中，每夜数惊，自相蹂躏，以为大兵且至，惧而引去。皇帝赫斯震怒，命大学士忠锐嘉勇公福康安为大将军，超勇公海兰察，四川总督惠龄为参赞大臣，统领索伦汉士官兵，声罪致讨。副都统赛尚阿.巴图鲁成德分率偏师，由聂拉木牵缀贼势；琳同大学士毅筹筹划军储，往来策应。大将军等由济咙进鸟道羊肠，贼人负嵎据险，我兵出奇奋勇，七战七捷，直逼贼巢，廓酋举国慑怖，哀恳乞降。我皇上如天之仁，不忍覆其巢穴，诏许归诚。自进师至凯旋，凡三越护月，固由圣主庙谟广运，指示机先，大将军运筹帷幄，靡坚不破，然究属君威灵呵之所致也，大将同军回藏，度地磨盘山，创立神祠，以答灵贶，金议札什城帝庙为春秋禋祀之所，废且不葺，良用缺然。爰是琳与制府惠龄捐资庀材，诹吉鸠工，命旧知李经文董其役，卑者崇之，隘者拓之，有庑有堂，有严有翼，阅月而峻事，神之凭依，于是乎在。盖国家声教之所及，无非神威之所讫自非真气磅礴，塞乎天地之间，辅诩景运，安能弥纶中外、灵威异彰若此乎！不敏职司边寄，凡所有整饬戎行，挽回风俗，敢不怵惕惟历，上报主知，于展谒之次，敬进官吏而励之曰：帝君有云，心在人中，如日在天上。吾等益当激昂自奋矣。是为记。

御前侍卫，正蓝旗满洲副都统，和隆武巴图鲁、领队大臣额勒登保。

乾清门侍卫、正黄旗蒙古副都统、布隆巴图鲁、领队大臣岱森保。

乾清门侍卫、副都统职衔、西里巴图鲁、领队大臣珠尔杭阿。

乾清门二等侍卫、伊昌阿巴图鲁永德。

多托礼巴图鲁阿尼雅布。

哈西巴巴图鲁安绿。

杂勒丹巴巴图鲁桑吉斯塔尔。

通政使司副使、加三品卿衔、军机处行走方维甸。

理藩院柔运清吏司员外郎、军机处行走长龄。

户部堂主事、兼贵州陕西清吏司候补员外郎、军机处行走巴哈布。

内阁侍读、军机处行走扬揆。

镶黄旗蒙古副都统、法福礼巴图鲁、领队大臣乌什哈达。

镶蓝旗蒙古副都统、西郎阿巴图鲁、领队大臣德楞泰。

头等侍卫、索伦总管、加副都统职衔、能登额巴图鲁、领队阿木勒塔。

头等侍卫、加副都统职衔、额腾额巴图鲁果尔海。

头等侍卫、努达巴图鲁五绍。

杨桑巴图鲁颜太。

头等侍卫、蒙兴保。

二等侍卫、德吉巴图鲁纳丹保。

  额尔克巴图鲁萨宁阿。

  锡特洪巴图鲁阿哈保。

  乎东阿巴图鲁定西鼎。

  额腾伊巴图鲁克兴额。

二等侍卫、德勒珲。 阿纳保。

  德勒克依。 阿吉

  乌勒呼纳。 色玉慎。

  德全。   筹保。

  巴哈。   博依保。

三等侍卫、绷僧额巴图鲁吹札布。

  喀勒崇伊巴图鲁达尔精阿。

  托莫尔浑巴图鲁多隆武。

  硕隆武巴图鲁扪撒木保。

  色莫尔享巴图鲁纶布春。

三等侍卫、傅升。 穆克登布

  噶尔第。 温保。

  诺托保。 富罕。

  额勒金泰。 定札。

  富永。   巴兰。

  莫尔浑保。 富兰。

  化品。   克色保。

  札保。   温春。

  阿达。   乌勒哈鼎。

  三布鼐。

蓝翎侍卫、折克。　　双福。

　　　　享昆。　　　　巴颜察。

　　　　诺穆起。　　　明喜。

　　　　噶拉。　　　　宝班。

　　　　绰伦保。　　　莫新。

　　　　鄂尔哲依。　　宾德尔。

　　　　色克通阿。　　格勒登彻。

　　　　富僧德。　　　德继特。

　　　　江鼎。　　　　花山保。

　　　　乌福纳。　　　舒灵阿。

甘肃永固协副将、乌尔固勒济巴图鲁达音泰。

四川懋功协副将、世袭一等子王承勋。

维州协副将五十一。

甘肃宁夏府知府陷兴。

四川雅州府知府姚令议。

宁远府知府李宪宜。

前任龙安府知府重光。

甘肃甘州城守营参将刘怀仁。

四川漳腊营参将吕玫。

越巂营参将徐南鹏。

陕甘督标前营游击杨宗泽。

陕西巩昌游击雷仁。

四川督标左营游击长春。

提标右营游击王锡章。

提标左营游击蒲益章。

峨边营游击李芝荣。

绥远营游击胡尚贤。

崇化营游击额尔亨额。

川北镇标中营游击乌尔公阿。

左营游击王戚宁。

楞格。　富体。

前锋章京、哈布齐显巴图鲁七十五。

护军参领，觉多观巴图鲁额勒金保。

叶布垦额巴图鲁彦吉保。　吉勒彰阿。

副护军参领常善。

前锋侍卫察灵阿。

委护军参领德通。　雅尔哈善。

前锋校索多巴。　　特依顺保。　武章阿。

亲军校哲尔金保　和顺额。　　台斐音阿。

护军校噶塔鼐。　　音德。　　墨尔根额。

体布克苏　　巴桑。

甘肃布政使司布政使景安。

四川按察使司按察使林俊。

松茂兵备道倭什布。

前任福建延建邵道、四川候补道承勋。

四川重川北镇总兵官朱射斗。

松庆镇总兵官、坚勇巴图鲁袁国璜。

建潘镇总兵官诸神保。

川昌镇总兵官、奋图里巴图鲁穆克登阿。

松北镇总兵官彭承尧。

镇潘标中营游击张志林。

建昌镇标中营游击什格。

左营游击古延栋。

会盐营游击德胜保。

靖远营游击七格。

直隶石柱厅同知汤建业。

顺庆府同知范范栩。

候补同知李经文。。

雷坡通判蔡廷保。

顺庆府通判蔡廷弼。

候补通判杨开泰。

绵州直隶州知州施鉴。

忠州直隶州知州吉兴。

巴州知州常发详。

合州知州刘印全。

湖北宜昌府兴山县知县郑人庆。

四川成都府成都县知县周明德。

双流县知县锺逢太。

灌县知县徐鼎。

保宁府通江县知县锺蟠云。

重庆府巴县知县吴桂。

泸兰合江县知县张天爵。

潼川府中江县知县毛大瀛。

乐至县知县魏守曾。

嘉定府峨眉县知县王赞武。

夹江县知县谷喧。

绵州安县知县黄为琳。

重庆府纂江县知县常天佑。

原任资州资阳县知县张熙赓。

资州井研县知县湛梦蛟。

夔州府奉节县知县沈达。

原任达州东乡县知县蒋曾煌。

候补知县张×。

马敦诗。

监修同知李经文。

把总赵国泰。

单大雄。

10、磨盘山关帝庙碑

磨盘山位于拉萨市布达拉宫西北。磨盘山关帝庙碑，位于磨盘山关帝庙过去的正门内，殿堂前面。磨盘山关帝庙碑文基本保存完整，但是碑的碑冒已掉，2006 年 12 月 22 日—2007 年 7 月完工。维修后把碑冒维修好了。碑文描述是廓尔喀掠夺后藏扎什伦布寺，清朝派往西藏查办此事的巴忠等人，将就了事，贪功邀赏，致使廓尔喀借口讨要赔偿银两，于公元 1792 年 7 月第二次入侵后藏，占领了聂木拉、济咙，抓走了噶伦丹津班珠尔；8 月到达日喀则，大肆抢夺扎什伦布寺的财物和后藏地区的大批牛羊，人民的经济损失十分惨重。所以清政府派福康安为大将军，率军进藏击败廓尔喀入侵者。福康安返回拉萨便"谒札什城关帝庙"，由此可见，在磨盘山关帝庙之前，清朝驻藏官兵在兵营附近就修建了一座关帝庙，但是此时庙以破旧不堪了，所以在位于布达拉宫以西约 500 米处的帕玛日小山岗上新修建了磨盘山关帝庙。这座关帝庙保存至今。

碑身通高为 3.04 米、宽为 1.18 米、厚度为 0.29 米。碑首的图案为二龙戏珠浮雕，中间为阴刻着篆字"万年不朽"四个大字。碑座为长方形，长 1.35 米。碑身的正面四边刻有云雷文，中间是汉字楷书的碑文，字体非常工秀。

磨盘山关帝庙碑文

乾隆五十有六年秋，廓尔喀自作不靖，侵凌藏界，并抢掠札什伦布庙。皇帝赫然震怒，谓卫藏自策零敦多卜殄灭后，隶职方百有余年，使靳征调之烦，从移位班禅、达赖之议，其济咙，聂拉木等地势，将尽委之贼，此后受戕者，当不止前后卫藏矣。特贲纶意，福康安为大将军，一等公海兰察，四川总督惠龄甫为参赞大臣，统领劲兵，大张挞伐；大司空和琳飞刍挽栗，专司策应，为后路声援；大学士士毅复自昌都驰赴西招，协理军储，于五十七年夏，由宗喀、济咙整旅遄进。先是驻军前藏，征兵筹饷，谒札什城关帝庙，见其堂皇湫隘，不可以瞻礼，缅神御灾捍患，所以佑我朝者。屡著其孚格，于是度地磨盘山，鸠工庀材，命所司董其役，默祷启行，荐临贼境，七战皆捷，距阳布数十里，廓酋震詟军威，乞降至再。皇帝鉴其诚款，体上帝好生之德，准纳表贡，诏令班师，并御制十全碑记颁示臣下，予惟此视师。自进兵以来，山谿险劣，瘴雾毒淫，竟获如坦，不三月而藏绩，自非神佑不至此。凯旋之日，庙适落成，与诸公殿仰芜，徘徊俎豆，深感大功速竣，维神之力，而益欣继自今前后卫藏永永无虞也。是为记。时乾隆五十七年谷昌。

御前大臣领侍卫内大臣子太保武英殿大学士吏部尚书兼兵部尚书一等嘉勇大将军福康安谨撰。

监修同知李经文
乾隆五十八年。

11、磨盘山关帝庙铜钟

磨盘山关帝庙铜钟，我曾经在罗布林卡仓库之中，亲眼看了此铜钟，它保存的基本完整。

磨盘山关帝庙铜钟，此钟铸于清朝乾隆五十八年，文革时期保存在西藏自治区文管会（罗布林卡）内。关帝庙铜钟不但铸有铭文，还有花草动物、龙、狮、蛇、文房四宝（笔筒、书纸、砚台）等图案，图案的布局非常合理，动物形象逼真，花草精细。磨盘山关帝庙铜钟铭文，记载着当时清政府在藏主要官员的署名。

磨盘山关帝庙铜钟铭文官员名录

钦差御前大臣、太子太保领侍卫大臣武英殿大学士吏部尚书兼兵部尚书、一等嘉勇公大将军、福钦差御前大臣、领侍卫内大臣、镶白旗蒙古都统、一等超勇公参赞大臣海；

钦差兵部尚书、都察院右都御史、四川总督参赞大臣惠；

钦差工部尚书，镶白旗汉军都统、总理西藏事务 和；

钦差副都统职衔、协理西藏事务赛尚阿巴图鲁 成

御前侍卫、镶红旗蒙古副都统和隆武巴图鲁□尔登保；

乾隆门头等侍卫、副都统职衔西里图巴图鲁珠尔杭尔；

乾清门二等侍卫、哈什巴巴图鲁安禄；

乾清门二等侍卫、伊清阿巴图鲁木德；

乾清门二等侍卫、多托里巴图鲁阿尼雅布；

乾清门二等侍卫、咱勒丹巴图鲁桑吉斯塔尔；

总理营务□、镶蓝旗蒙古副都统、西朗阿巴图鲁德□□；

三品卿衔、太常寺少卿军机处行走方雒甸；

候补郎中兼军机处行走龄；

候补员外郎兼军机处行走巴哈布；

内客读兼军机处行走扬揆；

领队大臣副都统布咙巴图□森保；

领队大臣副都统法富哩巴图鲁乌什哈达；

头等侍卫、副都统职衔额腾额巴曾图鲁翁郎尔海；

四川建昌镇总兵奋图哩巴穆克登阿；

四川重庆镇总兵坚勇巴图鲁袁国璜；

四川松潘镇总兵诸神保；

四川川北镇总兵彭承尧；

头等侍卫务塔巴图鲁乌韶；

二等侍卫额腾依巴图鲁兴额；

二等侍卫瑚东阿巴图鲁定西鼐；

二等侍卫色裕镇阿结、乌勒瑚讷、巴哈；

三等侍卫托谟尔欢巴图鲁多隆武；

三等侍卫喀勒崇义巴图鲁达勒精阿；

三等侍卫卫色墨尔亨巴图鲁纶布春；

三等侍卫硕隆武巴图鲁撒木保；

三等侍卫温春、穆克登布、富兰、傅升、噶尔第、富罕、三布鼐、
诺托保、定札、华聘、谟尔珲保、阿达、乌勒哈鼐、克邑保、巴兰；

蓝翎侍卫巴颜察、明喜、绰伦保、莫新、鄂尔□、亨坤、伍福纳、宝班、格勒登哲、克楞格、当□、诺木齐、江定、富僧德、色克通、德济特、噶拉、双福；

前锋参领哈齐威巴图鲁七十五；

前锋侍卫察灵阿；

副护军参领常善；

护军校特依逊保、索多巴、巴桑、赫成额、噶塔鼎、音德、哲尔金保、墨尔济保、提布克苏、台斐英阿；

按察使卫四川通省茶道林俊；

四川分巡松茂道倭什布；

候补知府李宪宜；

四川水利同知李经文；

四川东乡县知县蒋曾煌；

四川成都县知县施 监；

乾隆五十八年春正月吉旦。

12、双忠祠碑

双忠祠碑，本人曾经多次到此处进行考察，后来，因此处建筑要进行维修，本人与拉萨市文物局同时们，将此碑移到局里进行保管，现保存在拉萨市文化局（文物局）内。本人留有该碑文拓片。

双忠祠碑原位于八廓街北面的一座两层藏式楼房一楼门廊内，镶嵌墙壁上。这座建筑曾经先后作为"扎康"（驿站）、噶厦政府警察局住所、尼泊尔商人住宅，文革期间是冲赛康皮革厂合作社的仓库。现为居民住所。

汉文的三块碑的规格为一致，碑的高为 0.76 米、宽为 0.96 米，碑的四边刻有雷纹。第一块碑剥蚀非常严重，碑上的字几乎看不清楚，可以辨别的只有"双忠祠碑记""……而公……""……拉公……"

"…达什曰召藏王……"等字。第二块碑和第三块碑保存基本完好，字迹比较清楚，它的内容和《西藏图考》所收录的碑文一致，只有碑名"双忠祠碑记"与落款部分《西藏图考》未录在内。满文两块碑规格大概一致，碑的高为高 0.97 米、宽为 1.79 米，碑的四边刻有卷叶纹，保存基本完整，字迹清晰。双忠祠碑原碑和《西藏图考》"福康安修双忠祠碑记"条，汉字碑照录：

双忠祠在大招东北向，为驻藏大臣行署。朱尔墨特那木札尔之难，驻藏大臣幅公、拉公死焉，署亦毁于火。番民感二公之忠烈，因其旧址请立祠肖像以杞。盖以二公之大有造于卫藏也。傅公讳清，为康安世父。乾隆十五年，公以都统奉命驻藏，左都御史拉布敦副之。时朱尔墨特那木札尔袭其父颇罗鼐郡王封，专藏事，多不法，稍裁仰之，横如故。公廉其叛逆有迹，密疏请便宜从事，以绝后患。奏入，上以公孤悬绝域，末可轻举，命都统班第拉公将明正其罪，以申国法。旨未至反谋益亟，广布私人，凡驻藏大臣一举动辄侦逻之，禁邮递不得通。潜结准噶尔为外援，藏中有已者将尽诛之，势且延及达赖喇嘛，为雄长一方之计。公如坐待其变。事发而公必死，诱而诛之，其羽翼已成，众寡不敌而公亦死。均之死也，勿宁变速而祸小，逐与拉公定密计，以十月三日告其党罗卜藏达什曰：召藏王来，有旨令议事。朱尔墨特那木札尔以公势孤，闻召不疑，亦不设备。公与拉公登楼待之，止其众于楼下，随上者四五人。公见之，颜色不动如平时，引狼卧室，门即阖，急挈襟底预前藏前王颇罗鼐所献之顺刀连砍之，中项，仆从者进前，以棓击其首立毙。罗卜藏达什在门外闻格斗声，知祸发，抉窗逃越，告其婿弟巴喇布坦等，号召贼众，须臾至，枪炮竟发，环攻之，墙固高而不能入，贼乃积薪楼下，烈焰四起，楼焚，贼遂攀援而登。公手刃数贼，身被三伤，力竭自刭以殉。拉公亦中创死,吁！烈矣哉！夫卫藏距京师万有余里，公镇其地，戍兵寡弱，外不足以制其力隶内不足以夺其权力，使朱尔墨特那木札尔竟举兵反，番民牲怯懦，势必举而从之。以向是版籍之地，一旦陷贼众，即使以身殉，事已无及，劳师糜饷，致贻圣主西顾忧畴。职扰土，顾可以一死委其责耶。公独奋不顾身，毅然定大计，乘其未发诱而诛之，余党虽，攘，而渠魁以歼，如瓦解冰泮无能为难，不旋踵而就缚，尽仗厥辜。公虽死而全藏以安，国威以振，是非傅介子之诱斩楼兰就可同日而语也。事定，班公及四川总督公策楞至藏，列二公死事状上闻。天子震悼，下诏褒嘉溢以襄烈，与拉公俱赠一等伯，入贤良祠、昭忠祠。复敕建双忠祠，每春秋二时，特遣大臣致祭：子孙以一等子爵世袭罔替，恤忠录庸，延及苗裔。呜呼！公之心其可慰矣。康安以五十六年春命督师进剿廓尔喀来藏，谒双忠祠，瞻拜遗像，距公殉节时盖四十余年矣。藏番追念两遗泽，发时奔走时，香火不绝，至今犹有能道当时遗事者。惟碑碣缺如，堂庑垣墉，问有倾圮。爰于班师之日葺而新之。且恐岁久遗迹或湮，敬书其事，以示后人。其时同殉者为主事策答尔、参将黄元龙，并为位于庑以配食。传云：能悍大患，则祀之。如公者，番民虽有百世祀可也。

御前大臣太子太保领侍卫内大臣武英殿大学士吏部尚书兼兵部尚书——等嘉勇公大将军徒于福康安拜手谨记。

乾隆五十八年正月
监修同知李经文
守备徐棐敬书
毂旦

13、大昭寺记功碑

本人曾经在罗布林卡仓库院内见过，该碑的残块。

大昭纪功碑原来位于大昭寺前，该碑已在文革后期被毁，由于当时未及时抢救，残块多就失散，仅有少数几块保存在罗布林卡内（原文管会）。从形制和碑文的许多特征来分析，确定为大昭纪功碑残块。罗布林卡（原文管会）保存有两块，宗教局保存有两块。

大昭纪功碑记述的是乾隆五十七年大将军福安康率领清兵击败廓尔喀入侵的事迹，故称大昭纪功碑。因考证原碑是上、下和左右各四块拼起的碑石，规制较大，在西藏属于较大的石碑。碑面的四周是8厘米宽的阳文回纹边饰，碑的中间是汉字碑文，字体为楷体，直行。上下碑石的文字衔接贯通。现仅存千块石碑，位于这方碑的中部偏上，每块石碑残缺约1.24米，宽约0.42米。上面有文字21行不等，每行有9个字。碑的内容与《卫藏通知》著录的相同。

残碑文大昭纪功碑文

杨揆廓尔纪功碑文

闻制胜克敌，圣人贵先几之断，讨贰舍服，王者用无战之师，是以干羽之格七旬，玁狁之征六月，两阶之舞，九伐之威，义正仁育，起揆一也。钦为我皇上握璇衡以奉天，抚萝图而建极，月穴日际，罔取弗庭，西照南琛，无思不服。惟兹廓尔喀者，远处极边，去卫藏三千余里，其人则爻间之所未陈，其地则章亥之所未步，潜吹恤毒，妄肆鸥张，渀食邻封，历有年所。乾隆五十三年，乃敢驱其丑类犯我藏界，天戈所指，旋即遁逃。鹿铤险而择音，鲋涸泽而嘘沫，顶经诣阙，爰输就日之城，祝网希恩，暂缓防风之戮。此盖伏遇我皇上覆帱为量，广绥徕柔远之仁，申先德后刑之义。许附国，俾列藩封，圣德生成至鸿庞也。何期枭？性不驯，狼食反顾，徒陈魏绛之议，竟渝颉利之盟，先诱西藏噶布伦丹津班珠尔而执之，遂称兵由萨迦、定日肆掠扎什伦布而去。余贼复屯聚于济咙、绒辖、聂拉木，意存窥伺，盖以为地险万里，舟车不能至也；天枢九重，雷霆不能及也。于时鼓角宵鸣，头晓落，尘生绀殿，三千法界之灾；风卷珠林，五百修罗之劫。莲座之庄严顿毁，灵撞之花雨掠飞，律犯贪嗔，心生恐怖，燃烽告警，阃境戒严。驻藏大臣以上状闻，帝用震怒曰：是不可赦。且卫藏之地久隶版图，涵濡圣泽，百有余年，乃廓尔喀反复靡常，狡焉思逞，不加挞伐，曷禁凶顽。于是发明昭，选重臣，命大学士一等嘉勇公福康安为大将军，以领侍卫内大臣超勇公海兰察、四川总督兵部尚书右都御史惠龄为参赞大臣，指授方略，统师劲旅，云台犀甲，张组练于风云，羽林虎步，耀戈鋋于霜雷。前旌乍转，后阵长驱，满汉索伦屯土降番诸兵无不是从响集，星驰雷动。岁次壬子建寅之月，大将军取道青海至藏地，储刍粮，励将士，占星五夜，飞檄千行，雍容上将之风，距踊河之侠，诚以师行绝缴，宜速而宜迟，冠闭重垣，用众惟宁用寡。其时，聂拉木贼匪先经领队大臣成德等率兵掩袭，聚而歼焉，四月乙未，大将军兵次定日，复遣领队大臣岱森保等协同威德济以偏师，出聂拉木，以壮声援。令曰：可见而进，勿轻犯险。又遣川北镇总兵官诸神保等分兵驻于绒辖，牵缀贼势。令曰：防其间出，扰我后路。大将军与参赞大臣超勇公海兰察亲督劲兵，直取济咙。而蔓延之贼已洊及擦木，据险抵御，我兵破宵冒洼，分队竞进，参赞大臣惠龄率师继之。远瞰封泥之固，预搜莽之戎，百道飞行，三军气涌。贼匪拒严椒而进垒，叠石菌以开营，狡穴偷安，危巢延息，官兵猝至未之觉也，釜魂莫窜，刃血争飞，奔走既穷，阻碍斯克。甲辰，举察木，乙巳，贼兵援至，遇于玛噶尔辖尔甲山梁。牙旗忽鸣，孱蛇突出，再接再厉，残戮无算。丁未，师于济咙，挥椿喉之长戈，展攻心之上策，重围四舍，大纛高悬，坚壁压颓云，巍碉摧于烈焰，破一军之甲不待崇朝，斩二丈之绥曾无逾刻。凡贼匪盘踞之所。至是悉复。而聂拉木官兵亦克札木以进，贼众连北，军声赫焉。由济咙而西，遂临贼境，危峰崩？，密箐阴森，毒雾涨空，炎气郁旦，马悬蹄而不上，鸟戢翼以争回。巨石嵯峨，拔地千寻之笋，洪涛博激，喷岸万壑之雷。贼匪负？岩，阻深溪，我兵仰攻，矢石不及。于是大将军令领队大臣副都统阿满泰、乾清门侍卫岱森保等率兵由峨绿大山疾趋热索桥上游，扎筏竟渡。山灵鼓掌，惊柴绍之壁龙，河伯潜踪，避敖曹之地虎。连旌弥谷，飞雨洒空。壬子克热索桥，贼匪毙者十之六七，余众退保于协布鲁。我兵乘胜突入，贾勇有余，三更裹邓艾等之毯，十步设刘鄩之计，犀渠鹤？，突阵锋铦，？？钩镡，斫营力劲。驾飞桥于树梢，渡急流于岩腰，辛酉夺其垒而据之，饮马之水皆赤，烧岩之火尚明。大将军巡其营垒，视昨战处，曰：其险如此，非我能克，殆天佑也。夫兵行愈远，后路辽绝，裹粮转战，士不宿饱。伐蒙圣天子宵旰运筹，无微不烛，特命大学士孙士毅自察木多驰赴前藏，曰：藏东一路军火粮饷，汝其任之；以工部尚书和琳为驻藏大臣，曰：自藏以西侧和琳之责；并命参赞大臣惠龄，曰：毋狃于接战，其济咙以外则惠龄之责。转输之功与接战之功无异也。由是徒钱溢市，转饷载途，出积贮于民间，招流之于塞下，负戴不绝，肩背相摩，征人忘呼癸之虞，壮士享椎牛之乐。晨殂增灶，何须井拜耿茶，夜唱持筹，不用沙量道济，愈见飞扬士气，踊跃军心，六月庚午，师次噶多，其时贼匪益众，聚于东觉，危蹬一线，巅岩万仞，刀光霍日，人声隔云，雷殷殷而振宵，鸢跕之而堕水，冲波雪溅，吐瘴烟凝。？鏊夏寒，本烛龙不照之地，崇冈昼晦，是阳乌回足之乡。大将军勒部曲，严号令，备器械，裹糇粮，绕行博尔东拉山梁。分前队为三，参赞大臣超勇公海兰察统之。又分前队为二，绕行噶多普山麓，大将军统之。两路并发，空壁逐战。复令都统衔获军统台斐、英阿等设疑兵于足木古拉巴载山梁，与贼匪对据，飘方旗之？轰巨炮之砰訇，贼匪腭眙惕息，伏匿不出，两路之兵攀深林之蒙翳，躐利石之峻嵯，度险悬绳，缒幽束炬。大将军率乾清门侍卫额勒登保等督兵力扑，贼匪溃乱，僵扑相籍。参赞大臣公海兰察亦绕出贼上，与大将军合。癸酉克其木城碉卡凡数十处，追奔逐北，至于雍雅，俘其头人以归。聂拉木官兵亦克铁索桥陇冈贼卡，进至利底，剿贼甚众。其绒辖之贼潜遁，爰檄总兵官诸神保等合兵于利底，于是廓尔喀全部震动，遣人谐营乞降。大将军曰：贼匪狡诈，此举将以援我师也，不可信。严檄责之。贼匪惶惧，守御如故。困兽犹斗，穷乌尚飞，忘思螳臂之当车，莫顾燕巢之覆卵。鄂方折翼，虫尚含沙。七月庚子，复与贼战于堆补木甲尔古拉，直抵帕朗古，人怒未舒，军锋益锐，十荡十决，军其国中，三绝三通，来如天山。盖自进兵以来，时未三月，以五千余众，深入八百里，俘擒斩获以三四千计。肤功克奏，我武维扬。廓尔喀酋长再遣头人诣营，归噶布伦丹津班珠尔等于藏，其扎什伦布原掠悉以献出，敬遣大头人噶箕第乌达巴等奉表阙下，恭进驯象番马及乐工一部，其余方物充物不可胜计。且极曰：遵奉大将军约，毋敢再犯藏界，永为不侵不叛之臣，用申革面革心之誓，鞠？稽颡哀恳再四。大将军露布入告，皇上鉴其悔罪之诚，洽以好生之德，赦彼前愆，复厥旧土，列其人于王会，俾与婴镶荡琫之朝,隶其乐于太常,令随僸佅兜离之后,名驹跃堑,充十二之闲,香象渡河,备九重之仙仗,奚止矢供肃慎,雉献越？,洵足以宣?轩帝载。大将军敬奉诏旨，振军容而纳款，严戎服以开营，临边筑三受降城，专阃领五招讨使，朱幡华鼓，咸知万福威名，赤舄绣裳，争望令公颜色，受降人如赤子，感仆射父兄，从此西域长宁，投戈恐后，南人不反，推赤如初。万马回镳，听嫖姚之笳鼓，六军唱凯，拥光弼之旌旗。是役也，大将军仰秉庙谟，躬承睿算，若衡风之卷秋箨，譬夏景之溃春冰，所谓我战则克，有断然者。某从事斯役，与觏蒇功、敬惟韩愈之作平淮西碑，班固之勒燕然山铭，皆以纪一时之绩，归美于上之词也。爰仿其义而书之，铭曰：惟皇圣武，威溥埏？，玉戚朱干，不譓是征，桓恒将军，秉旄仗钺，振旅阗之，用张挞伐。曰卫曰？，我上我民，谁泄师言，侮于强邻，王师其来，载欣载悦，诛是不顺，莫或于敌。左执箕角，右扼其吭，修我戈矛，峙乃糗粮。崇山连连，隘不容马，间道用奇，击众以寡，匕战匕捷，师不逾时，贼势穷蹙，匍匐陈词。帝鉴照临，爰赦厥咎，遣使仗阙，奉表稽首。王师于来，万里震惊，王师于返，既安且宁。师行惟劳，戮力相向，制胜克敌，功归主将。将军不伐，其告师徒，凡此壮猷，悉秉庙谟，惟圣不矜，成功盖让，大武大全，胥归昊贶。

14、御制普陀宗乘之庙瞻礼纪事碑

御制普陀宗乘之庙瞻礼纪事碑原是镶嵌在色拉寺山外廓下东壁上，碑共有四块。三块现保留在罗布林卡（原文管会设于罗布林卡内）内。第一块与第三块保存比较完好，字迹也比较清晰。另一块字迹已不可辨认。

第一块石碑长 87 厘米，宽 49 厘米，碑四周环有 3.5 厘米宽的一道回文边饰。中间为楷书的碑文。前面 7 行为中楷书字体，行 12 字，共 66 个字。以下是 37 行小楷字体。碑上的字体秀劲，刻录的字体工艺精细。

第三块石碑规格、字体刻凿的与第一块石碑大小相同。但是，前面有中楷书字体碑文为 6 行，行八字，共 56 字。以下的为小楷字体。

第一块碑碑文：

大圣人首出御世，王道禅修非二致，外蕃万部就归心，振兴黄教睿智。仿建招提北山崖，膜拜环瞻悦远怀，抒诚爱戴奕祀涯。（小楷）普陀宗乘之庙，建于山庄行宫之北，仿西藏布达拉都纲法式也。考之贝奕〔叶〕梵语曰："布达喇。"华言曰："普陀"。盖普陀有三：一居额纳特珂克，即印度；一居图伯特，即西藏；一居浙东之南海。而西来因缘则始自印度，而西藏，而南海。南海特大士行教示观之所，印度已远不可稽，惟西藏都纲法式具备。相创建以来，已阅千余年，相好常新。佛祖居住印度时尝授记云："我教后将流传东士"。盖西藏尚居印度之东〔？〕正与我佛示观因缘相合。则西藏之普陀故为最胜，是以出庄建，特观其制，经始于乾隆三十二年，至乾隆三十六年告成。广殿重台，穷亭翼庑，金轮宝锋，香树法幢，洵佛国之化城，人间之福地也，溯自我朝开国以来，振兴黄教，抚辑外蕃，至我皇考虑德威遐布，声教覃敷，旧部新蕃，输诚向化，每当翠华临莅山主，迎銮瞻觐，豹尾扈随。若遇正寿诞辰，藏勋国庆，则祝重表贺，各藩部梯航皆？至，鳞集尤众，亦俾得瞻拜震旦，琳宫庄严具足，莫不欢喜，顶礼合十皈依，其信心回向之诚，真称得未曾有。而钦仰敬服，咸颂我大圣人总持调御，溥畅宗风，成此天人摄受之闳规，为三乘加持之统会，胜因善果，龙天护佑，将垂示无穷，不可思议也。

此段于著录，亦转录之：

转世相沿多诡谲，除弊特命金瓶挚，决疑定众顺其情，鸿文巍焕喇嘛说。佛法始自天竺即印度，东流而至西番即唐古特。其番僧相传为喇嘛。我皇考常习其语，深通其法，译二字之意，谓即汉语称僧为上人耳。喇嘛示寂后，转生为呼必勒罕，即汉语谓转世化生人也。当呼必勒罕未出之前，彼教于佛前诵经祈祷，广为访觅，各指近似之幼孩于佛前，拉穆吹忠择一聪慧有福相者，定为呼必勒罕，幼而习之，长成乃：称呼！土克图，传袭其号以掌彼教。我朝抚有方夏，遐迩归心，因众蒙古崇奉喇嘛，最信黄教，因而加以保护，用示怀柔。俾之遵守旧规，递演其传。乃行之既久，遂有影射牟利者，从中舞弊，任意妄指呼必勒罕，居为奇货。以致转生之人率出一族，竟与世袭爵禄无异。而信奉其教之人亦生疑虑。我皇考于平定廓尔喀，宁辑藏地后，曾制喇嘛说，详叙黄教源委与我朝所以振兴之故，并究悉其煽乱之由，将彼教坏法之人置之重辟。因思息纷定众之道，必须过其弊端，特命制金奔巴瓶，送往藏中供奉。如有大喇嘛出呼必勒罕之事，仍随其俗，今拉穆吹忠四人降神诵经，将各行指出呼必勒罕之名，书笺贮于所供金瓶，对众念经，今达赖喇嘛或班禅额尔德尼同驻藏大臣公司笺挚一人定为呼必勒罕。又各蒙古之大呼必勒罕亦令如所定之列，将此报呼必勒罕贮于雍和宫所供金瓶内，理藩院堂官会同掌印札萨克大喇嘛等公挚。我皇考圣谟广运，虽遐方殊俗，亦必筹其经久安全，正合王制，所谓修其教不易其俗，齐其政不易其宜，治法昭垂、允宜遵守毋忽者也。

第三块石碑碑文：

宗喀巴派二徒传，一曰达赖一曰班禅，达赖示寂已数载，今春显应西藏边。生甫四龄性敏悟，昔年衣钵识无误，乃知真者幻难欺，不住色相心常在。黄教之兴西番交僧帕克巴（八思巴）始盛于元，至宗喀巴为黄教之祖。有二大弟子，曰达赖喇嘛，曰班禅喇嘛。达赖喇嘛位居首，其名根敦珠巴；次即班禅喇嘛，其名曰凯珠布格埒克尼勒藏，与达赖喇嘛递相为师，以化身世掌黄教。自根敦珠巴五转世而至阿旺罗卜藏嘉木磋（即阿旺·洛桑嘉措），我朝太宗文皇帝崇德七年

（1642 年），达赖喇嘛差人恭诣盛京，虽递丹书，克及万物。以后，承受列圣恩施，又一再传其八辈达赖喇嘛，于嘉庆九年（1804 年）示寂已阅数载，其呼必勒罕未出世，曾令济咙呼土克图及堪布喇嘛等于佛前诵经，虔诚祈祷，以期早徵灵应。本年正月，据驻藏大臣玉宁等奏称：藏内各处具报幼九人，经济咙呼土克图驳去六人，只余三人，内惟西藏甸麻地方居住之春科土司丹怎吹忠之子，于乙丑（1805 年）十二月朗日降生，迄今年甫四龄，聪慧异常，早能持诵经咒，自知前身系五〔八〕辈达赖喇嘛，试以前辈喇嘛所用铃杵等物，均能辨识，大众无不倾心信奉，而后藏班禅额尔德尼闻知即亲至前藏，睹诸殊异，同深欢喜，并经玉宁等详加察验，信而有徵。盖化身虽幻，而真性长存，似此灵异显然，不特化外波旬无由伪托，去来因果了了不迷，益徵此心常住，有超乎色相之外者。

此碑见于著录：

在天恩晖照遐方，示现佛子大吉祥，不疑何卜遂降敕，季秋诹吉命坐床。特简藩王颁厚赐，卫藏亿兆欢动地。敬承我考绥远猷，爰作长言纪其事。我皇考颁发金奔巴瓶之圣意，原以维持正教，遏抑邪趋，在天之灵此以照临面呵护之者，非有思拟议之此能悉。今丹怎吹忠之子，聪明颖异，其徵应如此，大众之欢欣敬信，又如此设当。我皇考时遇有此奏，必立时加恩，无须于金瓶笺挚，盖不疑何卜，前志可稽，因即降旨，令其作为达赖喇嘛呼必勒罕，著班禅额尔德尼等恭诣高宗纯皇帝圣容前虔诵经奏闻，用昭思贶，并特赐达赖喇嘛呼必勒罕哈达一个、无量寿佛一尊、铃杵一分、玺记念碧班念珠一挂，令成都将军特清额赍赴西藏颁发。旋据玉宁等奏报，达赖喇嘛呼必勒罕于九月二十二日坐床，因特派御前行走喀喇沁亲王品级、都楞郡王多罗额驸满珠巴咱尔同御前侍卫付都统今授工部侍郎庆惠、乾清门侍卫付都统隆福、噶勒丹锡勒图呼图克图赴藏看视坐床颁赐敕书，赏件并银一万两，以示优眷。敬思我皇考绥远鸿猷，为万世法。前此金奔巴瓶之赐，实虚彼教中有假托者，借以去伪存真。兹既真者现前，则一切杜弊之法原不可设，即此权衡措置，心心相印，默鉴同符，实理之必然者。然事期可久，法不厌详。此后，设遇呼必勒罕出世，未必能如此之灵验无疑，仍当恪守前规，书名笺掣，方可以绝诈妄而泯觊觎。爰详纪此事始末，以见吉祥示现，为世间仅有之奇，故不拘常行之例，是法非法，孰一孰二，即以长言为说偈可耳。嘉庆十三年立。

15、刘公亭碑

刘公亭碑高 61 厘米，宽 140 厘米。此碑为汉藏两种文字。碑文中叙述的是刘朴忱事迹，汉文碑位于右边，共有 26 直行，行 12 个字，共有 308 字，字体为形楷书，字体颇有力度；藏文位于左边，横书，共有 11 列。

刘公亭碑

刘公亭记　　　蒋致余撰

亭以刘公名者，纪念刘公朴忱也。公自中华民国十七年为蒙藏委员会委员，宵肝忧勤，效忠边务，对于藏事致力尤多。二十二年护国宏化普慈圆觉大师达赖喇嘛圆寂，政府特派专使致祭，公以总参议名义同黄专使慕松于二十三年入藏。迨致祭事毕。政府复电令公留藏待命，并令余为之助焉。讵甫逾一月，公□□积劳，旋殁于拉萨政府。笃念□□态勤明令褒卹，且命余葬公于拉萨之东原 建塔纪事，以资后人景仰。余以吾藏民众终发勤于□事西藏□□佛地，然欲求一幽雅名胜处以供吾人之娱乐，快吾人之边□者，甚不易得。因忆公□对余言及藏民，辄深轸念，慨然自诊以藏事归结此身，俾藏民毕坐衽席，其爱国仁民之心可谓至矣。爰本斯意呈准政府建此亭，以为藏民中人士余暇嬉游之所，籍垂公之实惠于不朽，后之人其有感于斯文而加意保护之也矣。

六：古代墓葬

1、吐蕃墓地—同盖墓地

我曾多次去考察过同盖墓地，该墓地共有大小墓 128 座，它位于墨竹工卡县唐加乡同盖村的奥巴日（山）。它是吐蕃时期的墓葬群，据实地考察在墓地中有道路，宽约 8 米左右。隐隐约约看见有古建筑的遗址，遗址究竟是什么时候的，具体待考。此墓地是 1989 年西藏自治区文物管理委员会在全区进行文物普查是发现的。并做了试探性的挖掘了一、两座墓葬。墓地是坐东朝西偏北之地，墓排列有序、同时主次非常分明，墓有大有小，大小不一墓群。整个墓群的外围有墙基。

同盖墓地的墓葬是按其封土外形可以分为大梯形、中梯形、圆形等三种。（1）大梯形封土墓葬，它的封土是用黏性比较的泥土夯制而成的，夯土的厚度 0.10—1.60 米，夯土层中间铺着一层排列整齐的石板。墓葬的位置处于山底稍上的地方，墓的前端宽为 26—47 米、后端宽为 18—33 米，东西长 16—31 米，高度为 11—17 米。（2）中梯形封土墓是用土和沙子夯打而成的。夯土层的厚度为 0.16—0.20 米。墓的前端宽为 16—20 米、后端宽为 12—18 米，东西长为 14—18 米，高为 4—11 米。

（3）圆形的墓葬封土比较少，它的封土比较略平，此墓没有夯土的遗迹，它们都是位于大墓周围或者是低洼处，直径大多数为 11—24 米。

同盖墓地究竟是吐蕃什么家族的墓地和墓地上的建筑有待进一步进行考证。

2、江多墓地

江多墓地它位于林周县旁多乡觉木绒的谷地之中，它距离热振寺有九千米。海拔 4100 米。江多墓地是在 2001 年中国地质科学院地质力学研究所发现的。墓葬群的南北长为 1000 米；东西宽为 400 米的范围之中，在此范围内坟墓大小有八座。墓葬的封土有覆斗状，墓顶面是正方形，边长为 10—30 米，封土的高为 7—15 米。其中最大的墓葬底的面积为 2500 平方米，墓的顶边缘高，中间塌陷，据推断可能在墓顶上建有供奉墓主人的小庙。

据考古专家考证，此墓葬群是处于吐蕃政权统治下的比里公部落的领地，它远离当时统治中心逻娑（拉萨）。江多墓地对研究西藏的历史有较高的价值。

3、墨竹工卡墓葬群

墨竹工卡县境内大小墓葬较多，其中大型墓葬群封土有 148 座；小的墓葬群约 40—50 座。墓葬的形制为梯形、方形、圆形，大部分古墓建在依山傍水处，都是向阳的山坡上。大型的墓葬都尉夯土，夯土的厚度为 7—10 厘米；版筑的宽度为 60—103 厘米，在每级之间都垫有一排石板或者是圆木。面积最大的墓葬前端宽为 36—57 米；后端宽为 36—43 米，高度为 11—17 米。以伦布古墓群和聂热村古墓群为例（1）伦布古墓群它位于墨竹工卡县工卡镇伦布村朗卡多尔热以南的冲击扇山的山坡上，此墓葬群共有 51 座，墓都是坐南朝北偏西。在大墓位于最高处，小墓都位于大墓的周围或者是低洼处。

伦布古墓群最大的墓葬的封土层前面的边长为 42 米，后边长为 38 米，南北宽为 26 米，高为 17 米；夯土的厚度为 0.8—1.2 米，墓葬的顶是梯形。此墓地的圆形墓葬最大的直径为 26 米；高度为 7 米。伦布古墓群的封土破坏比较严重。在墓地中墓群北面的一座北偏西的墓葬，它的墓顶略平，它高出地面 0.28 米。南边石墙有一段是残缺，它的东西长为 7 米；南北宽为 4.8 米，平面是梯形。此墓葬为竖穴墓室，它的全长是 2.18 米、高为 1.08 米，墓的墙壁厚度是 0.51 米，整个墓室平面呈等腰梯形。墓壁整个是用长条石或者是方形石块砌成的。此墓葬从外观看为长筒形，但是它的墓内砌了一腰门，它把墓室分割成为两个墓室。墓室内的南北宽长为 1.53 米、东西长为 1.1 米。墓室的前室南北长 0.65 米、东西宽为 0.8 米。东壁向外出 0.13 米、宽为 0.18 米。墓室的门砌在南北 1.5 米的东西壁腰处，对齐竖立着两块长形的天然石块，向内收回，作为门框，门框的高度为 0.88 米、宽度为 0.57 米。门槛为方形，高为 0.52 米、宽为 0.48 米。石板封住，作为墓门。墓穴没有正式的墓道，为了方便进入，仅在墓的前室西壁处叠置了两块石板，石板长为 0.52 米，总高度为 0.17 米，用它作为台阶。

4、拉萨烈士墓

拉萨烈士公墓位于拉萨西郊，距布达拉宫 5 公里。烈士公墓原地名叫洛堆林卡。它初建时是由农垦驻军管理，后来移交给西藏自治区军区政治部。凡在战斗牺牲的烈士均埋葬于此地，当时叫西郊烈士陵园。于 1963 年交于地方管理，属于拉萨市民政局，从此改为西郊烈士公墓。

公墓的范围内，主要建筑是烈士纪念亭。纪念亭四面开阔，亭内有四根柱子，阶梯形基座。亭中内以行书写着"永垂不朽"四个大字，这四个字笔法娴熟，遒劲有力。这里的公墓多为土石封堆，基主中有藏、汉、门巴、珞巴、朝鲜等族皆有。公墓以烈士纪念亭为中心，墓区墓葬布局可划分为四个区。

第一区是烈士墓区，在烈士纪念亭的正南方和前方通道两侧。共安藏烈士 595 名，主要是 1958 年 12 月至 1964 年 4 月，是山南和拉萨平叛中牺牲的解放军烈士。另外还有遇难牺牲的登山运动员、地质勘探队员、筑路工人和西藏各行各业建设中牺牲的烈士。在以上烈士中有藏族军人洛桑单增烈士，他十八次抢救战士和人民的生命财产，最后为抢救落水的儿童牺牲，中央军委授予他为"爱民模范"的光荣称号。

第二区是领导干部墓区，位于烈士纪念亭的西北处，共安藏了为西藏人民事业而鞠躬尽瘁的藏汉干部 22 名。其中有前中共西藏工委副书记贾辅仁同志之墓，中共西藏委员会书记、西藏人民政府副主席洛桑次诚等同志之墓。

第三区为一般人员墓区，位于烈士纪念亭东边和东北面。

第四区是"文革"墓区，是在烈士纪念亭西北面，主要是"文革"派牲斗争时，"大昭寺事件"中武斗死亡人员。

5、曲贡村石棺墓

曲贡村石棺墓位于拉萨北郊曲贡村新石器时文化遗址 2 号擦方内。该墓室破坏比较严重，棺室是用卵石叠砌而成的，平面略显梯形，长 1.5 米，宽 1.05—1.4 米，高 0.5 米，棺内有人体残骨，有头盖骨、牙齿、肱骨、脊椎骨等，但棺内无任何陪墓物。该墓打破了 3 号灰坑和探方第四层，年代较遗址晚很多，据推测应该是吐蕃时期的墓葬。

6、拉萨北郊回民墓地

北郊回族墓地它位于拉萨市北郊夺底沟境内的夺底村以北，距拉萨市约 10 公里。当地老百姓称为"卡及林卡"，其意为回族林园。总面积大约 64000 平方米，它东西宽为 200 米，南北为 320 米。西面靠山，其它的三面是围墙环绕，大门向东，一进门是墓地礼拜堂和守墓人居住的房屋。墓地内有白杨树、野桃树、山楂树、柳树等等，每年的春季，草丛纵深，显得墓地肃穆庄严。

拉萨的回族的渊源大致可分为两支系，一支是来自内地，拥有大清真寺和北郊回族墓地；一支是来自克什米尔，拥有小清真寺和西郊回族墓地。但是初期的北郊墓地也有极个别的克什米尔回族入藏。

北郊的回族墓地的初建年代与大清真寺差不多，大清真寺始建于康熙五十五年（公元 1716 年），乾隆五十八年（公元 1793 年）平定了廓尔喀后，大清真寺进行了维修扩建。如今寺里保存了两张购买店铺的契约字据，一是乾隆四十八年四月马明远经手，一是道光二十八年马朝俊经手。据说北郊回族墓地原来有一块石碑是康熙年立的，现在此碑已不存。根据现在的墓碑来看，在清嘉庆四年时，此墓地就具有现在的规模了。该墓地在过去一直受西藏地方政府保护，墓地的树木均归属巧堪布管辖。

墓地之内现有墓葬无准确的数据，据守墓人讲大约有 1000 余座。因为墓地曾经数次人为的破坏，不少墓冢被夷为平地，大量墓碑被搬往他处，或身首分离。现存的墓碑共计 23 通，其中清代碑 16 个，民国碑 1 块，现代墓碑 6 块。清代碑和民国碑一般的式样为传统的内地风格，大多为半圆形碑首。碑首的装饰为圆形"寿"字与蝙蝠、卷草、云雷、梅花点、花瓶等刻纹。墓碑上面及两边多刻出的假匾和对联，匾及对联的内容大多为"万古佳成""吉地延梦""千里来龙钟福地，一湾秀水绕明堂"之类的吉祥词句。

清碑的碑文中标明墓主籍贯的有 5 座：四川人 2 名、陕西人 2 名、甘肃人 1 名。有墓主身份的碑有 6 座。1、军标右营派防守驻藏马成林；2、皇清诰绥武翼都尉马腾；3、赠桎衬公马耀；4、皇清待赠大人马文栋；5、皇清待赠孺人王淑贞；6、皇清诰赠老宜人黄氏等。现存墓碑保存状况较好，少数碑歪斜残缺，部分字迹不清。

墓冢大部分是南北向，少数为东西向。据观察，这些墓均为竖穴洞室墓，竖穴多 2 米长，宽 0.8 米，合葬墓竖穴则长 2 米，宽 1.5 米，儿童墓竖穴长 0.7 米，宽 0.4 米。穴内不填土，以木材棚盖穴口，然后封土。封土形式较特殊，均为长方形五脊四面坡形式。有的四周砌一层石块。墓地中有十四座墓为一组的，被围在一长方形的石砌框内，据说是清光绪年间有十几个回族人从内地来到拉萨，被噶厦政府疑为奸细，斩杀，后来搞清楚了，他们是十几个无辜的回族人，即将尸首送到此，合葬。

按照回族的丧葬习俗，死者下葬时被轿床抬至墓地，阿訇及亲友随轿床送葬，入藏后全体蹲下念诵古兰经，最后由死者的家人设便饭来款待众人。在每年的清明节各家均来墓地扫墓祭祀，习俗同内地。

此墓地之内有一座小清真寺，面积约 500 平方米，由礼拜堂、门廊、客房、浴室及庭院组成。建筑均为藏式土木结构，礼拜堂内有八柱，木板铺地，门向东，西墙正中一拱形落地龛，上书阿文，龛中及两侧墙上悬挂伊斯兰教圣地麦加的照片三帖，西北角设一椅座，为阿訇在礼拜时讲经之用。礼拜堂内简洁清净，典雅肃穆。礼拜堂外南北两厢为客房及浴室。

北郊回族墓地较多，但今存者仅有 23 通，其中只有 17 通保存相对较完好。先列举如下：

编号	年代	形制及保存现状	碑文内容
1	清代嘉庆四年	宽 55 厘米，高 90 厘米。半圆形碑首，中刻"千秋佳成"，边饰梅花点。碑身边饰蔓草荷花。	四川省保宁府浪中县人氏清故先严脱讳中武之墓，嘉庆四年二月二十八日孝男脱聪立
2	清代嘉庆十一年	宽 30 厘米，高 40 厘米，顶部稍残，身首一体，首弧形，无纹饰。	西安府长安县人氏口故亡人马讳成之墓孝男胜龙嘉庆十一年十二月初十日
3	清代嘉庆十二年	宽 40 厘米，高 64 厘米，半圆形碑首，中刻"道远"二字，边饰卷草纹。	祖籍陕西固园人氏四川成都县落业军标右营派防驻藏 清逝孝马公成林之茔 堂弟马仕贵 嘉庆十二年五月初七日告终

4	清代嘉庆十二年	仿吐蕃碑式，碑帽为四面坡翘角，顶部火焰珠已佚。碑帽长 77 厘米，宽 74 厘米，高 26 厘米，正面边棱刻二方连续线纹。碑身宽 47 厘米，高 114 厘米，厚 39 厘米，上半部刻阿拉伯文，边饰卷草纹。	祖籍陕西秦卅□易四川成都县落业，丁卯年□月初八日生，乙卯年三月十一日终清逝考马公云麟之茔孝男马良臣、良拣率孙……嘉庆十二年七月初九日立
5	清代嘉庆年间	宽 60 厘米，高 90 厘米，半圆形碑首，中刻"千秋"，边饰卷草纹，云雷纹。碑身边饰卷草纹。碑文漫漶。	……清逝考……嘉庆……
6	清代嘉庆年间	宽 36 厘米，残高 40 厘米，下半部残损，无碑首，上部刻"永垂万古"四个大字，碑文残缺不全。	……清故县……嘉庆……
7	清代道光六年	宽 55 厘米，高 85 厘米，半圆形碑首，中刻福寿图及"佳成"两大字，碑身两侧饰花瓶蝠纹。碑保存完好	原命乾隆戊辰年吉月吉日吉时生大限道光丙戌年六月初九日未时终皇清待赠显妣扇母王氏淑贞孺人之墓孝男桂、楹、植、桢媳脱氏、马氏、杨氏、孙天保敬，道光六年八月二十日吉旦立
8	清代咸丰七年	宽 72 厘米，高 110 厘米，半圆形碑首，中刻福寿图，碑首身之间刻扇形额，书"万古佳城"四字。碑身联："风清瑞照牛眠地，山岚详徽马鬃村"	原命乾隆癸丑年正月初九日生咸丰六年丙辰三月二十一日终皇清诰赠显妣马母黄氏老宜。人之墓孝男马腾咸丰七年三月二十四日立
9	清代同治四年	宽 58 厘米，高 90 厘米，半圆形碑首，中刻阿拉伯文，边饰云雷纹。碑首之间刻扇形额，书"百世其昌"四字。碑身两侧刻	原命于嘉庆十年五月十七日生，大限于同治四年三月十七日终，皇清待赠显考马讳公文栋大人之墓孝男马长青、长吉奉

		对联："千里来龙钟福地，一湾秀水绕明堂"。保存完好	同治四年六月初二日吉立
10	清代同治八年	宽70厘米，高100厘米，半圆形碑首。碑首身之间刻扇状额，书"吉地延梦"四字，碑身两侧刻对联："勋犹卓著光前生，忠孝流传裕后世"。碑文有个别字已模糊不可辨认。	原命嘉庆戊寅年九月二十日生，大限同治戊年三月十七日终，皇清辰诰缓武翼都尉 显老马公腾□□孝男□□ 同治八年八月立
11	清代光绪十一年	宽57厘米，高98厘米，半圆形碑首，中刻福寿图，碑身首之间刻匾状额，书"丹露被野"四字，碑身两侧刻对联："千里来龙归此地。万年富贵在其中"。	嘉庆乙亥年正月十五日寿生清显考黎公讳元大人之墓 孝男黎正平千秋奉祀光绪十一年八月十六日寿终
12	清代光绪十三年	宽64厘米，高110厘米，半圆形碑首，中刻福寿图，额及对联均为阿拉伯文。保存完好。	殁于光绪十二年正月三十日。皇清显考丁公讳正元老大人之坟墓 孤子丁鸣歧门婿马文元叩光绪十三年正月吉日立
13	清代光绪十八年	宽48厘米，高80厘米，半圆碑首，中刻福寿图，额及对联均为阿拉伯文。碑文部分字迹不清。	…… 清故显考马公讳富大人之墓…… 大年（？）光绪十八年……
14	清代	宽51厘米，残高50厘米，上半部残两边对联："…… 流芳远、…… 后世泽长"	……年十一月十五日生……十一年五月初五日终，赠先考马公讳耀程府公大人之墓。弟忠文、忠恕、登违、登富，男玉………
15	清代	宽36厘米，残高30厘米，上半部残，字迹不清	…… ……清……
16	清代	宽55厘米，残高50厘米，上半部残，边饰卷草	……四川重庆府…… 四年正月二十九……

		纹	……考王公讳思…… 四年三月初九……
17	民国 30 年	宽 57 厘米，高 110 厘米，半圆形碑首，中刻阿拉伯文，边饰云雷纹。	……民国三十年古三月二十一日终 青海省政府特派西藏贸易经济 马俊之墓 香公主席电喻设立中华民国三十年古三月二十五日

7、克什米尔穆斯林林卡、礼拜堂、墓地

克什米尔穆斯林林卡、礼拜堂与墓地位于拉萨西郊，在罗布林卡以西的 1.5 公里左右之处，有一片克什米尔的穆斯林林卡，林卡南邻是自治区艺术学校，它的北、东、西过去是沼泽和草场，现均被建筑覆盖。克什米尔礼堂和墓地，位于这个林卡中央之地。

（一）林卡

林卡在五世达赖时期，有一个从克什米尔来的一个伊斯兰教圣人彼尔•亚郭布住在拉萨，因为当时在拉萨没有清真寺，他就经常去"根碴乌孜"山前去作礼拜，这情景被五世达赖发现过多次。彼尔•亚郭布对伊斯兰教的笃信的忠诚，使五世达赖非常赏识他，就将这片林卡之地赠予他，并立下文据，写明林卡的四周至地，而且豁免林卡的一切差税。林卡范围比较大，据说以五支箭的射程为限。

后来，彼尔•亚郭布率领住在拉萨做买卖的克什米尔、尼泊尔、拉达克等地的穆斯林在此栽树，修建了礼拜堂、房舍等，经过了几代人的努力，使林卡和这组建筑初具了规模。如今的林卡被植被覆盖，绿树成荫，环境十分幽静。

五世达赖喇嘛阿旺嘉措对彼尔•亚廓布的优厚待遇，同时，吸引

了越来越多的克什米尔、拉达克、尼泊尔、锡克、英国等地的穆斯林信徒来拉萨做买卖和定居，五世达赖经常于藏历每月八、十五日，邀请所有穆斯林到布达拉宫作客，并两次赐给他们很多食品，渐渐成为定制。西藏开始铸钱以后，邀请他们作客时，达赖还给每个成人赐三个章卡（藏银元），小孩一个章卡。五世达赖还专指定"格林姑息"为其经的地点，这些措施对加强西藏和外地的商品贸易、经济交流，起了一定的积极作用。

（二）礼拜堂

位于林卡的中间，有一座藏式平顶的建筑，它由住宿、伙房、仓库、小教室、浴室和礼拜堂等组成的建筑群。此地常住者一户回族，负责看护墓地、林卡、住宿、伙房、仓库系他们的私有财产。小教室是住在河坝林居住部分回族小孩子学习阿拉伯文的场所。浴室是这里住的家人和到这里来作礼拜的回族们大净、小净的场所。礼拜堂在这家住户的房子西边，坐北朝南，三进五间，东西长 12 米、南北宽 6.7 米。堂内挂、铺、陈设与大、小清真寺基本相同。在 20 世纪 20 年代前，拉萨的小清真寺还未建，除内地回族到大清真寺做礼拜外，其余穆斯林教徒做礼拜全部来此地进行礼拜。后来小清真寺建起来以后，死去的回族还要送到这里来安葬。

现在的这个礼拜堂是建于 1948 年，是十三世达赖命藏官与阿訇共同组织回族们建筑的。其它的建筑年代也不久远，有可能是后来维修扩建的。

这组建筑的两边，有一个被墙围起来的小园子，园子内两侧还有一座东向的礼拜堂，面积为 6 柱，现已废置不用。据了解，这是 20 世纪 70 年代在原堂的旧遗址上修建的。原来的礼拜堂始建的年代不详，据现场察看，面积比现在要大许多，大约 25 间左右。

（三）墓地

墓地位于建筑群的南边约 20 米的地方，占林卡的一小部分，但是，形成的年代与林卡几乎是同时代。在墓地的四周围墙，有门出入。墓地的围墙之内也有树木，但是墓地内的树林不如围墙外的树木茂盛，墓地是长方形，南北长为 87 米，东西宽为 76 米，总面积为 6600 平方米。墓地内的墓葬数量已没有办法统计，因为每当墓增加四、五十个以后，就要集中迁入一个大墓葬之内，其余的墓穴又夷为平地。

如今的墓冢大多数是南北向，只有很少的有偏差。墓的形制为竖穴式。入棺后，墓穴口部棚以木棍，上面盖上草，而后加上土坯或草皮形成的墓冢。如今的墓穴用的是较方正的石块或水泥筑冢，冢均很低，它高出地面 0.2—0.7 米，一般墓冢长为 2—2.4 米，宽 0.9—1.1 米。比较早的墓穴的南头或者是北头，置放一长方形的石块，石块的大小不一，大的石块为 0.82×0.4×0.15 米，小的石块 0.39×0.28×0.16 米。石块上面凿刻有长方形、或者是圆角条形状、或是菱形的、或者是"十"字形、或为三圆相切的浅槽，槽的长宽深浅不相同。按回族的风俗，槽内是由死者亲属放一些糌粑之类的供鸟食饮的，否则，鸟在墓冢地饥叫，使死者在地下面难以安宁。在长方形的石块两侧，刻有巴基斯坦文字，其内容是死者的姓名，死者下墓的时间。比如死者"哈丽玛，女，死于穆历 1179 年，（公元 1758 年）；"格日牧拉，男，死于穆历 1349 年（公元 1928）。"

据实地考察，此墓地的西北角是第一个来拉萨的伊斯兰圣人比尔·亚廓布墓，这是专门为他修的一座大墓，墓的四周有护墙，墓前有一较大的石碑，详细的记录了比尔·亚廓布生平事迹，但是后来围墙被毁，石碑也不知去向。

此墓地里所埋葬的大多数是克什米尔的回族，还有拉达兑、尼泊尔、锡克、英国等地的回族。

8、拉萨北郊汉族墓地

汉族墓地位于拉萨北郊（城关区先锋公社种籽厂，现纳金路）附近的山脚下。墓地的东面、北面依山，西面、南面是开阔的拉萨河谷复地，此地可谓是墓地的风水宝地。

西藏自从元代正式纳入中国的版图以后，西藏与内地的政治经济联系越来越紧密，这之前来西藏的其它民族，特别是汉族的官员，商人和在此定居的人数明显增加。在清代，入藏的汉族官兵和商人平均数量比元、明代有很大的增长，这一时期汉民身份不一，但是绝大多数和藏族兄弟和睦相处。其中一些人参加过西藏重大的反侵略斗争，立有一定的功勋。北郊汉墓地的大量木匾、碑刻对研究当时的政治、文化、经济有一定的历史价值。

北郊汉族墓地保存状况来看，墓地可分为三个区域：第一墓区其范围较大，位于整个墓地的西边，保存了约 1400 多座坟（解放后的墓除外）；其余两片的墓区，它位于第一墓区东边约 150 米的山麓之下，中间以沟壑为界。在第一墓区与第二、第三墓区之间，又有现代水渠相隔，第二墓区它位于第三墓区的西面，现存墓堆有 35 座。第三墓区墓堆有 40 座。北郊汉族墓地的原来墓数量远不止此数，很多墓早已在造田、修渠、建房时夷为平地了。整个墓地的范围东西长约1000 米，南北长约 600 米，面积共有 600 多万平方米。

墓地的第一墓区的东面中部建有一座守陵小屋，小屋的前部围墙已被拆除，现仅存有两间藏式平顶小屋。小屋坐北朝南，右边一间房内的后壁上镶嵌着一块匾"大清竺义冢碑记"一通。据说原来在此房内共有关羽泥塑像、还供有一妇女怀抱婴儿的泥塑像；左边的套房间内，四壁绘满了壁画，由于烟熏过重，可见的墙壁上，绘有"宝瓶""寿星""老虎"等图。

小屋的房前的右面有一棵常青的柏树，再往前一些，原来是一片林卡，林卡今已被毁坏，如今只能依稀看到此处的十几棵古老粗壮的柳树、杨树。

汉族墓地墓碑比较多，现共保有 28 块，但是大多都是残缺不全了，只有墓区的碑记保存的比较完整。墓碑是由碑首、碑身、碑座三部分组成的，墓碑通高 2 米，宽 88 厘米，碑首为二龙盘绕，中间竖行写着不规整的"大清西竺义冢碑记"，墓碑正文是正楷字体，前半部分字体较大，后半部分字体较小。

根据碑记的记载，墓地"起自乾隆六十年"（公元 1795 年），由当时的驻藏大臣松筠、和宁以及驻藏的文武官员们捐赠购买了这片荒地，"以备兵民病故者为寄葬之区"。墓地原来曾立有一碑，在清嘉庆八年（公元 1803 年），墓碑被附近群众打碎，到了嘉庆九年（1804年）又重新建立了墓碑，同时又雇人建造了看守的房子；十年后，满人甘棠在房屋前种了一棵柏树。此后墓碑又被人打坏了，同年（嘉庆十九年），驻藏大臣官员再次划定墓地的界址，周围种上椿树，"重立碑记，镌刻衔名，建盖碑亭一所"，此碑就是保留至今的"大清西竺冢碑记"和碑房。

汉地墓地的 27 块墓碑，属小型，且残缺不全。是清同治、光绪，民国初期所立。其中有一块同治元年三月立的墓碑比较完整，只是碑座不存在了。碑首与碑身用一块整石凿成，碑首雕刻"五福拱寿"图案，图案下部阴刻"如得金"三个字。碑身中间竖行刻着"清故顾门四郎竹玛之墙墓"，右边是"同治元年三月吉日立"。在碑身的两边有副挽联"时与鹤同登，常邀月作伴"。

汉墓地除了保存大量的墓碑外，还有一块木匾，文字是漆书，记载的是民国初期驻藏官兵为汉族墓地的维修、扩建所捐献财物的具体数量。

大清西竺义冢墓碑记木匾

碑记全文：

"窃思天覆地载，日月照临，造化万物，无不普被。古圣人掩骼埋肉？，实仁爱之盛心也。兹西藏以东山脚，旧有军民冢地一座，起自乾隆六十年，沐前任钦差大人松和暨门？藏文武官员军民人等，捐贝？采购中陇荒地一所，用围共计四百五十四丈，界址分明。原备以兵民病故者为寄葬之区，尚曾竖碑为志，以期垂著不朽，迨至九年复行刊立，雇觅民人建房看守；甫经十载，满□甘棠建树，勿剪勿伐；而膏泽下于氓，禅之异，黎感其厚德，于结草衔环也。熟意夷人复谋侵占，因而涉讼，蒙驻藏各宪明察秋毫，公平剖断，以成信谦惟是。深思及九泉者，弗致尸骸暴露四周，俱载界址柱石，八面插立灰椿，重立碑记，镌刻衔名，建盖碑亭一所，造修石桥二道，不致倾圮之处，免其侵占之患，永远流传百世矣，是为序。

今将捐此衔名胪列于后：

钦差驻藏大臣、礼部左侍郎、正白旗蒙古副都统瑚施银一封；

钦差驻藏大臣、都统衔、勋旧佐领详施银一封；

钦差管理西藏夷情事务、理藩院主政施银二十两；

管理西藏军粮府、兼管钱法事物、成都理事府正常、加四级记录五次贡施银二十两；

驻藏理藩院笔政和施银四两；

统领台藏官兵，四川松蕃中营游府、带功加□等军功纪录十一次，寻常纪录五次加一级萧施银三两；

管理驻藏官兵、四川提标前营副府杨施银二两；

学艺笔政隆施银二两；

学艺笔政诺施银二两；

学艺笔政穆施银二两；

川北中营部厅马施银五钱；

提中副司所马施钱十元；　巨昌号施银二两五钱；

督左副司所周施银一两；　永丰合计施银二两四钱；

川北左营司所陈施银一两；　王福荣施银一两二钱；

夔右副司所王施银五钱；　泰来号施银二两四钱；

茂州营司所王施银五钱；　赵升施银一两；

军右同所杜施钱十元；　刘子俸施银一两五钱；

署督左副司所王施银三钱； 李芮英施钱十二元；

夔左副司所马施银三钱； 李仕魁施钱十二元；

重中副司所陈施钱二钱； 李龙施银一两；

客民意盛同号施银四两八钱；阎秀施银一两五钱；

林盛合号施银四两五钱； 张玉贵施钱十二元；

黎景禹施银四两； 王文元施钱十二元；

通顺合号施银四两二钱； 张元登施银八钱；

三益发号施银四两； 王德全施钱五元；

西昌魁号施银四两； 候明施钱五元；

昌泰号施银四两二钱； 陈福施钱五元；

茂盛同号施银三两五钱； 张文学施银五钱；

福盛号施银三两五钱； 段玉泰施钱五元；

义央承记施银三两； 潭洪基施钱五元；

松梢号施银三两五钱； 刘世玉施钱四元一钱；

嘉庆十九年闰二月 日敬泐

按：（1）、碑文中所涉及的人名，大多只刻有姓或名中一字，如"钦差驻藏大臣、礼部左侍郎、正白旗蒙古副都统瑚施银一封"，瑚即是指瑚图礼，他在嘉庆十六年（公元 1811 年）至嘉庆十九年（公元 1814 年）就任驻藏大臣，二月召回内地。同时，姓或人名后面仅空一字，这样做可能与碑文内容太多，碑面刻写不下有关，这从碑文的字体前大后小可看出。

（2）、在清代，"银一封"即银一百两。

汉墓地尚保存有 4 块木匾，匾文亦不乏一些有用的资料，兹一并录之。

匾 1，已劈为两块，个别字已脱落不存。匾长 97 厘米。残宽 47 厘米，正文是：

"夫天下之事，盛而后衰，衰而后盛，坟地肇自前清乾隆，至今时或毁□□□复之，天非□感而已矣。王子民汉初兴，汉□矣□□□

数月，国民□为之一毁矣。留藏人民虽经□去名□建小屋聊□防风避雨，停息炊爨之所，概□□焉□事诸□有鉴□化，工资维持，组织始有其所，□□当日人开□□小□资，各会及诸右子衔名，登榜永垂。为后复扩而充之。

四川戴学礼题　　　　衔名捐款

义济大会三百两；	戴寿林上粗椽子两根；
忠孝大会一百五十两；	张同武二十两；
新盛大会一百五十两；	福裕兴十两；
孝义大会一百二十五两；	聂王成十两；
祖孙大会一百一十两；	马有贵十两；
土地大会八十两；	王仁和七两五钱；
谭云山一百两；	练福海八两；
擦戎噶隆二十五两；	张治泰六两；
阿批噶隆五两；	阎国铭七两五钱；
仔车龙厦三十两；	桑他布纳、四朗射皆十两；
仲巴甲萨二十两；	李九九十两；
仔车程文渊五十两；	杨子豫五两；
清真寺五十两；	牛星田五两；
农务长打让笃巴十两；	周献奇五两；
农务上洛三洛布七两五钱；	德庆号五两；
（云南）保正桑卓延十两；	毛方藻五两；
（云南）保正和明齐五两；	张嫂布母阿奶十两；
（四川）保正胡易安五两；	张应龙五两；
（京）德茂永五十两；	李华延十两；
解文会五十两；	王占魁六两、全祠彩画；
（商）兴盛合五十两；	徐嘉霜五两；
世顺合五十两；	邹占云五两；
洪记茶庄三十两；	张国才五两；
长兴昌三十两；	王三女六两；

恒盛公三十两；　　黄大嫂五两；

庆丰和三十两；　　刘云峰五两；

宗本旺主仓三十五两；　　周盛堂五两；

蔡仲廉二十两；　　曹玉春五两；

德丰和十两；　　裕顺祥五两；

岳义安十两；　　杨向卿五两；

德盖王祖本十五两；　　（京商）义生昌五两；

古旭札巴纳二十两；　　降京取美边马五两；

古旭取米纳十两；　　寥顺娃五两；

田青山十二两；　　李占标四两五钱；

巫静臣十五两；　　王天寿四两五钱；

李成基十两；　　向马清方桌□张；

（闵巳康、取吉纳）土丹顿宇十两；米永祥四两五钱；

鹿马领朱登榜十五两；　　戴永和三两；

傅召南三两；　　尚光信五钱；

夏泽富遣番兵□名做工；　　郭基胜五钱；

李瑞林一两；　　汪湛思□钱五分；

阮占春一两；　　李登云五钱；

王光祖一两；　　刘嫂阿当五钱；

马名扬一两；　　黄有才五钱；

杨翰章一两；　　龙嫂五钱；

杨翰卿一两；　　刘万胜五钱；

曹联五一两；　　马嫂仓贞五钱；

纳噶仓一两；　　陈开基五钱；

登多幼一两；　　徐嫂五钱；

王有□一两；　　邱青云五钱；

阎五□一两；　　赵登第五两；

柴春茂一两；　　王四娃五钱；

李先春一两；　　钟得富五钱；

何风吉一两；　　施雨霜五钱；

练嫂央纪一两；　　牟嘉祥五钱；

瞿永忠一两；　　张禄富五钱；

张凯勋一两；　　李万富五钱；

马有德一两；　　张天安五钱；

谭江古旭一两；　　麻青臣五钱；

马嫂纪巴一两；　　朱长林五钱；

阿布旺兽一两五钱；　　宋宝保五钱；

周福一两；　　马如轩五钱；

岂嘉一两；　　吹哥排长名鸠五钱；

罗得胜七钱五分；　　傅青山五钱；

岗祖七钱五分；　　杨元林五钱；

沈寿山六钱；　　牟嫂四钱；

瞿嘉珍六钱；　　李永寿三钱五分；

何永超六钱，门扣二双；　　王定国三钱；

包济荣七钱；　　赵冬寿三钱；

赵文林五钱；　　米永康三钱；

刘天寿五钱；　　陈玉龙三钱；

钟昌林五钱；　　薛少康三钱；

徐嘉富五钱；　　段嘉珍三钱；

王福德五钱；　　杨铭三钱；

戴金山五钱；　　汤娘三钱；

蒋正允五钱；　　陈元三钱；

唐得明三钱；　　曹寿昌四十两；

三朗□木二钱；　　穆嘉珍二两；

戴□福一钱五分；　　嬢上噶五分；

周世昌五钱；

以上总共银贰仟五百零拾两五钱

中夏民国二十年　月立

匾 2，该匾 2 保存完整，长 97 厘米，宽 60 厘米，竖行右起，内容为：

谨将重修土地庙所需木料、土石、人工转运脚价以及各项用款开列如左：

栋梁叁拾壹根，共价银壹佰壹拾肆两四钱；

大小椽子共四百二十九根，共价银壹佰陆拾玖两七钱二分五厘；

转运木料脚价，共银壹拾壹两五钱；

筑造土砖三千四百四十三块，共工银伍拾壹两四钱；

开取石头七千一百四十块，共工银壹佰肆拾贰两八钱，转运石头脚价，共银壹佰捌拾壹两伍钱；

筑造土砖三千四百四十三块，共工银伍拾壹两四钱；

开取石头七千一百四十块，共工银壹佰肆拾贰两八钱；

转运石头脚价，共银壹佰捌拾壹两伍钱；

石块六百零壹块，共价银叁拾肆两伍钱伍分；

大小木板二十二块，共价银肆拾叁两六钱七分五厘；

做椽棍洋货箱子共一百六十六个，共银壹佰壹拾陆两贰钱；

小工所用锄铲背兜各顶器用货钱及超工完工各赏号并监工沈寿山用费共银贰佰伍拾贰两三钱五分；

木匠大工头一名二十三天工，共银伍拾柒两伍钱；

木匠小工头一名二十三天及茶水钱，共银叁拾肆两八钱；

小木工二名共二十四天工，共银叁拾贰两五钱五分；

石匠大工头一名三十二天工，共银捌拾两正；

石匠小工头一名二十八天及茶水钱，共银肆拾壹两一钱；

小石工五名共五十九天及茶水钱，共银玖拾两正；

泥匠一名十五天及茶水钱，共银贰拾两零二钱五分；

小工三十名共七百八十六天及茶水钱；共肆佰柒拾贰两五钱；

请喇嘛开光经资银二十元；

买桐油贰两肆钱；

守坟布阿乃转运各项应用脚价共银伍两。

以上总共用去钱贰千壹佰伍拾伍两肆钱五分。

监工首事人：岳国清、沈长清、胡文志、李华亭、和湘、柴春茂、赵文林、羽？永忠、王国辅、周有庆等

同心协力，得赖神庥

中华民国岁次壬申年季春吉立

匾 3，亦保存完好，长 100 厘米，宽 47 厘米，匾文是：

计　开

塑土地神像去藏钱贰拾陆元壹钱；

庄神藏钱玖元；

买各样果木去藏钱贰元；

买大小木料去藏钱贰百贰拾捌元；

付石匠工钱贰拾玖元；

付木匠工钱拾捌元；

小工工资去钱壹佰壹拾陆元；

付泥水匠工钱拾陆元半；

付硕第巴送礼去钱贰拾元；

买花、白、红布共去钱拾玖元半；

付铁环钉子共去钱捌元半；

付做匾板子去钱拾贰元卡扛；

付开光念经共去钱柒拾叁元五分；

付哈达去钱肆元；

付香蜡纸火共去钱贰拾元；

付买条桌一张去钱陆元；

付牌头跑路茶钱五元；

付各项零用去钱拾伍元；

以上总共用去钱陆百贰拾元零壹钱，除使用外，下存钱拾陆元卡扛。

领袖：牛照斗 沈长青 岳国清

庆丰和 何国太 詹金泉

舒耀城 杨承恩

岁次甲寅年三月 吉日 立

匾 4，完成，是新修汉墓地土地庙和看坟住居房屋捐资人的花名册，长 100 厘米、宽 47 厘米。匾文如下：

计　开

新修新坟恒土地庙一座，看坟住居房屋三间，募花功果衔姓花名开列于左：

永聚兴号捐藏银壹佰元；	张天泉捐钱捌元；
周治平捐川圆贰拾元；	同盖和捐钱拾元；
杨上升捐藏钱拾元；	李继昌捐钱贰拾元；
庆丰和捐藏钱伍拾元；	练永祺捐伍拾元；
各莽噶？牵捐钱贰元；	张练级捐钱贰拾元；
张治太捐钱贰拾元；	邢长去捐钱贰拾元；
达木协领捐钱伍元；	易风木捐钱贰元；
毛方藻捐钱叁元；	李长林捐钱贰元；
韩承元捐钱伍元；	汤有益捐钱壹元；
田子清捐钱肆元；	杨松廷捐钱壹元；
王得龙捐钱伍元；	施恩荣捐钱贰元；
马得龙捐钱拾元；	段文彬捐钱叁元；
任昆南捐钱陆元；	徐英忠捐钱壹元；
胡世均捐钱拾元；	孙仲清捐钱贰元；
朱老师捐钱壹元；	徐华先捐半元；
熊光明捐陆元陆钱；	黄玉栋捐钱两元；
和明章捐钱叁元；	赵玉福捐钱壹元；
王永禄捐钱贰元；	马明央捐钱叁元；
瞿得贵捐钱伍元；	乡云亭捐钱叁元；

王学伊捐钱拾元；　　　　何集武捐钱壹元；

王天禄捐钱拾元；　　　　许耀才捐钱两元；

曹智林捐钱拾元；　　　　师青云捐钱叁元；

周有庆捐钱陆元；　　　　严玉明捐钱叁元；

张玉祥捐钱叁元；　　　　刘完胜捐钱壹元；

李先春捐钱壹元；　　　　卢得胜捐钱贰元；

王文兴捐钱贰元；　　　　赵登第捐钱壹元；

傅文斗捐钱叁元；　　　　严林去捐钱贰元；

益吗目捐钱陆元壹分；　　汪文彬捐钱壹元；

马得荣捐钱贰元；　　　　田曲崇捐钱壹元；

马俊声捐钱陆元；　　　　郑有禄捐钱半元；

马恩禄捐钱伍元；　　　　张世云捐钱壹元；

马有才捐钱贰元；　　　　马连升捐钱贰元；

尚阿洪捐钱贰元；　　　　丁长青捐钱贰元；

马寿山捐钱陆元；　　　　例彬捐钱陆元；

马永福捐钱贰元；　　　　舍尔巴捐钱陆元；

马俊良捐钱贰元；　　　　用古旭捐钱陆元；

徐占春上梁一根；　　　　耿间汪木捐拾元；

魏盈山捐钱贰元；　　　　竹马拉喜捐钱陆元半；

蓝少轩捐钱贰元；　　　　拉宗纳捐半元；

朱佐臣捐钱叁元；　　　　已巴纳捐钱陆元；

柴春茂捐钱壹元；　　　　王建勋捐钱壹元；

谭登云捐钱壹元；　　　　宋兆清捐钱伍元；

张文兴捐钱叁元；　　　　马有山捐钱叁元；

陈孝志捐钱肆元；　　　　马金？捐钱壹元；

李玉林捐钱壹元；　　　　马正明捐钱肆元；

张文焕捐钱壹元；　　　　胡荣贵捐钱伍元；

李占彪捐钱壹元；　　　　马维驹捐钱伍元；

向子卿捐钱壹元；　　　　张玉清捐钱伍元；

洪升富捐钱拾元；　　　赵永林捐钱陆元；

罗寿山捐钱贰元；　　　代呈祥捐钱陆元；

唐永寿捐钱贰元；　　　此忍映金捐钱陆元；

陈央贵捐钱壹元；　　　苍君纳捐钱贰元；

张甫臣捐钱肆元；　　　丹珍纳捐钱叁元；

丁石明捐钱拾元；　　　苍君纳捐钱陆元；

侯吉三捐钱陆元半；　　谭姑娘捐钱陆元；

永昌盛捐钱伍元；　　　茶映 捐钱陆元；

练永贵捐钱陆元；　　　陈岳母捐钱陆元；

龙耀荣捐钱陆元；　　　徐此拉木捐钱叁元；

霍维光捐钱陆元；　　　麻贵明捐钱伍元；

朱春祺捐钱陆元；　　　以上化来功果陆佰叁拾

马平之捐钱三元五分；　陆元卡加。

王玉清捐钱伍分；　　　王道安捐钱陆元。

岁次甲寅年三月 吉日 立

七：摩崖石刻

1、功垂百代摩崖石刻

"功垂百代"摩崖

"功垂百代"摩崖石刻，它位于红山（布达拉宫）东侧断崖上的第四台阶之处，距路面大约 10 米高之处，外边凿有边框，边框高 1.7 米，宽 0.9 米，上方为拱形，与摩崖石刻约略相同。上面刻着"功垂百代"四个字，横列，字体为楷书。正文有 17 竖行、落款署名 12 竖行，为小字楷书。此摩崖石刻记载着的是康熙五十九年（1720 年）正月初五，康熙帝决定安藏大兵再次入征剿侵入西藏准噶尔部的中路清军征战情况。摩崖石刻的铭人为李麟等人刻制。

铭文

功垂百代

窃惟远塞用兵，非神武不能独断，刻期愈□，非睿虑何□全身，我皇上用九有德，遍八荒万国咸宁，舟车一统，正朔所被，未有如此之广者。不意贼之阿喇甫坦妄逞螳臂，塞外跳梁，荼毒生灵，骚忧□族，始侵哈□□于西藏，我皇上□然震怒，遣将驻兵八里坤，以遏贼之出没。又念西藏为佛地，贼将车零敦多布践踏寺院，烧煌（毁）经典，有失黄教。命抚远大将军王亲统六师，驻节西宁，调粮练兵，将塔尔寺之忽必尔汉加以达赖喇嘛封号□□即册，俾其坐藏主持黄教，兴行教化。此我皇上天地为心，惟恐一隅之未静，致有一夫之不获者也。抚远大将军王，仰体圣意，布德宣威，特保议政大臣宗室延信进藏，蒙

皇上训示陛见，亲授方略，加平逆将军，抚远

大将军王于今夏出□师，次穆鲁乌素

远将挑兵，计筹粮饷，亲视渡河，

平逆将军总统满汉官兵前进。余□承

上谕，领都标甘凉，宁夏官兵护御达赖喇嘛过河之后，赖平逆将军□渡有方，连营十□，周围绕匝，分派大炮摆列喀路，昼则放马于外，夜则收马于内，法令森严，步伐整齐，守营肃密，雪夜不眠，轮番更替逛贼丧胆夺魄，远窜遁奔。达赖喇嘛、贝叶、幢、幡，安行入藏，男女合掌礼拜，喇嘛伏身恭迎□请，光天化日均乐太平之春，绝域遐荒永享宁静之福，手舞足蹈，鼓乐讴歌，于九月十五日达赖喇嘛安座。此皆我皇上乾刚独断，离照当空，睿虑殿陛之中，决胜万里之外，抚远大将军王知人善任，保举得贤之所致也。平逆将军之功昭照西域矣。余得追随骥尾欣附龙麟，爰纪其事，勒诸琐珉，以永垂不朽。

钦命军前议政大臣镇守山东全省地方驻？登洲总兵官兵金事加一□李麟题

西安督标领兵西凤协副将述明　督标守备李申

甘州提标领兵中卫协副将李山　永昌宫守备徐琼，

□生代统领四川松藩绿旗官兵　四川化林协副将扬

尽信督标前营游击刘绍宗　督标干总阎之鼎、樊起风

凉州领兵游击吴之晋　肃州金塔寺营游高金

督标把总马德功、昝才、黄忠信

大清康熙五十九年十一月吉旦

2、永昭万世摩崖石碑

"用昭万世"摩崖

"用昭万世"摩崖石刻，位于红山（布达拉宫）东侧断崖的第一

台阶北边，它高出路面 1.2 米。摩崖石刻周边凿有边框，高 2.2 米、宽 1.2 米。"用昭万世"摩崖石刻的正文有 16 竖行，它的落款分为上下两段共有 24 竖行，均为小楷。此摩崖石刻是定西将军噶尔弼（？—1727 年，纳喇氏，满洲镶红旗人，清朝将领，父亲额尔德赫，为敬谨亲王尼堪长史，屡从征伐。顺治十六年暑护军统领）撰并书的石刻。

摩崖石刻铭文

用昭万世

圣天子统御中外，覆育万方，文德覃敷化自古难化之族，武功赫耀，辟从来未辟之疆，允矣泽被无雷，威周出日，凡秉血气，莫不尊亲。独泽之阿拉布坦蠢尔无知，自外生成，逞井蛙之见，肆螳臂之雄，暗令策凌敦多布等戕害喇藏，荼毒生灵。边臣奏，上厪宸衷，轸此荒隅，陷于水火。爰命抚远大将军王亲统貔貅，驻节穆乌苏，居中调度，指示机宣。遣平逆将军延信，由苦苦诺尔，一路进剿。

命臣噶尔弼统领川、滇、荆楚、江浙满汉官兵，由蜀进剿。于康熙五十九年四月十六日，自成都拜疏起程，出蜀之打箭炉、里塘、巴塘，以至扎拙、叉穆多会集官兵，整队进发。一由类乌齐、结结树、冰噶，三达奔工为正兵，一由洛龙宗、朔般多、达喇宗、沙弓喇、弩弓喇为奇兵。定期会取喇哩、竹贡、墨竹工卡一带地方 宣布天庭恩威，晓以顺逆大义，抚归戮叛，败散贼番，降服准噶尔委授之藏王达格咱喋巴阿角拉復坦，兵不血刃，于八月二十三日直抵召地，封仓库以待西师，抚僧俗而宁佛土，招回哈剌乌苏助逆之蛮兵，断彼喇撒达木饿贼之粮道。西师在前，我兵在后，而策零敦多布等援散食绝，力竭势穷，狼奔鼠窜，戢影远循。由是西来之达赖喇嘛于九月十五日抵藏坐座，僧俗皈依，远迩倾响，欢声呼天，梵音匝地，共祝圣寿无疆，山河巩固。

此皆上赖庙谟宏远，天威遐振，下仗总督年羹尧经理有方，糇粮充裕，兼之将士奋勇，共切同力，所以道经五千，视危峰雪有如平地，时历□冬，冒蛮烟瘴再而甘之如饴。壮气干云，有征无战，成此克复之功也之勤丰碑，立于道途，年月之尔。

铭曰：

天地之界，日月为期，一洗尘氛，水净荒裔。

定西将军噶尔弼

议政大臣都□兼护军统伍格

议政云南鹤丽镇□兵官赵坤

议政四川永宁□副将岳锤琪

钦差二等侍卫那亲

钦差前锋参领吴麟帕

钦差翰林院侍□□佐领万柱

钦差理藩院部中世袭阿达哈哈番鄂贲

□宁副都统吴那哈

云南永北镇总兵官马会伯

荆州协领兼噶兰太戴保柱

荆州协领兼噶兰太何丫图

杭州协领兼兰太王硕巴

杭州协领兼兰太东结纳

荆州佐领管夸兰太事施木索

荆州佐领管夸兰太事辛泰

杭州佐领管夸兰太事张巴□

江宁佐领管夸兰太事伦图

四川管理运□顺庆衬知衬马世□

四川管理运兼□放四川驻□官兵粮

饷以同知管高县事石如金

四川管理运务以同□管口县事王国相

云南运□官夫族云南驻藏官兵粮饷□

衬同知丁棣成

四川提标左营游击黄超宪

云南鹤丽镇标□营游击李君贤

大清康熙伍拾玖年拾壹月…日□西将军噶尔弼 撰并书

附表

行别	摩崖原刻文	《卫藏通志》录文	行别	摩崖原刻	《卫藏通志》录文
1	泽之阿拉布坦	策旺阿拉布坦	8	喇撒达木	撒拉达木
2	策凌敦多布等	策凌敦多布	8	策零敦多布	策凌敦多布
4	穆鲁乌苏	木鲁乌苏	9	于九月十五日	得于九月望日
4	苦苦诺儿	库库尔塞	10	山河巩固	山河巩固
5	出蜀之打箭炉	由蜀之打箭炉	12	天威遐振	德威遐震
5	以至扎挜	以至乍丫	12	下仗总督年羹尧	下仗诸臣布置
5	叉穆多	察穆多		经营有方	
6	三达奔二	三达奔片	12	兼之将士奋勇	更兼将士奋勇
6	洛龙宗、朔般多	洛龙宗、硕板多	12	共切同力	志切同仇
6	达喇宗、沙弓喇	达隆宗、沙工拉	12	视危峰雪岭	履危峰雪岭
6	弩弓喇	鲁工拉	12	时历□冬	时历四月
6	会取喇哩、竹贡	会取拉里	12	甘之如饴	甘之若饴
7	宣布天庭恩威	宣布天朝恩威	13	壮气干云，有征	壮气凌云，直入亘古师
7	委授之藏王	委授之藏		无战，成此克复之功也	旅未到之绝域，而成此克捷之功也
7	达格咱喋巴阿角拉复坦	达格咱第巴阿角喇布坦			克捷之功也
7	于八月二十三日	于八月二十三日	13	立于道途	恭纪道途
7	直抵召地	直抵昭地	15	永净荒裔	永靖荒裔
8	哈剌乌苏	哈剌乌苏			

3、异域流芳摩崖石刻

异域流芳摩崖石刻它的北面和用昭万世摩崖石刻相连，"异域流芳"四个大字比"用昭万世"的位置稍高一些，这两个摩崖石刻紧紧相连，形制相同。异域流芳摩崖石刻，高2米，宽1.3米。下部正中一竖行中楷，内容为："兵部右侍郎、兼都察院右付都御使、总督四川军事兼理巡抚事加三级、纪录三次老爷年德政碑"靠在两边的都是小字楷体，它的内容全是康熙五十九年（1720年）进藏军队南路将士和驻守西藏官兵的记名。记名共有30竖行。这段文字的两边分别有四句四言赋。

异域流芳摩崖石刻铭文

异域流芳

兵部右侍郎兼督都院右付都御史总督四川军务兼理巡抚事加三级纪录三次老爷年德政碑

弘略周祥，我军奋扬，敌贼震慑，远循□荒。

韬？侔公望，功传武乡，百蛮钦仰，永定四方。

议政总统驻藏蒙古绿旗官兵护国公策旺□尔。

统领厄鲁德官兵勒贝□附阿保

议政统领云南四川绿旗驻藏官兵云南鹤丽镇总兵官赵坤

统领查哈儿官兵正黄旗付都统灵□

统领喀拉沁土默特官兵□不囊噶永马色楞

上驷院侍卫恩克

钦差理藩院员外郎□□马

统领四川驻藏绿旗官化协付将□□信

总理四川驻藏粮务同知石如金

总理云南驻藏粮务同知丁柱成

总领四川驻藏绿旗官兵提标左营游击黄起宪

云南驻藏鹤丽镇左营游击李君贤

四川松□□□左守□高□□

四川□边营守备□化龙

四川龙安营守备□朝鸣

四川小河营守备□孝

四川叠溪营守备□寅

云南廷川协标中守各张有义

四川驻藏协理粮务成都府县□□杨世禄

四川驻藏办理粮务潼川中□县典史杨延宗

四川驻藏千把总：胡海、张走彩、颜清如、丘石杨、苟琼、杨玉光、李琯、武洪应、王相、张正麟、□应龙、常显虎、王復、石国玺、王成志

云南驻藏千把总：

施善元　李遇春　何□

李成林　陈尚义　扬从材

宋成宗

驻藏各蒙古、四川、云南伍千名兵丁公立

大清康熙六十年发次辛丑仲春言曰

4、安藏碑记摩崖石刻

安藏碑记摩崖石刻与功垂百代摩崖石刻相邻，位于偏南 2 米处，距离第四台阶地方 0.6 米，形制与功垂百代摩崖石刻相同。安藏碑记摩崖石刻是四个大字，字体为楷书，横排为阴镌，其余均为竖行的小楷。

安藏碑记高 1.6 米、宽 0.85 米。此摩崖石刻由于后来的一些佛教徒在上面，刻了一尊大浮雕彩绘像，使此摩崖石刻和南邻的恩泽藏峙摩崖石刻遭到严重的破坏，无法通读此两碑。

安藏碑记摩崖石刻铭文

从未□□□隆天既生神圣之君，必有

辅翼之臣，上下一德交……勤远界

……兹者史册……未有如……

皇上安□□□卓越，今古无与比伦者也，恭惟我

皇□□与为怀，普天同宗，虽遐……

密授方略于……

□抚远大将军王，驻……天威……

抚远大将军王，驻节西宁，凡□口机密重

务……政大臣正……延不知其百……

奏以□闻诏□□□将军□五□九……大将

军……落讯□既定□请亲……

皆大将军王……为居中调用，定□得人观

胜，因……

平逆将军协□都统提钺专征……

……藏民扶老携幼……

大清康熙五十九年……

5、恩泽藏峙摩崖石刻

恩泽藏峙摩崖石刻位于红山（布达拉宫）东侧，第四台阶，安藏碑记摩崖石刻的南边，这块碑，是在自然断崖上稍微修整刻上文字的，四周亦刻有边框。高距台地 0.9 米，高 1.6 米，宽 0.8 米，恩泽藏峙四个字横列于上，字体为楷体。其它的是竖行的小楷。此摩崖石刻的正文被所刻的观音像破坏得难辨清字迹。只余以下字迹……

"钦差协理西藏军务大……

钦差办理西藏事务内□撰文中……

驻防义大多四川省东川营……步队……

等公立"等字样。年款亦不能确定。

6、雍正六年摩崖石刻

雍正六年摩崖石刻它位于红山（布达拉宫）东侧第二台阶稍微偏南处。此碑，是记载钦差吏部尚书查郎阿等人所制，简略记载的是雍正五年西藏发生内乱，六年清兵进藏安抚的情况。雍正六年摩崖石刻高于台阶地面 1.75 米，长方形状，高 0.84 米，宽 1.6 米。此块摩崖，是在断崖面上凿进 0.03—0.04 米，然后修平磨光而再铭刻上的，所以此碑的文字保存完好。正文 11 竖行，刻成大八分书，落款署名 27 竖行，为中八分书。

雍正六年摩崖石刻铭文

今之西招之乌斯也，归顺天朝历有年矣。其地设有□子、公等以统其番民，岁丁末，伊等自相残杀，荷蒙圣天子俯念唐古忒人民遭其苦果，特命大臣统三省之师前来安抚，不统一弦、不发一矢而元凶就缚，彰明其罪，用正典型，拯卹良番，安生安乐，远近欢呼，老幼忭舞，共颂皇恩于无既。朗阿等在事目及，而知圣德之高深，诚所谓过化存神，无远弗届，自此永庆升平，长沐常泽于奕禩云而是记。

钦差吏部尚书查郎阿

钦差满洲副都统迈禄

钦差銮仪使周瑛

钦差满洲副□□□□

钦差内阁学士僧格

钦命西宁镇总兵官周开捷

钦差兵部职方司郎中岐山

钦命驻藏一同料理陕西永昌副将马纪师

钦差礼部主事傅宁 理藩院主事哈尔哈图

吏部笔帖额尔德　都察院笔帖式班第

理藩院笔帖式拜言福、常朗、七十五西安固山莫尔库

镶黄旗牛录章京观音保 陕西督标火器营参将王友询

正黄旗牛录章京李保柱　阳平参将李述沁
陕西花马池副将惠延祖　四川化丝副将扬大立
　湖广宝庆协副将周起凤　　提标右营游
　　击张存孝
　四川提标后营游击马良柱　　陕西北川
　　营游击马麟
　巩昌营游击马进红　　四川□彭营游击
　　李文秀
　甘提后营游击焦景□　靖远营游击费
　　上志
　甘林左营守备和尚　　宁夏中营守备王定勋
　四川松藩守备王作所　□马营守备洪德周
　驻藏参谋候补守备谢上间书
　督标千把总、苏龙、王如会、刘朝
　　把总　王　清、张白玉
　　刘起祥、王　学
　　勒　龙、线　康
西宁千总董率游、马　耀
把总 刘忠林、邵成武、王吉
凉州千总宋□、牛建、汪承略
□把总 江洪、沙奇、陈谕
陕西粮务讯昌知府高梦龙
宁夏通判吴应麟
泰州知州鲁　兴
耀州知州朱绍峒
平利知州王　□、同州州同侯梁梁
大清雍正年岁在戌申孟冬吉日勒石

7、雍正七年摩崖石刻

雍正七年摩崖石刻位于拉萨红山（布达拉宫）东侧的第二台阶的断崖的上面，距地面高约 4 米，位于雍正六年平乱摩崖石刻的北边3.5 米处。摩崖石刻为长方形，高 0.7 米，宽 1.1 米，石刻的正文 5 个竖行大行书，署名落款 5 竖行中行书，落款的下部刻有两方篆书大印。石刻的正文为四句四言赋：

南山为带，风树为旗，
用彰威武，永镇番裔。

时雍正乙酉岁孟夏月
钦命料理藏务陕西永
昌副将 锡三马纪师题并书。

8、聂当大佛石刻

聂当大佛石刻，距拉萨市区大约20公里，位于318国道北面。此石刻，说实话，我不知道路过多少回、看过多少遍，望着他那慈祥的面容，心中充满了宁静。

聂当石刻大佛，高大约9米，佛像盘腿而坐，神态慈祥，他千百年来，凝视着古老的拉萨城的发展、变迁、见证。一说是公元十一世纪古印度大师阿底峡在藏时期雕刻的；二说是元代八思巴大师，在从北京返回西藏萨迦寺的途中，路经此处，随身带的释迦牟尼佛像，突然说话了："我不走了，就留在这里"。当时，一行人大惊失色。于是，八思巴大师决定，将此佛留于此地，因此，就有了今天的聂当石刻大佛。

其实这都是传说，他真正的年代待考。

八：高僧名录

1、格鲁派高僧—甘丹赤巴名录

甘丹赤巴，是格鲁派三大寺（甘丹寺、哲蚌寺、色拉寺）的领袖，甘丹赤巴的佛学知识渊博，甘丹赤巴之职，是要精通显宗、密宗及讲经听法的学识。

公元 1409 年藏历正月，格鲁派的创始人宗喀巴·洛桑扎巴（1357—1419 年）在拉萨召集了传昭大法会，并在当年 1409 年建立了格鲁派的第一座寺院——甘丹寺，这标志着格鲁派正式成立。后来，宗喀巴亲自担任了甘丹寺主持"甘丹赤巴"，故在西藏历史上甘丹赤巴为格鲁派教主之传统。藏学家恰白.次旦平措先生说过："甘丹寺的法台是宗喀巴大师法位的继承者，因此和其他寺院的法台职位不同，担任此职务需要具备特别的条件，不论是不是转世活佛，也不论出生地区和出身的寺院以及年龄大小、贵贱高低、声望大小等，担任甘丹寺赤巴的首要条件是精通显密经论及讲经听法的学识"。甘丹赤巴之职被视为宗喀巴的衣钵的继承者，故在格鲁派中地位很高：通常来讲，担任甘丹赤巴者即被认为是活佛，可以转世，还有资格在达赖喇嘛圆寂至执行之前，担任"摄政王"之职的后选人。选甘丹赤巴是一种转为特殊的形式，但传承的方式不同于其它寺院，它主要体现为重视佛学学识，不重视出身，但是要通过层层考试，选拔成为甘丹赤巴，甘丹赤巴者是佛学宗师。

甘丹赤巴名录：

序号　　　姓名　　任职年代　　　　备注

1 宗喀巴   1409-1419 年

2 贾曹杰·达玛仁钦   1419-1431 年

3 克主杰·格列尔桑   1431-1438 年

4 夏鲁列巴嘉措（第五代甘丹法召雅德·罗珠却珺巴坚赞'妙幢'）

5 雅德·罗珠却珺   1450-1463 年

6 曲吉杰参   1463-1473 年

7 洛卓丹巴   1473-1476（79）年

8 门朗列巴   1480-1489 年

9 洛桑尼玛   1490-1492 年

10 益希桑波（妙智）   1492-1498 年

11 洛桑扎巴   1499-1511 年

12 江央列巴   1511-1516 年

13 曲江喜念   1516-1521 年

14 堆龙巴·仁钦维色（宝光）   1522-1528 年

15 班钦·索南扎巴（福称）   1529-1535 年

16 曲迥嘉措（护法海）   1534-1539 年

17 木雅·多吉桑布（妙金刚）   1539-1546 年

18 齐日·坚赞桑布（善幢）   1546-1548 年

19 赤钦·阿旺曲礼（语自在法称）1548-1552 年

20 赤钦·却扎桑布（法称善）   1552-1559 年

21 德瓦坚巴·格勒班桑（妙吉祥贤）1559-1565 年

22 龙雪根顿·丹巴达杰（教盛）   1565-1568 年

23 次旦嘉措（长寿海）   1568-1575 年

24 额噶瓦·强巴嘉措（慈海）   1575-1582 年

25 赤钦·班觉嘉措（富海）   1582-？ 年

26 赤钦·当曲班巴（圣教炬）   1589-1596 年

27 桑杰仁钦（释迦宝）   1596-1603 年

28 格桑嘉桑（比立幢）   1603-？ 年

29 卓尼·喜念扎巴（善知识称）　　　　　　1607-1615 年

30 达隆查巴·罗追坚赞（慧幢）　　　　　　1615-1618 年

31 当曲班瓦（圣教祥）　　　　　　　　　　1618-1620 年

32 仲孜·楚臣曲培（戒法僧）　　　　　　　1620-1623 年

33 赤钦·扎巴嘉措（名称海）　　　　　　　1623-1627 年

34 赤钦·阿旺却季坚赞（语自在法幢）　　1623、1621-1628 年

35 林麦沙布隆·降央贡都曲培（曼殊宝法增）1626-1637 年

36 工布·丹增勒协（掌教善说）　　　　　　1638 年-？ 年

37 赤钦·根顿仁钦坚赞（比立宝幢）　　　　1638-1642 年

38 曹达瓦·丹巴坚赞（教幢）　　　　　　　1643-1647 年

39 赤钦·贡却曲桑（宝善法）　　　1644（？）、1648-1654 年

40 阿里巴·贝丹嘉措（具德幢）或称为丹巴坚赞 1651.1654-1655、
1662 年

41 夏孜·洛桑坚赞（善慧幢）　　　　1658、1662-1668 年

42 赤钦·洛桑顿悦当曲（善慧不空圣教称）或尊者朗塔多吉（清
净金刚）　　　　　　　　　　　　　　　-1675 年

43 赤钦·强巴扎西（慈吉祥）　　　　　　　1675-1681 年

44 鲁布·阿旺洛追嘉措（语自慧海）　　　　1682-1685 年

45 卓尼·嘉木样楚臣培杰（曼珠戒昌）　　1685、1695-1692、
1699 年

46 桑洛京巴嘉措·阿旺贝桑（施意乐海）　　（？）

47 邦达瓦·洛桑曲培（善慧法增）　　　　　1699-1701 年

48 赤钦·顿珠嘉措（义成海）　　　　　　　1702-1708 年

49 赤钦·洛桑塔杰（善慧昌隆）　　　　　　1708-1715 年

50 贡塘赤钦·根顿平措（僧圆满）　　　　　1715-1722 年

51 霍藏赤钦·班丹扎巴（具德名称）　　　　1722-1729 年

52 赤钦·阿旺曲培（语自在法僧）　　　　　1730-1732 年

53 赤钦·坚赞森格（胜幢狮）　　　　　　　1732-1739 年

54 赤钦·阿旺曲丹（语自在具胜）　　　　　1739-1746 年

55 桑查赤钦·阿旺南朗喀桑（语自在虚空）　　　1746-1749、1750 年

56 赤钦·洛桑赤梅（善慧无垢）　1750-1757 年

57 赤钦·桑丹平措（三味圆满）　1757-1764 年

58 夏穷瓦·阿旺曲扎（语自在法称）　1764-1778 年

59 秋桑·阿旺曲扎（语自在法称）　1771-1772 年？

60 赤钦·洛桑丹巴培杰（善慧法隆）　（？）

61 擦朵·阿旺楚成（语自在戒）　1778-1785 年

62 赤钦·洛桑美朗（善慧愿）　1785-1793 年

63 赤钦·洛桑堪桥（善慧贤胜）

64 赤钦·洛桑扎西（善慧吉祥）　1794-1801 年

65 赤钦·根顿楚臣（僧戒）　　　（？）

66 甲穷·阿旺年扎（语自在盛誉）　1807-1814 年

67 降央美朗（妙意愿）　1814（3）年

68 赤钦·洛桑格勒（善慧圆满）　1815-1816 年

69 赤钦·降秋曲培（菩提法增）　1816-1822 年

70 赤钦·阿旺曲培（语自在法增）　1822-1828 年

71 赤钦·益西塔堆（智欲脱）　1829-1830 年

72 赤钦·降白楚臣（曼殊戒）　1831-1837 年

73 擦扎·阿旺降白楚臣嘉措（语自在曼殊戒海）1837-1843 年

74 洛桑伦珠（善慧运成）（？）

75 赤钦·阿旺隆朵嘉措（语自在教证海）1850-1853 年

76 赤钦·洛桑饶旺秋（善慧妙智自地）　1853-1870 年

77 赤钦·楚臣达杰（戒昌）　　　1859？-1864？年

78 赤钦·降央塔杰（妙吉祥盛）　1864-1869？年

79 赤钦·洛桑金巴（善慧施）　1869-1874 年

80 赤钦·扎巴顿珠（称义成）　1874-1879 年

81 赤钦·阿旺洛布（语自在宝）　1879-1884 年

82 赤钦·益西曲培（智法增）　1884-1889 年

83 赤钦·降秋朗卡（菩提虚空）　1894-1899 年

84 赤钦·洛桑楚臣（戒吉祥）　1894-1899 年

85 赤钦·洛桑楚臣班丹（戒吉祥）　　1896-1899、1900 年

86 策木林巴·罗桑坚赞（善慧幢）　　1900-1907 年

87 赤钦·阿旺土旦旦白坚赞（语自在佛教教幢）1907-1914 年

88 赤钦·钦绕悦丹（慧德）　　1914-1919 年

89 赤钦·洛桑年扎嘉措（善慧誉海）　　1919-1924 年

90 赤钦·强巴曲扎（慈法称）　　1920、1921-1926 年

91 赤钦·洛桑坚赞（善慧幢）　1927-1932 年

92 赤钦·土旦宁齐（佛教日）　1933-?

93 赤钦·益西班丹（智吉祥）　1933-1939 年

94 赤钦·伦珠尊珠（运成精进）　1940-1946 年

95 赤钦·扎西东堆（吉祥伏千）　1947-1953 年

96 赤钦·土旦贡噶（佛教喜庆）　1954、1958-1964 年

97 土丹隆朵·林仁波切　1964-1983 年

98 强巴森彬·甘丹赤巴　1983-1987 年

99 益西东登·甘丹赤巴　1987-1994 年

100　　洛桑尼玛　1995-2003 年

101　　龙日南杰　2003-2009 年

图丹尼玛隆多丹增罗布（日宗仁布切）　　2009- 年

甘丹赤巴任期一般为七年。从 1409 年开始格鲁派宗喀巴建立甘丹寺至今共传 102 代甘丹赤巴制度。此 102 年代藏语史籍记载有个别名与年代不太一致。

2、第穆活佛世系表

第一世第穆·共觉迥乃（1374—1453 年），出生无多堆伍地方，曾任第一世帕巴拉·德钦多吉的经师。

第二世第穆·班觉扎西（1454年—1526年）生于工布萨噶尔曲康，曾在哲蚌寺洛色林扎仓学习，他拜第15任甘丹赤巴班青索南扎巴为师，他也是第一世帕巴拉的著名弟子。

第三世第穆·拉旺巧列朗杰（1527—1622年）生于聂赤仲钦，被三世帕巴拉任命为整个波密和古（青）、阿（公）、登（西）三地（即八宿的白马、察隅一带）所有格鲁寺庙的总教主。拉旺巧列朗杰从此名声大振，被称为第穆的教主。

第四世第穆·拉旺丹贝坚赞（阿旺格列坚赞，1623—1662年）生于工布扎切下部的地方。在哲蚌寺洛色林学习经典，后来成为一名学识渊博的大学士。硕班多和洛隆宗（县）地区从这一辈第穆开始成为施主关系。公元1652年他随五世达赖喇嘛一起进京，朝拜清顺治皇帝，因而得到顺治皇帝的赏赐。

第五世第穆·阿旺南喀嘉木央（公元1669—1723年）生于工布扎嘉村。于1676年到拉萨朝拜五世达赖喇嘛，因而得到了大批赏赐（寺庙、庄园等），从而形成了以工布地区的第穆拉章为中心的大小分寺，庄园遍布了工布、波密、中部的康区的一个庞大的宗教集团。第穆照例去京靓见皇帝，因而得到了清政府的重视。

第六世第穆·阿旺降贝德勒嘉措（1724—1777年）出生于工布博楚寺之中的麦地（工布布曲拉康村附近）。年幼时在第穆寺，后来他来到了拉萨，并在七世达赖喇嘛法座前剃度出发家，成了七世达赖喇嘛弟子。

在七世达赖喇嘛圆寂后，在乾隆皇帝派遣料理七世达赖丧藏等事宜的章嘉·若贝多吉益西丹白准梅的大力推荐下，西藏的僧俗民众也一致推举，第穆.德勒嘉措代理达赖管理西藏事务，并请驻藏大臣转奏皇上恩准。得到乾隆皇帝的恩准，并于1757年4月正式任摄政王，至到1777年圆寂，摄政21年。由此他成了第七辈达赖喇嘛圆寂而转世灵童及未成年时，由清政府选定之大呼图克图，代理达赖喇嘛职权的摄政王。公元1758年，清乾隆皇帝赏赐第穆活佛金册封浩及银印一枚，印文为"办理藏事宏扬佛教吉祥诺门罕之印"，并赐此大银印，以后的历任摄政活佛均可承袭使用，在他担任摄政王第 5 年，他修建了丹吉林，它成为拉萨第一"林"。

第七世第穆·洛桑图丹晋美嘉措（1778—1819 年）出生于昌都加林村附近的萨岗。在公元 1808 年任第九世达赖喇嘛·隆朵嘉措的经师；公元 1811 年嘉庆皇帝颁旨任命他为去世的达擦诺门罕管理西藏事务，并封赐为"诺门罕"之名号与印章，他执政 9 年，很好地完成了九世达赖喇嘛的丧事。

第八世第穆·阿旺洛桑赤列绕杰（1855—1899 年）出生于桑耶那地方。在公元 1886 年，他接任已故的达擦通善呼图克图摄政王，并在第 2 年担任第十三世达赖喇嘛的经师，在他担任摄政时期，西藏是艰难多事之秋，当时西藏的形势变化莫测，其原因，清王朝走向灭亡；帝国主义开始伸向西藏。而西藏噶厦地方政府内部斗争也非常尖锐，使致阿旺洛桑赤列绕杰呼图克图含冤逝世（对他的去逝说法很多），因而丹吉林的财产没收，丹吉林拉章所属的宗（县）豁（庄园），撤消第穆呼图克图名号和权利。第穆拉章总管扎萨之职也被取消，并从此不以委以重用。

第九世第穆·丹增嘉措生于 1901 年，出生于工布鲁丁之地，因为其父母是十三世达赖喇嘛亲戚，被任定为第穆活佛转世灵童，经哲蚌寺洛林扎仓奏请清朝光绪皇帝，恢复其第穆.呼图克图封号，但是噶厦地方政府不同意，只允许他作为哲蚌寺"措钦"活佛。在 1912 年西藏地方政府藏兵与清政府驻藏川军发生枪战时，因丹吉林僧众站在川军方面，因此川军失败，丹吉林再次遭到洗却，彻底被毁，没收了拉章财产和管家降曲占堆的财产。

第九世第穆·丹增嘉措，他是一位非常聪慧的喇嘛，经过考试，顺利被定为拉让巴格西，并在第五世热振活佛摄政时，经各大寺庙提议，由摄政热振批准，将原来没收的巴热、洛、第穆曲噶和巧那等豁卡庄园仍划规为第穆拉章所有。原来的第穆拉章所在地是现在的喀拉斯酒店、吉曲饭店、西藏自治区统战部所属的虹桥宾馆等。

3、策墨林活佛世系

策墨林位于拉萨八廓北街，小昭寺之西南角，西面是喜德寺。策墨林由色拉寺管理。它是拉萨第三个"林"，传有五代策墨林卓尼呼图克图。第一世策墨林卓尼诺门罕·阿旺次成继第穆·阿旺降白德勒接任摄政王时初建，取名"图丹仁钦曲科林"，后来在第二位呼图克图降阿旺白摧臣加措任摄政王后的第 6 年（1825 年扩建）。策墨林主体建筑分为白宫与红宫，拉章、策墨林呼图克图夏宫，夏宫与策墨林之间有一片规模较大的林卡。策墨林共传了五代活佛，在宗教教规上它隶属于色拉寺麦扎仓，但是经济上是独产的，策墨林拉章全权管理。

策墨林之名，说法较多，归纳起来，具有代表性的有两种：1、策墨林是清道光皇帝取之名（《东噶藏学大辞典》记载，藏学家东噶·洛桑赤列著，已故），2、策墨林有一拉康主尊佛佛名，"次巴美"（无量寿佛）而得名的。

第一世策墨林·阿旺催臣活佛（1721—1791 年），出生于卓尼（甘肃省）宗达窝地方，他早年在该地的擦多寺出家，后又入卓尼协珠林修行显密两宗，在公元 1743 年进入拉萨色拉寺，修行五部，获得了拉让巴格西学位，在获格西以后，又在上密院学法，并在上密院逐步升为翁则、堪布等职，此后又升为甘丹夏孜扎仓的堪布。于公元 1762 年进京任了雍和宫的堪布，被清乾隆皇帝赐封为"夏孜诺门罕"。公元 1777 年代理摄政第穆呼图克图圆寂，为了稳定西藏的局势，乾隆皇帝派夏孜堪布接任摄政王之职。他成为清朝政府皇帝亲自委派的第二位摄政王。他是从色拉寺走出来的，他建立的图丹仁钦曲科林（策墨林），也就成为色拉寺的属寺。

第二世策墨林呼图克图·阿旺降白催臣嘉措（1792—1855 年），出生于卓尼宗，他是一世策墨林·阿旺崔臣的转世灵童，从小的时候被迎请到色拉寺麦扎仓擦多康村，进行修行，经过他的不懈努力，他后来通晓五部经、密乘四部等，后了成为密宗院的堪布。公元 1820 年，清嘉庆帝皇赐"额尔德尼诺门罕"封号，继承达擦诺门罕摄政王。在他执政的第 6 年，他主持扩建了图丹仁钦曲科林，清嘉庆皇帝赐名"策墨林"，并赐匾额一块，从此策墨林代替了图丹仁钦曲科林。他与驻藏大臣和四位噶伦一起，寻找了第十世与第十一世达赖喇嘛的灵童及坐床仪式。同时，与驻藏大臣和众官员一起，对波密王反叛征服。抗击森巴人的入侵；同驻藏大臣商议，由他主持调查西藏卫、藏、达、工和绒等地生产粮食的统计数字，调整税收制度，而且编纂了《铁虎清册》（该书在 1989 年 10 月由中国藏学出版社出版）。他任了甘丹寺，第 73 位甘丹赤巴。也是担任摄政年限最长的，共 25 年（1820—1844 年）。他执政的后期与驻藏大臣琦善发生了矛盾，由此，引起了激烈的斗争，结果策墨林遭到空前洗劫，策墨林内的大量文物分给了布达拉宫朗杰扎仓等，并收缴了策墨林农牧庄园，摄政王被罢免，由此，清政府和西藏地方政府决定不再允许寻访策墨林活佛，并在策墨林内立石碑以示公布，地方政府在此建立了策墨林管理机构（隶属于布达拉宫总堪布管理，至到 1959 年）。事件起因策墨林第二世执行摄政时间较长，他独揽大权，其一是十世、十一世达赖喇嘛猝然而逝，其二是策墨林活佛与噶厦官员内部权力之争；其三是与驻藏大臣琦善等驻藏大臣的内部斗争。导致的事件。

第三世策墨林·阿旺洛桑丹白坚赞 1863 出生于卓尼宗，他自幼勤奋好学，潜心修佛典，通晓显密二宗，从此，他在色拉寺麦扎仓成了一位非常有名的知识渊博的喇嘛。由此哲蚌寺洛色林、色拉寺麦扎仓和上密院（中小昭寺）等向十三世达赖喇嘛一再请求下，他被为定为第二世策墨林活佛转世，与其同时归还了以前被没收策墨林的部分农、牧庄园，恢复了呼图克图之职，因而策墨林和策墨林拉章（佛活官邸）再次获得兴旺。1907 年至 1913 年，任甘丹寺第 87 位甘丹赤巴，在任甘丹赤巴期间，1910 年四川总督赵尔丰发兵西藏时期，十三世达赖喇嘛把他封为摄政王。后来，第十三世达赖喇嘛专门为他修建了一座非常别致的夏宫（此宫如今保存完好）。

第四世策墨林·土丹克珠格勒坚赞（1921—1947 年）出生于卓尼宗甲圭仓村。他是被认定为三世策墨林活佛的转世灵童，被迎请至色拉寺麦扎仓，修行显、密二教。因他当时与达扎摄政王不和，在1947 年被流放到了山南乃东宗朗杰色康，因而忧郁成疾，在此地圆寂。他的一生成为噶厦政府与达扎摄政亲英分子的牺牲品。

第五世策墨林·丹增赤列曲吉坚赞于 1950 年出生于山南，现就任于中国佛教协会西藏分会副会长。

4、达擦吉仲活佛世系

达擦佛活一世之前，先要搞清楚的有两个问题，其一，巴索与达擦这两种称谓。巴索是因为一世却吉坚赞他曾经很长一段时间内，住在藏（日喀则）伦地巴索·伦珠德，因而得巴索·却吉坚赞，并且一直延用到了第四世巴索仁布齐（活佛），由于第四世巴索·拉旺曲结坚赞出任了昌都强巴林寺的第 12 位法台以后，他晚年住洛隆宗康沙村达擦伦珠德钦寺，悟禅静修而得名"达擦"。其二，称活佛和呼图克图是因六世达擦等前辈均称为活佛，七世达擦·洛桑班登丹白坚赞出任过雍和宫第一任堪布，而列入呼图克图，从此称为呼图克图。

第一世巴索·却吉坚赞（1402—1473 年），他生于后藏拉堆降之多雄之地，是克珠杰·格勒贝桑的第二个弟子。他从少年时追随宗喀巴师徒，以克珠杰为经师，通知三藏四续，后来他在桑浦寺（柳梧新区）讲经数年，后又到藏妥杰地方修建了巴索伦珠德钦寺，因而人们尊他为巴索，后来被追认他为功德林达擦第一世活佛，著作有《时轮之生起次第》《圆满次第》等多部经典。他在 1463 年被任为甘丹寺，第六世甘丹赤巴，任期 10 年，在 1473 年圆寂于甘丹寺。他也是达擦活佛中唯一一任过甘丹赤巴的。

第二世巴索·拉交（1474—1508 年）出生于工布江达县龙布之地，他是第一世帕巴拉德钦多吉的外甥，早年他曾拜帕巴拉为师，后来到哲蚌寺修行，但是由于他不适应拉萨的气候，因圆寂。

第三世巴索.黎域曲杰（1509—1526年），出生于黎域（他的出生之地史籍中说法不一），他从小精通文算，父辈让他继承父辈的事业，但是他却爱做善事，于1526年圆寂。

第四世巴索.拉旺曲吉坚赞（1537—1603年）出生于昌都洛隆宗（县）秀普之地（今孜妥镇马噶村），他13岁时帕巴拉第二世，为他授沙弥戒，为他取法名曲吉坚赞。他21岁时来到拉萨堆龙德庆柳梧乡桑浦寺，修五部经典，并获得了游学辩经者格西的学位。后来回到昌都，担任了洛隆宗显密达杰寺住持，不久他又担任了昌都强巴林寺的第12任法台，任期13年。史籍记载，从四世巴索·拉旺曲吉坚赞把强巴林寺的法台职位移交给了第三世帕巴拉·才旺顿丹以来，强巴林寺因此成为正式的帕巴拉呼图克图历代的驻锡之地，四世巴索·拉旺曲吉坚赞修建了达擦伦珠德钦静修禅地，从他开始历代的巴索活佛改为达擦活佛，这就是达擦活佛之称的来源。

第五世达擦·阿旺曲吉旺秋（1606—1652年）他生于墨竹工卡本朱宗（县），他在5岁时，被迎请到康区，被认亲为四世巴索达擦活佛传世灵童，后来到色拉寺修行，修显密二宗，在他26岁时参加大昭寺传召大法会，在大法会上获得了拉让巴格西学位，由此得到了四世达赖喇嘛云旦嘉措与班禅曲坚高僧的教育，他成为了一名博学多才的活佛。此后，他开始云游康区硕班多、边巴、洛隆宗（县）一带，后来他成为达杰林寺、达擦伦珠德钦寺等三十多座寺庙的政教主事。由此他主持修建了硕班多噶丹协珠林寺。1652年他随着五世达赖喇嘛到达隆一带，不久他就病故。达擦·阿旺曲吉旺秋在康区影响非常之人。

第六世达擦·阿旺贡觉丹白尼玛（1653年—1707年）出生在波密噶郎附近跋里恰噶朵之地。他从小聪明被认定为第五世达擦活佛转世灵童。他在4岁时，被迎请到喀萨扎西绕丹寺坐床，坐床后，在他11岁的时候，他到拉萨之地在五世达赖喇嘛前剃度，受沙弥戒，并为他取法名为阿旺贡觉丹白尼玛，亲授经教。因事返回康区（昌都），但是不久后他又返回拉萨，在色拉寺结巴扎仓求学，学经期间精通五部经典等。1675 年在拉萨大法会上，辨经，博得了众僧的赞誉，由此名声大振卫藏之地。1675 年，在五世达赖喇嘛前受具足戒，由康区迎请返回康区，向五世达赖告假，得五世达赖喇嘛允许，准假三年，五世达赖喇嘛对他赏赐以八宿桑珠林寺及其属寺和附近的农牧民 800 余户，加上在拉萨赏赐的农奴共 2730 多户，以此作为了世袭经营的庄园。从第六世达擦活佛起八宿寺等成为了达擦活佛主持的政教之所。后来因为受噶尔丹事件之牵连，清康熙皇帝命将他押解京城被"软禁在北京安定门大街靠近北城根处，那里的地名被称为'吉仲仓'，吉仲最后病死在北京"。因为达擦活佛与五世达赖喇嘛是师徒关系而称其为"吉仲"，这就是后代达擦活佛名前吉仲的渊源。

第七世达擦·洛桑班登丹白坚赞（1708—1758 年）他出生于昌都类乌齐域拉卡之地。他从小被议定转世灵童，并迎请到八宿寺坐床。在他 12 岁时，来到了哲蚌寺果芝扎仓学习，在班禅洛桑益西处受沙弥戒、具足戒，赐法名：洛桑班登丹白坚赞，拜多吉顿玉克珠为师，修习显密教法，最终他成为知识渊博之人。因而得到了七世达赖喇嘛与章嘉·呼图克图的赞赏，1744 年，清乾隆皇帝依皇太后意愿，把父皇雍正皇帝的住所"雍亲王府"建成以后，改为"雍和宫"，将它作为了藏传佛教之寺。在章嘉·呼图克图举荐下，于 1748 年达擦·洛桑班登丹白坚赞出任了雍和宫的第一任堪布，将他封为了呼图克图。从此达擦活佛世系被列为呼图克图之名，这也为他的后辈执政掌握政权奠定了基础。

第八世达擦呼图克图·益西洛桑丹贝贡布（1760—1811 年）他出生于波密迈觉村。在他 4 岁那年被认定为七世达擦转世灵童，被迎请到八宿寺坐床。他在 13 岁时经青海塔尔寺，到河北热河承德，觐见了清乾隆皇帝。在章嘉·益西丹白卓美处受比丘戒，取法名为：益西洛桑丹贝贡布。他 22 岁时返回拉萨，到哲蚌寺果芒扎仓修行，在八世达赖喇嘛前受了具足戒。1789 年，他奉达赖之命，前往北京觐见乾隆皇帝，乾隆皇帝又命他前往西藏协助八世达赖管理政教事务。他得到清政府及皇帝的赏识，得到福康安大将军的赞颂，由此在拉萨拥有了自己的住锡地——卫藏永安寺（功德林），从此功德林成为了拉萨四大林之一。

第九世达擦呼图克图·阿旺洛桑丹白坚赞（1811—1848 年）他出生于昌都类乌齐宗（县）恩达本仓，第九世达擦活佛是由拉萨大昭寺金瓶掣签决定的第一位呼图克图，在 1813 年，他被迎请到了八宿拉章。后来到拉萨哲蚌寺果芝扎仓修行，他在班禅丹白尼玛处受了沙弥戒与比丘戒，在拉萨大昭寺传昭大法会上获得了格西学位，在 30 岁时成为第十一世达赖喇嘛的经师，38 岁时圆寂。

第十世达擦呼图克图·阿旺贝丹确吉坚赞（1850—1886 年），在山南乃东县扎西孜出生。他也是经过金瓶掣签后被认定为第十世达擦活佛。在他 4 岁时被迎请到功德林坐床。22 岁时在传召大法会上，获格西学位。1875 年十二世达赖喇嘛圆寂后他被命为摄政王，清道光皇帝给他赐名号"通善"，人们又称他为通善呼图克图，又称之为"杰妥尼巴"，他任摄政 12 年（1875—1886 年）之中参与了寻找十三世达赖喇嘛灵童，并为十三世达赖喇嘛·土丹嘉措主持了坐床仪式。他是主张抗英侵略西藏，为捍卫祖国西藏的领土作出了一定的贡献。

第十一世达擦通善呼图克图·阿旺丹格桑丹贝卓美（1888—1918年），他出生于拉萨蔡公塘（现城关区蔡公塘乡）之地，由金瓶掣签认定的，认定后被迎至到功德林，后进入哲蚌寺果芝扎仓修行佛法。在传昭大法会获得格西学位。获得格西学位之后，他返回了祖寺——八宿寺，他的一生注重宗教学说，轻视政治权力，因而有些官员说他是哑巴喇嘛，说明他对宗教更为忠爱，对政治权力轻而不视，对喇嘛参政极为不满。

第十二世达擦通善呼图克图·土丹晋美坚赞（1924—1957 年），他出生于山南桑日宗（县）卡如村之地。被选定为十一世转世灵童，并经金瓶掣签认定，由十三世达赖喇嘛为其主持金瓶掣签。迎至于功德林，后进入哲蚌寺果芒扎仓修行，在此期间求教于各派高僧大德，扬各派之长，他酷爱民族文化艺术，倡导传习传统的藏戏曲目。拉萨市歌舞团著名的国家一级演员土登老师出自于功德林。土丹晋美坚赞活佛在西藏和平解放后，于 1953 年到内地参观，参加了北京全国佛协会议，被选为全国佛协副会长。1956 年因病在印度加尔各答圆寂。

九：人文探访

1、清朝政府驻藏名录

清政府驻藏大臣共有 78 任

序号	办事大臣	任期	邦办大臣	任期
1	僧格玛腊	公元 1727-1730 年		
2	青保马拉	公元 1730-1731 年		
3	青保苗寿	公元 1731-1734 年		
4	青保阿尔珣	公元 1734 年		
5	那苏泰	公元 1734-1735 年		
6	杭一禄	公元 1736-1738 年		
7	纪山	公元 1738-1741 年		
8	索拜	公元 1741-1744 年		
9	傅清	公元 1744-1748 年		
10	拉布敦	公元 1748-1749 年		
11	纪山	公元 1749 年		
12	拉布敦	公元 1749-1750 年		
13	班第	公元 1750-1751 年	那穆扎勒	公元 1750 年
14	多尔济	公元 1751-1754 年	舒泰	公元 1752 年
15	萨拉善	公元 1754-1757 年	伍弥泰	公元 1756 年
16	宫保	公元 1757-1761 年	集福	公元 1757 年
17	辅鼐	公元 1761-1763 年	傅景	公元 1762 年
18	阿敏尔图	公元 1764-1766 年	玛伟	公元 1765 年
19	宫保	公元 1766-1767 年		
20	莽古赉	公元 1767-1773 年	常在	公元 1770 年
21	伍弥泰	公元 1773-1775 年	索琳	公元 1771 年
22	留保柱	公元 1775-1779 年	恒秀	公元 1773 年
23	索林	公元 1779-1780 年	恒瑞	公元 1776 年
24	保泰	公元 1780 年		

25	傅清额	公元 1781-1784 年		
26	留保柱	公元 1784-1786 年		
27	庆麟	公元 1786-1787 年	雅满泰	公元 1786 年
28	舒廉	公元 1788-1790 年	巴忠	公元 1788 年
29	普福	公元 1790 年		
30	保泰	公元 1790-1791 年		
31	奎琳	公元 1791 年	额勒登保	公元 1791 年
32	鄂辉	公元 1791-1792 年		
33	和琳	公元 1793-1794 年	和宁	公元 1793 年
34	松筠	公元 1794-1798 年		
35	英善	公元 1799 年		
36	和宁	公元 1800 年	福宁	公元 1800 年
37	英善	公元 1801-1803 年		
38	福宁	公元 1803-1804 年	成林	公元 1803 年
39	策马克	公元 1804-1805 年		
40	玉宁	公元 1805-1808 年	隆福	公元 1807 年
41	文弼	公元 1808-1810 年	阳春保	公元 1809 年
42	阳春保	公元 1810-1811 年		
43	瑚图礼	公元 1811-1814 年	丰绅	公元 1814 年
44	喜明	公元 1814-1817 年		
45	玉麟	公元 1817-1820 年		
46	文干	公元 1820-1823 年		
47	松延	公元 1823-1827 年	保昌	公元 1823 年
48	惠显	公元 1827-1830 年	兴科	公元 1830 年
49	兴科	公元 1830-1832 年		
50	隆文	公元 1833-1834 年		
51	文蔚	公元 1834-1835 年		
52	庆禄	公元 1835-1836 年		
53	关圣保	公元 1836-1839 年	鄂顺安	公元 1836 年
54	孟保	公元 1839-1842 年	海朴	公元 1842 年
55	海朴	公元 1842-1843 年	钟方	公元 1842 年
56	琦善	公元 1843-1846 年		
57	斌良	公元 1846-1847 年		
58	穆腾额	公元 1848-1852 年	额勒享额	公元 1849 年
59	海枚	公元 1852-1853 年	谞龄	公元 1852 年
60	文蔚	公元 1853 年		
61	赫特贺	公元 1853-1856 年	满庆	公元 1855 年

62	满庆	公元 1857-1859 年		
63	崇实	公元 1859-1861 年	满庆	公元 1860 年
64	景纹	公元 1861-1868 年	德泰	公元 1866 年
65	恩麟	公元 1869-1873 年		
66	承继	公元 1873-1874 年	希凯	公元 1875 年
67	松溎	公元 1874-1879 年	色楞额	公元 1878 年
68	色楞额	公元 1879-1885 年	维庆	公元 1879 年
			鄂勒	公元 1882 年
			崇纲	
69	文硕	公元 1885-1887 年	尚贤	公元 1886 年
70	长庚	公元 1888-1890 年	升泰	公元 1887 年
71	升泰	公元 1890-1892 年	绍绒	公元 1890 年
72	奎焕	公元 1892-1896 年	延茂	公元 1892 年
73	文海	公元 1896-1899 年		
74	庆喜	公元 1900 年	安成	公元 1900 年
75	裕纲	公元 1900-1902 年		
76	有泰	公元 1902-1906 年	讷钦	公元 1902 年
			桂霖	公元 1903 年
			松钦 联豫	公元 1905 年 1905 年
77	联豫	公元 1906-1911 年	张荫堂	公元 1905-1906 年
78	赵尔丰	公元 1909-1910 年	温宗尧	公元 1908 年

注：此驻藏大臣和帮办大臣的姓名、任职顺序，在汉藏文献中有很多差异，此表主要是依据藏文的文献。

2、药王山摩崖石刻佛像

药王山摩崖石刻，我去过多次，每次看到它，心中肃然，看着这一幅幅雕刻的如此精美的石像，记录了藏民族艺术发展。

拉萨药王山，藏语为"夹波日"，其意"山角之山"。药王山的山体大概走向是东西走向，位于布达拉宫南侧，山的背面悬崖绝壁之上。药王山摩崖石刻现存造像主要分布于山体的南边一侧。此处的山崖不算高，残崖断壁纵摆横布，是凿壁雕像的好地方。山石的质地比较坚硬、石质也比较细密，所以非常适合雕刻。石刻凝聚着拉萨历史的发展，变迁、文化、艺术和佛教在西藏的发展。石刻记录了藏族的文明。药王山摩崖石刻佛像大大小小大约 5000 尊，为西藏最多的石刻群。

据说，药王山摩崖石刻群，是公元十四世纪，拉萨的大贵族多仁.班智达出资凿刻的。

3、当雄纳木错—史前岩画

那木措扎西岛岩画位于当雄县纳木措（湖）东岸，为史前时期到吐蕃时期之间绘制的，为史前时期到吐蕃时期之间绘制的，它的发现填补了西藏古代洞穴绘画的空白，丰富了我国古代岩画艺术的形式和内容。

岩画内容有牦牛、马、骑者、武士、巫师、树木、太阳、塔、经幡、箭、雍仲（宗教符号）等，表现题材为围猎、放牧、斗兽、祭祀、战争等场面，多数图像用约色颜料绘成，画法分线描和平涂两种。

4、拉萨的第一座电站—夺底电站

夺底沟内风景如画，流水潺潺，当你进入沟内，感觉空气清新，它也标志着西藏的工业电力、枪械的发展历史。

夺底电站为藏式四柱电站，1925 年，在强俄巴·仁增多志的带领下，10 多位民工和 50 多位石木泥瓦匠，在这个名叫夺底沟的地方修建了一座藏式四柱电站。在拉萨北郊的夺底沟，建立了中国第二座水电站、西藏第一座水电站。1927 年正当内地军阀混战时，这座电站开始运转发电。

西藏和平解放后的第一座电站在这里建成。1955 年动工兴建，1956 年 10 月第一台机组发电，12 月正式送电。工程总投资 844.8 万元，装机容量 660 千瓦。1957 年 10 月，在旧电站附近建了一个装机容量 660 千瓦 3 台机组的新电站正式供电。

西藏第一座电站的设计者是强俄巴·仁增多吉，他出生在拉萨堆龙德庆县的一个中等贵族仁岗巴家里。父亲是西藏地方政府审计局里一位小职员，藏语称审计局为"孜康"，故称他父亲为"孜巴"，意思是"审计人"，他为人正直，学识渊博，母亲是贵族霍苏家的女儿。强俄巴·仁增多吉在少年时代读私熟，受到良好教育。

1912 年，十三世达赖从印度回到拉萨，随后决定派人到英国伦敦留学，以便推行他的"新政"派什么人去？鉴于大贵族在西藏享有特权，像这样的美差当然应从他们的子弟中挑选。但这些权贵们认为，伦敦太远，坐船太艰苦，在那个风云变幻的年代，大贵族担心自己的子弟一去就杳如黄鹤，一概婉言谢绝。后来，只好从中等贵族的子弟中挑选。结果强俄巴·仁增多吉、门仲·齐洛贵木桑、吉普·旺堆罗布、果卡尔瓦·索朗木贡四位少年被选中。在 1913 年，由西藏地方政府孜卡龙夏·多吉次杰带领，经印度加尔各答坐轮船前往伦敦。四位少年到伦敦后，由于不懂英语和现代自然科学，一切课程均从小学读起，即学英语，又要学习数理化课程，经多年补习后才进入诺裴里大学，该校条件很好，可与牛津大学和剑桥大学齐名，到该校学习的人，多是印度王室、英国贵族和大资本家的子弟。

进入专业课程时，门仲·齐洛贵木桑学习矿业。吉普·旺堆罗布学习邮电，果卡尔瓦·索朗木贡布学习军事，强俄巴·仁增多吉学习电力，他还悄悄地学习制造枪支弹药，这是因他幼年时听父辈讲到，1904 年的抗英斗争之所以惨败，因为没有有好的武器，为此他深情地说："我是为了保卫家乡而学习的"。

强俄巴·仁增多吉在英国伦敦学习十分刻苦，十年学习期间，仅回拉萨一次，毕业时总工程职称。由于他在学习期间成绩优秀，业务水平较高，在归国前夕，英国有关方面想以优厚的待遇挽留他多住几年，但是他果断地回绝说："我要尽快回去，西藏更缺乏这方面的人"。

离开伦敦前，强俄巴·仁增多吉通过各种渠道购买了一套 92.5

千瓦的发电机组，经海路运输后，再用人背畜驮，历时一年多，才运抵拉萨，随即又把修建夺底电站的报告呈送给了地方政府。1924 年藏历 2 月 8 日，十三世达赖喇嘛批准动工兴建电站，从此，他把全部力都投到了电站的设计、施工上。

1925 年，在强俄巴·仁增多吉的指挥下，50 多位石匠、木匠、泥瓦匠和 10 多名民工，开始动工修建夺底电站，于 1927 年建成并发电。当电厂向北郊的"车布吉铸币厂"送电时，强俄巴·仁增多吉又帮助该丁进行改造，把一些由人工操作的工序改为电动机器操作。从此西藏拉萨结束了，用酥油和松脂照明，用电来照明。当时，十三世达赖十分高兴，并把工厂命为"车布吉洛珠俄察堪耶日楚旦尔最勒空"，意为"充满着无边神奇智力的车布吉电厂"，并大加赞赏。一些人带着几分惊恐地称："呼啸不停地雪域神龙发光了"。按强俄巴·仁增多吉的初步设想，电厂建成后，先给西藏地方政府的官员府邸安装电灯，但世，由于对这种神奇电力的恐惧，连身为噶伦的赤门都连声气求说："感谢了，感谢了，千万不要给我家安电灯！"

强俄巴·仁增多吉建创的 92.5 千瓦的水电站，在今天看起来是微不足道，然而它的意义却十分深远，这是西藏在神权笼罩下的科学之光。在罗布林卡的"坚赛颇章"宫殿建成后，他又设计了一座更小的水电站，专供十三世达赖喇嘛享用。同时，他还进行新式枪支弹药的设计试验，不过没有取得成功。已故自治区政协副主席噶雪巴·曲结尼玛生前讲这件事："第二批枪支弹药试验产品生产出来时，在北郊进行实地试验，当时谁也不敢去放，只好在扣机处栓条绳子，施枪的人躲在大树后面拉绳子，枪是打响了，但是方向不准确，子弹向左右旋转，乱飞一气……，其原因是，在当时一直没弄清楚是什么原因，现在看来是枪膛里没有来复线的缘故，强俄巴曾说过，我们去工厂参观，只能在表面上看看，不敢深问，因为制造枪支是军事绝密，由此可知他学习时的艰难"。噶雪巴他是西藏地方政府的噶伦，在十三世达赖喇嘛时期也曾是地方政府的一位重要官员，参与过许多历史事件，他的话是可以信赖的。

强俄巴·仁增多吉的聪明才智和忘我工作的精神。得到了十三世达赖喇嘛的赏识和器重。比如，西藏地方政府规定，达赖喇嘛在场时，任何人不得配戴眼镜，但强俄巴·仁增多吉可以破例戴眼镜，再如文武官员晋升提职，必须进行军事考试，但强俄巴·仁增多吉可破例，不参加军事考试也能晋升。

强俄巴·仁增多吉因早年接受西方平等博爱的教育，对下属十分友好，没有那种等级森严，傲视下等人的贵族习气。有一次，他带领全家到濒临河边的树林游玩，正在喝茶，突然传来了呼救声，原来家里的一个男仆掉进河里，他毫不犹豫，立即跳下水去把仆人救上岸，在西藏，主人跳入河中救仆人可说是千古奇事，一些围观的人见主、仆二人都从河里爬了上来，误以为是仆人救了主人，便说："如果不是佣人及时营救，这位主人可就要没命了"。他为人随和，有许多朋友。

1947 年夏天，强俄巴·仁增多吉患热症逝后，他带着对西藏科技发展的美妙梦想离开人间的。据老人们回忆说，他曾希望建设一座大型水电站，地址就在今天拉萨大桥附近，具体计划是：建筑提坝，把拉萨河上游的水拦截起来，供发电用……但他的理想始终没有实现。

1951 年，西藏夺底电站运行了 23 年后，终因年久失修停止运转。机器停转那天，恰巧十四世达赖喇嘛去罗布林卡讲经，地方政府官员认为是工人搞破坏，把技术员廖文和工人查盖、根敦、格桑多吉抓起来监禁，后来根据十条协议精神，才把他们释放。

1954 年，解放军把原来的机组修理好后，重建夺底电站。1956 年 12 月，又在旧电厂的附近建了一个装机容量 660 千瓦的新电站，此电站至今还在运转，除供夺底沟群众照明外，还利用电力磨糌粑。

5、拉萨藏币厂旧址

公元 1792 年（清乾隆五十六年），福康安在击败廓尔喀人入侵后，与八世达赖掌办商上事务的济咙，图克图、噶伦和班弹方面的扎莎喇嘛等，共同议定并呈乾隆皇帝批准《钦定章程》，此后，西藏地方政府开设造币机构，并由驻藏大臣同达赖委任两名"孜东"（计算官）、两名"孜仲"（僧官）为总负责人。

藏币厂于 1793 年铸造"乾隆宝藏"开始，至到 1959 年 3 月 17 日西藏上层发动叛乱为止，经历了 166 年。在这 166 年中，西藏地方政府的铸币业，经历了土法木炭鼓铸币业，水力利用到电力机器压制的过程。最早的是觉木宗造币厂，以后有扎西造币厂，梅吉机械厂（1917 年改为造币厂）、洛堆金币厂、夺底造币厂，最后是十三世达赖合并了洛堆、夺底、梅吉三厂，建立"扎西勒空"——汉族称"造币厂"，是历代诸厂最为先进，组织较为严密，资料保存较全的造币厂。

扎西勒空（造币厂）：1931 年 11 月—1959 年 3 月，经历 27 年。"扎西勒空"藏语原意是无边稀有幻化宝藏之意。是 20 世纪 30 年代建立起来的，它以经营铸币、印钞、印税票、邮票为主，兼营税收、发电、制造枪炮、火药、子弹、织氆氇等，它掌握着西藏的部分财金大权和军权，是一个非常重要的部门，十三世达赖土登嘉措及西藏地方政府，对它的筹建给予了非常重视和关怀。

1914 年（民国三年）噶厦在扎什城旧址建立了一所机器厂，委派哈其（印度伊期兰教徒）米司麻拉为技师。这个工厂建立后，因不能大量制造枪械弹药，后来被改造成了造币和印刷厂，铸造银币、铜币和印刷纱票……（《达赖喇嘛传》）。

1917 年建梅吉造币厂（在罗布林卡西边）

1920 年建洛堆金厂（在罗布林卡西边）。

1922 年在拉萨北郊建夺底造币厂。这些厂的规模都比较小，以手工操作为主，只有一小部分，小型机械配合生产。

1920 年（民国九年），西藏才有了自己的机电人才。同时，在当时达赖喇嘛近侍土登贡培及当权者雪巴、索康、察绒等人的支持下，在扎溪塘（拉萨北郊）建一大院，院内建一幢二层楼房，内设仓库、宿舍和两个造币车间。土登贡培参加该厂的设计和藏币的设计，亲自组编了守卫财政大院的卫队"伸扎"，卫队兵丁从社会上有地位的人和富家子弟中挑选组成。还修建了兵营。

"造币厂"的组织结构：直属于噶厦政府财政局领导，下属有发电厂、造币厂；二级机构有江孜和日喀则银行。根据"扎西勒空"档案和 1952 年的调查，情况如下：

1950 年，扎西电机厂总管达莎（察绒·达桑占堆）、堪宗大喇嘛（荣朗赛·土登洛桑）、孜本（夏嘎巴·旺秋德旦）三人突然离职。于是新任了堪穷四品官詹东·洛桑朗杰、四品官恰巴·格桑旺堆（现任全国政协常委、西藏自治区政协副主席）两人到任后，因造币厂没有较多的款项应付，仅有正在印刷的二十五两钞票，为了不贻误及时支付，将原已印刷的一百两钞票，从原停止印刷的藏文字母第六部，3 字开始印刷一百两钞票。二十五两和十两钞票继续印刷。

据统计由扎西电机厂无边希有幻化宝藏铸造发行各种货币有数者为十七亿一千九百二十六万两藏银，其中藏钞从 1935 年至 1950 年印发了七千一百一十五万两多；1951 年至 1959 年印发了九千七百九十万两，两者共为一亿六千九百零五万两藏银。

西藏和平解放后，为了巩固祖国统一，促进西藏经济的发展，由中央政府调拨银元收总了藏藏钞，从 1959 年起，人民币成为西藏地区唯一合法流通的本位币。从此，祖国大陆的货币归于完全统一。

6、老藏医院——门孜康

拉萨门孜康，藏语中，"门"指医药，"孜"表示历算。因而门孜康意译为"医学历算院"。属于噶厦政府（1959 年以前，西藏地方政府于称为噶厦政府）一个机构。西藏自治区藏医院的前身为拉萨市藏医院，它的前身就是旧西藏的"门孜康"。

西藏历来有重视医学教育，在五世达赖阿旺罗桑嘉措时期就兴办了药王山医学利众寺。在十三世达赖土登嘉措时期，医学教育再度兴盛，1916 年创建门孜康，并任命钦绕诺布为该院院长，主持医院的工作。

钦绕诺布（1883—1962 年）出生于山南地区恰萨拉康寺附近。因他天资聪明，加之勤奋好学，终于成为当时的出类拔萃的名医，倍受十三世达赖喇嘛的重用，被聘为他的私人保建医生。在钦绕诺布的亲自主持下，门孜康建立了一整套严格的教学制度，学员由各地寺庙选送，最多达到了 150 名。学习的内容除医学外，还要学习佛学、语方学等，医学本科，主要学习《四部医典》。另外注重人体的脏腑解剖、藏草药知识。门孜康培养了一大批藏医的接班人，到 1959 年为止，先后从门孜康的毕业的有 370 人，后来这 370 人都成为了藏医学的骨干，至今仍在发挥着重要的作用。

在 1959 年以后，门孜康与药王山医学利众寺合并，成立了拉萨藏医院，即现在的西藏藏医院。成立了住院部及设备先进的藏药厂等，不仅在国内知名，国际上也有名，每年来求医购药者，绵绵不绝。同时，门孜康还担负着编制藏历历书的任务，这对于藏区的农耕活动如适时播种、收割等具有重要指导作用，深受农牧的欢迎。

7、八廓门户—琉璃桥

记得小时候，看见此桥很旧，但是，当时只觉得建筑比较特别。后来在拉萨市文化局（文物科）工作时，初步将此桥申报为拉萨市级文物保护单位。

拉萨琉璃桥，又称"宇妥桥"，藏语称"宇妥桑巴"，即"绿松石桥"，位于西藏拉萨大昭寺正面 500 米，与古驿道相接，为石墩木梁风雨桥。

此桥有两说：一说是建于公元 7 世纪文成公主进藏时期，唐贞观十九年（公元 645 年）修建；另一说建于 18 世纪，为清代古迹，因驻藏大臣衙门与布达拉宫之间有条小河不便往来，而由清政府拨专款修建此桥。

琉璃桥为石筑五孔桥，跨度长 28.3 米，桥面宽 6.8 米。桥廊采用藏汉结合的歇山式建筑。桥上为角堂式建筑，两边砌石墙，原 1.6 米。东西两侧的墙上分别砌有 5 个宽为 2.3—2.5 米的孔洞，孔洞间距均为 2.6 米，高 3.2 米，孔洞外测置高 1.5 米的木栏杆。人字形桥顶覆盖绿色琉璃瓦。石墙间横置九根方木梁，每根梁上竖立，根瓜柱（也叫童柱），其上置 8 根脊檩；在四面墙的梁间，共伸出了 36 根出桃方木，其中东西两测分别为 13 根，南北两端分别为 5 根，本角本个转角分别出一个。出桃木的里端压的模方木，其上竖瓜柱，柱上安置金檩；在出桃方木的外端，压有一斗三升。用一斗三升结构承托方檐檩，然后再施椽、板，覆绿色琉璃瓦机，又以琉璃筒瓦盖缝，檐口施有琉璃舌形滴水。南端歇山檐滴水破坏无奈，北端歇山檐施有三种滴水。一种为梵文图案舌形琉璃滴水。一种为普通图案舌形琉璃滴水，另一种为三曲线舌形琉璃滴水。四角为龙首飞檐，屋脊中间饰有 1 米高的琉璃宝瓶，两端有琉璃供果脊饰。组成漂亮耀眼的汉地古建歇山式桥廊。

8、西藏首富之一—邦达昌

邦达昌为邦达家族创立的商号，绑达家族出身于藏东平民，因受十三世纪达赖喇嘛的提携而垄断了西藏羊毛的出口，成为西藏数一数二的大商人，掌握西藏经济命脉，邦达昌一度成为官商合办之企业，邦达家族亦官亦商、亦文亦武、权势显赫，富甲一方，在西藏近代史上具有举足轻重的影响。

邦达昌，藏语是家族的意思。邦达昌，指的是邦达·阳佩、邦达·热嘎、邦达·多吉三兄弟在西藏区内外，国内外商业活动的总称。从民国初年到 50 年代末，邦达昌是云、贵、川、藏著名的商号，在印度、缅甸、尼泊尔、不丹请等国家也很有名。特别是抗日战争时期，邦达昌以其骡马商队开辟陆地国际运输线，有力地支援了大后方，功绩卓越，成为国内外美谈。纵观邦达昌的兴衰，在那个时代为发展西藏民族商业，维护祖国统一做出了不可磨灭的贡献。

邦达三兄弟，是西藏昌都芒康县人，他们家的前三代是萨迦寺在芒康县的差户。1910 年，西藏地方与清朝中央发生剧烈冲突，十三世达赖逃亡印度时，邦达昌兄弟的父亲绑达·列江，当时在印度经商，他保护和支助了十三世达赖喇嘛。两年之后，达赖喇嘛返回了西藏，为了回报邦达·列江在印度对他的资助，给予了邦达家族发展机会，他授权邦达家族独家经营全藏羊毛和贵重药品，并明令其他商人不得经营，违者重罚。

后来达赖喇嘛又给邦达·阳佩的亚东总管（四品官）的封号。巨大的垄断权使邦达家族成为豪门。生意做到了成都、重庆、昆明、上海、印度、欧美。但是，邦达·列江却莫名其妙的死于非命。据说有一天巫师竭力劝阻邦达·列江不要出门，如果实在要出门，天黑之前必须返回。邦达·列江对巫师的话未予重视，应约赴一场掷骰子游戏，兴至勃勃地玩到了天黑不思归家，结果应了巫师之言。究竟是因为政治原因，或者是商敌所为，或者是旧仇之偿，不得而知。从此以后，他的三个儿子，接过他父亲的事业。

由于藏传佛教的传统，邦达昌经营场所没有招牌、招幌之类的标志。

老大邦达·阳佩坐镇拉萨；老二邦达·热嘎坐镇印度噶伦堡；老三邦达·多吉坐镇昌都。邦达昌经营很广泛，主要从事西藏区内外、国内外茶叶、食盐、粮油、副食品、畜产品、中药材、西药、日用工业品的批发经营。1914 年，仅邦达·阳佩在拉萨的流动资金已达

709090 两藏银。邦达昌曾在民国政府组建的喜马伦公司投资 20 多万大洋。1953 年，邦达昌拥有 150 多万银元的商业资金。这些还不包括存在美国、英国、香港等国家和地区的无法估算的美金和其他外币。老百姓有一个传说，邦达昌在拉萨有一座小金库，里面装满了一千块一封的大洋，把厚厚的墙壁都涨得裂缝了。西藏民间一直都有这么一个说法"天是邦达昌的天，地是邦达昌的地"。邦达昌在藏区拥有 1000 来名职工，其中秘书（文书兼会计 13 名；经理若干名。半年算一次工资，秘书、督管一年发两套藏装。邦达昌有许多骡马邦，每队骡、马、牦牛头数在 200 左右，每队骡邦有一名督管，其腰别着长藏刀，肩挎英制步枪，威风凛凛。经长途运输货物安全抵达后，督管可得到一驮货物，作为奖赏。有的督管把这一驮货物卖掉，变成现钱，时间一长还发了财。

在印度噶伦堡，两队骡邦发生械斗，打死了人，官司打到藏政府，才弄清都是为邦达昌服务的，足见其经营规模是很大的。另外在拉萨市内，有一个 6 辆 6 轮汽车的小车队，当时市外没有公路，就在市区倒运商品。在噶伦堡，邦达昌与热振、萨多两个商号共同拥有一座 500 名职工的羊毛加工厂，出口羊毛在这里分等级，重新打包以后出口到印度、英国等国家。

茶，是藏族生活中非常重要的饮品，老百姓口语里就有"茶是生命，茶是精神、茶是肉"的说法。茶叶的牌子很丰富，当时邦达昌主要经营的牌子有：仁增多吉、扎门拉、森格湟玛、落布门巴、梅朵白玛珠、扎西达吉。

邦达昌从四川的雅安、康定、云南的丽江等地采购砖菜、金尖茶、紧茶进藏。解放前的二十余年中，平均每年购入西藏的砖茶约为 3.6 万条包（每条 16 块，每块按 1949 年昌都市场价格计算为 4 角钱），合大洋 23.04 万；金尖茶 5.1 万打条包，每条包装有 44 条，合大洋 34 万元；紧茶 0.9 万大包，每包 126 个，每个 0.23 元大洋，合大洋 26.08 万元，每年从云南购进碗糖，木品、铜锅、壶、盆、盘、桶、瓢、水缸、锁、瓦、马料锅、火腿、腊肉等 45 驮，约合大洋 9 万元。

每年由印度噶伦堡经经西藏亚东进入西藏的商品 6000 余驮，值藏银 825 万两，进口商品中，主要有布匹、毛织品、香烟、红白糖、糖果、日用百货、五金交电等。

这些商品都是英、美、日、印等国所产，质优价廉，很受老百姓喜爱。20 世纪 30—40 年代，邦达昌上市商品一米布料 3 两藏银，合大洋 2 角；做一套藏装的美国毛料（大约 3 米）值 23 块大洋；一只罗莱克斯手表 50 元大洋；一只欧米伽手表 60—70 元大洋；一条 550、990 或红灯牌香烟 3.33 元大洋；一斤印度产毛 15 两藏银，合 1 元大洋；一斤白塘 1.67 两藏银，合大洋 1 角 1 分；一只碗糖（红糖）值 7 雪 5 分，合大洋 5 分。邦达昌每年从昌都、藏北等地收购羊毛 14 万多公斤，每公斤购价 0.16 元大洋，全部经亚东出口，约获毛利 56.56 银元。出口到印度、尼泊尔的商还有食盐、硼砂、牦牛尾、猪鬃、皮张、麝香、熊胆、豺骨、虫草、贝母、胡黄莲和其它药材。

邦达昌经营方式很灵活，将收购或采购的商品运至昌都、拉萨、日喀则后，邀请大、中小商人看货选购。为了融洽气氛，同时备有丰富的饭菜、烟、酒、茶款待客商，信誉很好。另外常采用流动购销，扩大收购和销售。邦达昌的骡帮满载各种商品深入农牧区，一面出售商品，一面收购农副土特产品。邦达昌也采取赊销方式，在春夏之季，先将日用百货等商品赊城镇居民或农牧民，待秋季农牧副土特产品收获后，再上门收购，以抵偿货款。

邦达昌以商抗日的业绩最为突出。"七七事变"后，日本对抗战后方实行战略封锁，切断海路运输线，致使大西南商品、物质非常匮乏。邦达·阳佩和邦达·多吉策划并开辟了印度经西藏直川、滇完全依靠骡马运输的陆路运输国际交通线。邦达昌加强印度加尔各答和噶伦堡的商业机构，以拉萨为转发中心，先后在玉树、昌都、芒康、甘孜、巴塘、义敦、理塘、雅安、成都、重庆、昆明、丽江、中甸等地设立固定和流动商号及转动站。从印度购进大批商品，如棉纱、染料、药品（材）、皮革、毛料、布匹、香烟、卷烟备纸以及麝香、虫草、克什米尔红花和贝母等，从噶伦堡直发康定和丽江后转至成都、昆明等地。邦达昌自备骡马 2000 余头，驮运费相当高，其中要翻越雀儿山、二郎山等大山，千里迢迢、忍饥受饿，途中经常遇盗匪侵扰，克服种种艰难险阻，前后支援抗战物资达 1.5 亿美元。

1942 年，在爱国力量支持下，邦达昌在康定成立了"康藏贸易股份有限公司"，同年 7 月，在理塘设邦达昌临时总号，动员藏商大中小商人不惜一切代价支援西南大后方。在邦达昌兄弟鼓动下，商人们纷纷前往拉萨或噶伦堡办货，分别送到康定和丽江等地。回程又办茶叶等商品送拉萨，在康定掀起了大办商贸，掀起积极支援抗战的热潮。尤其值得提出的是原来康藏沿途盗匪猖獗，为邦达兄弟大义所昭，盗匪竞销声匿迹，往来商族畅通无阻。

1942 年冬，邦达昌派仲麦·格桑扎西（现任昌都地区政协副秘长）带上从印度发来的西药、皮草、毛料、布匹、棉纱到成都。这些高品当时是俏货，不到两个月全部脱销，随后又有大批商品运到成都销售，对繁荣战时后方经济起了一定的作用。1943 年，仲麦·格桑扎西参加了重庆金融市场组织，每天于解外币特别是美金、黄金、公债、行情变化，伺机买进外汇，又汇往印度购买战时内地急需商品。1943 年—1946 年，汇往印度邦达昌总号 1000 万卢比；在重庆、成都、昆明、丽江购进黄金 1 万两；银元 30 万元；银锭元宝 3.3 万多两。

1950 年，邦达·多吉积极协助解放军进军西藏，担任中华人民共和国昌都人民解放委员会副主任、主任，西藏自治区筹备委员会副秘书长，自治区政协副主席。1958 年邦达昌经营活动停止，邦达·多吉在文革中因拒绝批斗班弹喇嘛而受到冲击，1974 年去世，临终留有遗嘱，不幸丢失。老大邦达·阳佩 1959 年 1 月去了瑞士，1964 年在周恩来总理的关怀下携儿子与随行人员经香港回拉萨，1976 年患脑溢血去逝。老二邦达·热嘎在印度去世。

绑达昌家族，对中国的抗日战争作出了不可磨灭的贡献。

9、古老的家族—噶尔家族

噶尔家族是西藏古老的家族之一，它兴起于公元 6—7 世纪。是吐蕃王朝时期，显赫的家族，在吐蕃王朝的政治历史上，该家族有五位成员，担任吐蕃大伦（丞相）要职。最为著名的是噶尔.东赞宇松（禄东赞）和他的长子噶尔.赞聂多布（赞奚诺）、次子噶尔.赤正赞卓（伦钦琳）连续担任吐蕃王朝大伦 50 多年，他们辅佐、培育了两代年幼大赞普，为吐蕃王朝的政治稳定、经济发展、军事力量强盛，做出了卓越的贡献。

然而，在赤都松芒布杰（器奴奚弄赞普）赞普时期，时任大伦的噶尔.赤正赞卓（伦钦琳）时期（公元 698 年），噶尔家族遭到了满门抄斩的命运，其降罪的理由为背叛吐蕃王朝。

10、修行圣地—扎叶巴

扎耶巴寺松赞干布王妃芝萨墀江所倡建。扎耶巴寺，位于拉萨市所属的达孜县境内的帮堆乡耶巴村的耶巴山麓上，海拔 4000 米。

扎耶巴寺，始建于公元 7 世纪，由吐蕃赞普松赞干布的妃子芝萨墀江所建。据《卫藏道场胜迹志》记载："耶巴寺的大殿中设有阿底峡尊者用过的盘子，盘内有用阿底峡鼻血画的佛像，还有十六尊者（即十六罗汉）的殿堂等都是灵异素著的圣迹"。赞普墀祖德赞（803—841 年，亦称"热巴巾"，汉籍作"可黎可足"又称"彝泰赞普"，815 年即位。执政期间，崇信佛教已达登峰造极之地）在他执政时期在扎耶巴寺建有佛塔。朗达玛（唐代译"达磨"又称"吾东赞普"。836—842 年在位）时郑喀·白季云丹被害，并剥其皮，即供于耶巴寺内。刺杀朗达玛的拉隆·巴季多吉（拉隆.贝吉多吉）亦在扎耶巴寺修行。后弘初期阿底峡（982—1054 年）在此住过，他的大弟子俄·勒比协绕，在此地弘传噶当经函密法。传说寺内还有碑刻大钟等珍贵的古代文物（文革中丢失）。

扎耶巴寺，亦称"扎耶巴神殿""比玛尔色神殿""扎耶巴玛尼拉康殿"。殿内有一块"六字真言"玛尼石；还有松赞干布、墀尊公主、文成公主、王妃芝萨墀江及王子贡日贡赞雕像。

据藏文史书载：8 世纪，莲花生大师在扎耶巴修行传教，营造了"一百零八大成就者"修行洞，这里便成为吐蕃著名的密法修行道场。9 世纪末，复兴佛教大师鲁梅·楚臣西绕，曾赴长安为十六罗汉开光，并依此塑"十六罗汉"像，迎请到扎耶巴寺建立了十六尊者佛殿。11 世纪，阿底峡在扎耶巴寺"索巴浦"（亦称"弥勒殿"）收徒传教长达五年，成为噶当派的重要道场。公元 1647 年，第五世达赖阿旺·罗桑嘉措在扎耶巴寺建立了四层楼的格鲁派僧院，同时建成供养佛殿、护法神殿、达赖寝宫等，供奉阿底峡、仲敦巴、宗喀巴等塑像，时有僧侣 160 人。18 世纪，甘丹寺第五十一任法台达温阿旺班丹，任上密宗院堪布时，在扎耶巴寺建立了格鲁派密宗院，现有僧人六十多名。

扎耶巴寺圣迹较多，据史书记载：有达瓦浦岩洞，"达瓦浦"即月亮窟。传说墀松德赞（公元 755—797 年在位）时杰瓦乔央（系墀松德赞时得道王臣二十五位之一）曾在此修道获得成就，即在窟外乘月光升天而去，故名"达瓦浦"（月亮窟）。岩洞内有邬坚大师（邬坚巴·仁钦贝）的替身像，据说此像颇神奇，可以代替真身；还有很多天然生成的各种神像。有直布浦岩洞，"直布浦"即铃岩窟。传说墀松德赞王时昆·鲁伊旺布，在此岩窟内修铃派的胜乐金刚法获得成就。显示神通，将铃放置天空之中，故名"直布浦"（铃岩窟）。昆·鲁伊旺布为墀松德赞时初期，度出家的七预试者之一。此外，还有多吉浦岩洞和 80 位在扎耶巴寺得道者所住过的岩洞。

从扎耶巴寺往东沿拉萨河北岸可至帮堆乡，这里有宁译师（本名达玛扎）修道的宁衮浦岩洞。洞内供有极为威灵的四面明王像。四面明王即四面魔坷哥罗法，系大黑天神，最初由宁玛派从印度迎来，又称"衮布协"，汉译为"四面明王"，为萨迦派本尊神。

扎耶巴寺是西藏历史上有名的寺庙之一，距今已有一千五百年的历史，在信教群众中影响很大，也是各界人士观光、旅游、朝拜的圣地。

扎叶巴寺，全称："叶巴拉日宁巴温乃"。一种说法是当年拉隆·贝吉多吉暗杀吐蕃最后一位赞普朗达玛后，被朗达玛的仆从追杀。追兵赶到今天扎叶巴所在地时，一个个顿然感到莫名的恐惧，有些至昏厥过去。相传，藏族人们为了纪念这件奇事，就建立了该寺。

从曲普镇向东步行 20 分钟就到扎叶巴寺了。由于此处地势鲜明而突出。因此，该处就被称为叶巴。

传说曾经有 80 位高僧在弥勒佛殿中的三窑洞中修行，最终只有 33 名修成正果。

如果按照该寺的神佛塑像是用建大昭寺的石土献新修建的说法来推算，该寺应当建于公元 7 世纪。当年莲花生大师从扎叶巴的塔向地方望去，扎叶巴的拉日（山）如同胜乐金刚的宫殿。藏历四月十五日，月光下大师来到拉日山转山，见达瓦浦外面没门，里面却有门，因此，为石窟开了三个洞门。可大师仍然觉得光线太暗，就用中指在中央点开了一扇门。达瓦浦、桑耶青朴、雅砻谢扎并称为莲花生大师最殊胜的三处修道圣地。阿底峡也曾在拉日（山）顶居住并讲经。该寺最初只有一个修行洞，之后喇嘛阿旺桑布扩建了该寺。玛顿·却吉旺久在索卡普里新建了弥勒佛殿。也有的说是比立强久维色所建。

弥勒佛殿供奉有药泥制四层楼高的弥勒佛、六大菩萨及其随侍像。殿顶是准噶尔从敏竹林寺抢回来的汉式金瓦屋顶。

该弥勒佛像还有一段趣闻，说是当年强久维色用阿嘎塑成了弥勒佛像的下半部分后，就去做佛事活动了。就在此时，他看见从拉日（山）上下来 8 个白衣人。他担心来者不善，担心是贼。于是立即赶到弥勒佛殿，结果令他震惊的是佛像的上半身竟然已经塑好了。而多闻天王塑像尴尬地退居在了一侧，并给弥勒佛像献了一尊吐宝兽的塑像。这也是雪域西藏唯一的一尊怀抱吐宝兽的弥勒佛像。

弥勒佛殿下方是法王洞、拉隆浦、莲花生洞、达瓦浦、次久浦、觉囊、贡钦西饶坚赞居住过的觉囊贡钦浦。在此下方为红猴金殿。关于这座金殿还有一段趣闻，据说当年文成公主经过此地，正寻思在何处建她的佛殿时，从石窟中跑出两只红猴，于是决定在此建殿。因而殿名也被称作红猴金殿。佛殿下方为拉萨上密院（小昭寺）僧人讲法时所居住的居康。中间 20 柱大殿黄金宝座上供奉有释迦似我金铜像，右侧是作为本尊的度母像，左侧是一肘高的无量寿佛像、阿底峡大师亲手绘有噶当派三祖师像的宝贵木碗、强久维色和纳措译师。西面是一层多高的师徒三尊缘、东面是第七世达赖喇嘛阿旺桑布、阿底峡铜像、一层楼高的仲敦巴像等。殿门西面墙上是第五世达赖喇嘛亲手绘制的吉祥天女像。屋顶的寝房中奉有檀香木树心制成的帕巴洛格夏热观音像。桌子上相传是从属于印 80 位智者的，长有三个翅膀的集会海螺。据说一翅膀上有能仁王和十六罗汉天成像，一只上面有药师佛八尊天成像，第三只上面有 21 尊度母天成像。

扎叶巴寺 150 名僧人主要修持格鲁派和宁玛派教法，每年藏历七月十日要举行扎叶巴次久节，届时僧人们将跳"羌姆"。

对于拉日（山），人们把山顶看成是胜乐金刚的宫殿。而至尊救度母的右脚处是拉日山，左脚处为居康，双手双脚处各一处尸体。

由该寺向南望去，有一个叫作吉曲帕日曲龙的修行地，其对面也是修行之地。据说，在此处修行比别处更容易参透佛法。

目前，在重建的弥勒佛殿中供奉有重要的弥勒佛塔，其怀抱阿底峡宝碗残留部分。此处还有天女像、多闻天王等的重塑像。莲花浦中则是重塑的莲花生大师像。

11、松赞干布的宫殿—尊木采寺

尊木采寺，位于拉萨达孜县章多乡尊木采村。

据历史记载，在公元七世纪松赞干布出生后，在此地建立了尊木采宫，而且松赞干布在此宫住过一段时间。藏文先驱吞米桑布扎，把第一个所创立藏文文献，献给松赞干布，该藏文文字至今还保留在该寺之中。此地也是松赞干布妃子游玩之地，她们从加玛沟前往拉萨，在此休息娱乐之地。后来该地，由于种种历史原因，尊木采宫被毁。

公元 1420 年，由顿增.扎巴坚参在此地建立了寺庙——尊木采寺。

12、松赞干布与妃子修建的寺庙—嘎则寺

嘎则寺位于拉萨墨竹工卡县工卡镇。嘎则寺据说最初是松赞干布及妃子所建立起的一座寺庙，该寺原名为，欧诺科久拉康，其意思是："中镇不变佛殿"；据《卫藏道场胜迹志》记载，嘎则寺始建于公元 8 世纪，莲花生大师所建，出为宁玛派，在佛教后宏期为噶当派；现为格鲁派。寺庙初建规模不大，是一座小殿堂，有着 1300 多年的历史。嘎则寺最初建立的寺庙，现在已经所剩无几，现在的寺庙是由三个寺庙组成。

现寺庙是由大殿堂与 26 个修行室及僧舍组成。大殿座北朝南，高为二层，石木结构，藏式平顶，平面呈"凸"字型。其前廊面积为 2 柱，壁画为四大天王、观音等；大殿面积为 30 柱，大殿内壁画为千佛释迦；佛堂面积为 4 柱，主供强巴佛，有几座合金佛塔，四周为转经回廊，回廊壁画为千尊无量寿佛。主殿二楼有寺庙主持卧室；北面有一小护法殿，面积为 6 柱，护法殿，四臂金刚、能仁金刚、松赞干布、赤松德赞等塑像等。

13、松赞干布妃子茹雍开凿的石窟—查拉鲁普

查拉鲁浦石窟是一座有着 1300 多年的历史，也是西藏著名的石窟。座落拉萨市区内，位于布达拉宫西南的药王山东麓，该寺亦称

"查拉鲁甫石窟"开凿于唐初。据《世系明鉴》记载：赞普在查拉鲁浦修建寺庙，内中主要供奉扎拉贡布像。据《卫藏道场迹志》记载：在查拉鲁浦内有松赞干布寝居的岩洞，后来圣者吉贡巴（系噶当派吉贡宗巴，本名协绕多吉，系博多瓦弟子）就在此修大悲观音法，获得成就。此石窟内也供奉有无数的神像经堂等圣宝。又据《贤者喜宴》记载：石窟系松赞干布的王妃茹雍妃（洁莫尊）所开凿，时间大约在7世纪40年代中期。石窟依山而凿，洞口高2.56米，洞深5.5米，洞宽4.45米，平面呈长方形，面积约27平方米，有造像71尊（包括2尊泥塑像），分布在中心柱四面和石窟南、西、北壁上。

中心柱造像：中心柱四面有造像14尊，造像高大，皆高浮雕。东面造像有一佛二弟子二菩萨，共5尊。释迦牟尼像高1.28米，头戴高冠，着右袒大衣，左手持钵，右手作触地印，有椭圆形头光，结跏趺坐于仰覆莲座上。其两侧为弟子迦叶、阿难：阿难像高0.92米，双手合抱于腹部；迦叶像高1米，右手立胸前，左手下垂。两边胁侍菩萨立像均高1.05米，高发髻，袒露上身，下着长裙，腰系带、双臂下垂，脚踏方台。南面和北面各有造像3尊，为一佛二菩萨，其造像题材、服饰和坐立姿势皆类同。释迦像高1.44米，头戴高冠，外着右袒式大衣，内着僧祇支，右手下垂作触地印，结跏趺坐于仰覆莲座上。其身旁的两尊胁侍菩萨皆头戴高冠，上身袒露，下着长裙；左胁侍菩萨垂发披肩，左手置胸前，右手下垂，右胁侍菩萨双手自然下垂，均站立于方台上。西面有造像3尊，为一佛二弟子。释迦像高0.77米，弟子迦叶、阿难像均高0.64米。

石窟南壁造像：数量最多。有32尊。分为上、中、下三排：上排有造像17尊，中排有造像1尊，下排有造像14尊。

南壁上排造像组合很有规律，一般为一佛二菩萨。除第一尊造像外，其他16尊造像自东向西分6组：第一组主尊释迦佛高0.33米，头戴塔式冠，着右袒式大衣，右手上扬以食指与拇指相触，左手作论辨印，结跏趺坐；右胁侍菩萨像高0.31米，高发髻，袒裸上身，下着长裙，戴耳环、项圈、手镯，披帛，结长带，胸姿微屈，生动逼真；

左胁侍菩萨像高 0.32 米，高发髻，袒裸上身，下着长裙，结带，右手立胸前，左手持莲蕾，佩戴耳环、臂钏、手镯。第二组主尊素尔穷·喜饶扎巴（1014—1074 年），亦称"甲巴"或"拉杰钦波"（意为大译师）喜饶扎巴头戴尖帽，内着左衽衫，外穿袈裟，背后披发，双手扶膝，结跏趺坐；菩萨像高 0.35 米，高发髻，上身袒露，下着长裙，披帛，戴耳环，饰项圈、手镯，腰结带。

第三组主尊阿弥陀佛，像高 0.4 米，戴塔式高冠，内着僧祇支，外着右袒式大衣，双手结弥陀定印，结跏趺坐；左、右胁侍菩萨像高 0.45 米和 0.42 米，高发髻，袒露上身，下着长裤，披帛下垂外飘，戴耳环、项圈、手镯，身姿呈"S"形，左胁侍菩萨右手下垂、左手置胸前，右胁侍菩萨右手置胸前，左手举宝瓶。

第四组造像主尊释迦佛，像高 0.38 米，戴塔式高冠，外着右袒式大衣，内着僧祇支，左手持钵，右手作触地印，结跏趺坐；左、右胁侍菩萨像高 0.47 米和 1.42 米，高发髻，上身袒露，下着短裙，披帛绕肩曳地，戴耳环、项圈、璎珞、手镯，右手下垂或置于胸前，左手举宝瓶。

第五组造像主尊释迦佛，像高 0.38 米，头戴高冠，内着僧祇衣，外穿右袒式大衣，双手结转法轮印；左、右胁侍菩萨像高 0.43 米和 0.45 米，高发髻，上身袒露，披帛，下着长裙，饰耳环、项圈、璎珞、臂钏、手镯，左手置胸前，右手下垂或举火焰宝瓶。

第六组造像主尊释迦，像 0.37 米，着右袒式大衣，左手托钵，右手作触地印，结跏趺坐；右胁侍菩萨是第 5 组的左胁侍菩萨，处于两组主尊之间，像高 0.43 米；左胁侍菩萨像，高 0.3 米，高发髻，袒露上身，下着长裙，右手下垂，左手反掌立于胸前，饰耳环、项圈、臂钏、璎珞、手镯等。除这六组以外，还有 1 尊尼玛次造像，像高 0.29 米，高发髻，裸上身，披帛、下着紧腿裤，右手持钵，左手指太阳，饰有耳环、项链、手镯；游戏坐于方台上。在造像的上方雕刻有直径 0.05 米的太阳。传说尼玛次，是古印度人，他将天上 9 个太阳用手抓掉，最后只剩下一个太阳。

南壁中排仅有一尊释迦佛造像，像高 0.25 米，戴塔式高冠，外穿右袒式大衣，内着僧祇支，右手前伸手上指，左手施无畏印，结跏趺坐。

南壁下排为菩萨群体造像，仅有一尊金刚力士像。菩萨造像大同小异，自东向西主要有：弥勒菩萨像，高 0.73 米，戴四层塔式高冠，垂发披肩，上身袒露，下着长裙、右手下垂、左手置于胸前，饰有耳环、项链、璎珞、臂钏、手镯等，赤足站立于圆形覆莲座上。造像头顶有 3 个阴刻蓝查体梵文字（妙严弥勒）和两组古藏文数码（151 和 156）。站立菩萨像，高 0.78 米，头戴高冠，垂发披肩，上身袒露，下着长裙，右手下垂，左手置胸前，佩饰耳环、项链、手镯，赤足站立于圆形覆莲座上。蹲式菩萨像，高 0.63 米，高发髻，上身裸露，下着竖纹筒裙，戴耳环、项圈、手镯，呈蹲立姿势，双手合掌置胸前，造型较奇特。两脚并立菩萨像，高 0.58 米，高发髻，裸上身，下着短裤，右手下垂，左手置胸前，戴耳环、项圈、手镯，两脚并立稍向左偏，腰姿扭摆，造型优美，这是下排菩萨中的典型代表。金刚力士造像，高 0.53 米，头戴锯齿形五花宝冠，面目狰狞，三眼阔鼻，龇牙咧嘴，戴有耳环、项圈、手镯，全身裸露，左手置胸前，右手持金刚杵、双腿作弓箭步，刚劲有力。

石窟西壁造像：数量较少，从南向北共有 6 尊（包括 1 尊泥塑护法神像）。造像精致，形象各异。菩萨造像：高 0.83 米，高发髻，垂发披肩，袒露上身，下着短裙，右手立于胸前，左手下垂，饰有耳环、项链、璎珞、臂钏、手镯等，赤足站立于仰莲花座上。这尊造像体形高大，比例协调，面相端庄，雕刻细腻，形象生动，装饰齐全，衣纹清晰，为造像中的精品。三世佛造像：基本相同，皆戴三层塔式高冠，着右袒式大衣，结跏趺坐于覆莲座上，不同的是手势：过去佛像高 0.4 米，双手置胸前，作法轮印；现在佛像高 0.4 米，左手托钵，右手作触地印；未来佛像高 0.41 米，右手上上，左手持钵作论辩印。莲花生造像：高 0.45 米，头戴卷沿尖帽，身穿通肩袈裟，戴耳环，左手持钵并抱法杖，结跏趺坐于方台上。

石窟北壁造像：数量较多，共有 19 尊。分为两排：上排有造像 2 尊，下排有造像 17 尊。

北壁上排 2 尊造像都是释迦像，风格基本相同。皆有塔式背光，素面无饰，头戴塔式高冠，外着右袒式大衣，内着僧祇支，结跏趺坐于圆形仰莲座上；第一尊造像双手持钵，像高 0.4 米，第二尊造像像高 0.4 米，手作触地印。

北壁下排造像以菩萨为主，其次就是吐蕃时期的几位重要人物，还有阿弥陀佛与金刚力士（金刚力士为泥塑像）。菩萨造像：第一种像高 0.66 米，有桃形头光，戴三层塔式高冠，着袒右肩紧身上筒裙，右手下垂，左手执飘带，整个身躯由腹部向右倾斜，显得潇洒自如；第二种像高 0.5 米，戴高冠，上身半裸，斜披帛，下着竖纹长裙，左手下垂，右手反掌立于胸前。这种造像有较深的龛，深约 0.07 米；第三种像高 0.8 米，全身裸露，腰系宽带，左手下垂，右手反掌立于胸前，右肩旁有一朵莲蕾，饰有耳环、项圈、璎珞、臂钏、手镯，有桃形头光，造像优美。吞弥·桑布扎造像：高 0.66 米，头戴高式夹帽，袒露上身，下着长裙，左手置胸前，右手下垂，左手执飘带，整个身躯由腹部向右倾斜，显得潇洒自如；第二种像高 0.5 米，戴高冠，上身半裸、斜披帛，下着竖纹长裙，左手下垂，右手立于胸前。这种造像有较深的龛，深约 0.07 米；第三种像高 0.8 米，全身裸露，腰系宽带，左手下垂，右手反掌立于胸前，右肩旁有一朵莲蕾，饰有耳环、项圈、璎珞、臂钏、手镯，有桃形头光，造型优美。吞弥·桑布扎造像：高 0.66 米，头戴高式夹帽，袒露上身，下着长裙，左手置胸前，右手下垂，饰有耳环、手镯，腰系带，表情温顺慈祥。松赞干布造像：高 0.71 米，浓眉大眼，八字胡，上着高领左衽宽袖衫，外斜披璎珞，下着竖纹长裙，脚穿筒靴，饰有耳环，左手放膝面，右手作论辩印，游戏坐。文成公主像：高 0.55 米，位于松赞干布像的右侧，高发髻，上着高领右衽窄袖衫，披璎珞，下着竖纹长裙，饰耳环、手镯，左手平放胸前，右手下摆，举止悠然大方。墀尊公主像：高 0.52 米，站立于松赞干布左侧，衣着与文成公主相同，双手抱胸，眉清目秀，格外窈窕动人。禄东赞造像：高 0.64 米，头戴塔式尖帽，八字胡须，袒露上身，下着短裙，脚穿筒靴，左手下垂，右手置胸前，饰耳环、项链、手镯、垂带，整个身姿匀称协调。

查拉鲁浦石窟的造像，具有很高的历史和艺术价值。它不仅为西藏石窟与摩崖造像提供了断代依据，而且也为中国石窟寺艺术增添了异彩。

14、吐蕃藏文的发祥地—帕崩岗

拉萨在历史上有四崩：帕崩岗、吉崩岗、铁崩岗、萨坡岗。帕崩岗藏语意为"坐落在大石头上的宫殿"；吉崩岗藏语意为"供奉宗喀巴大师塑像的地方"；铁崩岗藏语意为"灰炭堆积的地方"；萨坡岗的意义及地址不详。这就是拉萨的四崩，四崩之中帕崩岗为历史最为悠久。帕崩岗位于拉萨北郊的娘热沟之内。当我每次踏进它那怀饱里，站在帕崩岗那块大石头之下，看着它那巍峨的山石，屹立在那里，心情无限感慨，它仿佛在诉说着千年的历史。

帕崩岗的历史便要从吐蕃松赞干布的大臣吞弥·桑布扎讲起。吞弥·桑布扎是藏文的创始者，是西藏第一位翻译家、教育家、语言学家，他的聪明才智是藏族优秀传统文化的重要组成。吞弥·桑布扎是在帕崩岗创立了吐蕃文字，他将藏文成功创制，藏文、吞弥·桑布扎、帕崩岗三位一体。帕崩岗位于娘热沟半山腰的石头古堡上，它极为优静，平日里断断续续的游客也会在这座古堡里制造出一波又一波的热闹情景。

公元 7 世纪，松赞干布征召了大量的居民百姓，在红山文巅破土动工，建造了雄伟壮丽的红山宫堡（布达拉宫前身）。红宫堡建成后，松赞干布举行盛大的庆典。各地的国王和首领，听说有个叫松赞干布的国王干出了许多惊天动地的大事，于是纷纷派出使臣，用骆驼、大象、骡马驮着丰厚的礼品，带着各自己国文字写成的祝贺信，来到了吉雪沃塘（今拉萨）参加庆典。庆典结束，藏王和大臣给各国的国王、首领回礼。可是有一个问题难住了，吐蕃当时没有文字，没有办法写回信，只好通过翻译，带几句感谢的话。

这件事，使松赞干布很丢面子。其实这之前，吐蕃就因为没有文字，没法翻译经文、制定法律、通过文字与周边邻国联系，因此松赞干布也很伤脑筋。他也早想有自己的文字，他先后派出了好几批大臣到东南亚学习创制文字的方法。但是这些人在路上有的被强盗所杀，有的被野兽吃掉，有的在途中得病去逝了，剩下几个人，都是两手空空地回来了。松赞干布突然想吞弥·桑布扎大臣，觉得他聪明机敏，而且非常能吃苦耐劳，于是特意把他召到身边并嘱托说："我们吐蕃人没有文字，好比黑夜里走路没有光。你一定要要选字的方法学会，这是造福千秋万代的大事情"。于是，派吞弥·桑布扎去印度学习。

有一天，松赞干布在新建的红宫堡上踱步，忽然发现北面的娘热沟有一块貌似乌龟的大磐石闪闪发光。他曾研究过，汉地的阴阳五行，因而得知这是一个瑞祥之兆，于是他马上带领大臣待卫赶到娘热沟口去查看，这块磐石平坦宽阔，是天然的一个建筑平台。藏王非常高兴，他说一定要在这块磐石上建一位 9 层高的宫堡，等吞弥·桑布扎学成回来后，在这里创制文字。宫殿初建成后取名为工噶玛如，后来叫做帕崩岗，竟为"坐落在大石头上的宫殿"。

吞弥·桑布扎经过千辛万苦，翻山越岭山，翻猛兽出没的喜马拉雅山，到达天竺（印度），走遍了天竺各地，最后找到了博学多才的李敬大师，献上了一升金子，并恭恭敬敬地向大师学习，大师说："我懂得六十四种不同文字，都刻在大海边的石碑上"。吞弥·桑布扎在大师身边学习创制文字方法，又掌握了翻译的方法，带着一些书籍回到了吐蕃。松赞干布热烈欢迎吞弥·桑布扎的归来，来自倍同他到帕崩岗的宫殿内住下，并让他安心创制文字。于是吞弥·桑布扎在此处一直闭门不出，像闭甲关修行一样，过了很多个白天与夜晚，有一天，文字终于创制出来了，派人向松赞干布通报，藏文已创制出来了，请藏王亲临帕崩岗，藏王和大臣们前往，看到文学后非常高兴，从此西藏的历史有了文献记载。如今在帕崩岗的日松拉康（殿）内，依可看到吞弥·桑布扎当年亲手写下的大字真言。

15、西藏藏医高等学府—药王山

药王山藏名为"夹波日"，日是藏文"山"，我曾经踏上过无数次，每次从不同的角度，欣赏它，它别具一格。其意"山角之山"。位于布达拉宫右侧，海拔 3725 米，有小路可主峰顶。里面供奉着蓝宝石的药王佛像，因此汉人称为药王庙，又称为"药王山"。

药王山传说，在它的东侧有个洞窖式小庙，是一座石窖寺庙，坐落在药王山东麓陡峭的山腰之止，叫查拉鲁普。据说，它顶上的山涯是文成公主思念家乡时，向东方朝拜的地方。洞窖开凿于松赞干布时期，据说是他的王妃木雅如雍在查拉鲁普山崖上雕刻大梵天神像，传说当时西藏的盐很紧，木雅如雍王妃，以盐作为工匠的报酬，据崖粉一升，给一升盐。接着，又在石窟里开凿了转经廊道，历时十二年而开凿而成的。石窟呈不规则长方形，面积大约 27 平方米，洞口有一中心柱，中心柱与洞壁之间，是一条狭窄的转经道，岩壁上刻有 69 尊石刻像，其中，66 道两边排列石刻神像，北面石壁上刻有松赞干布与文成公主、尺尊公主以及吐蕃重臣吞弥桑布扎、禄东赞的造像。石窟在这片神奇的土地上已经一千三百多年了，依然可看到当时刻工的灵魂。

药王山之颠有一片废墟，它是原来的一座门巴扎仓（藏医学院），由于它具有宗教性质，被称为药王庙。释迦能医治百病，相传药王就是释迦牟尼佛的一个化身。从吐蕃王朝时期西藏民间就有藏医，藏医这古老的学科至今已流传了 1300 多年。公元 7 世纪，文成公主从唐朝嫁入吐蕃的时候，她从唐朝带来中原的汉文化，其中就有一本《医学大全》的医书。此后金城公主再嫁吐蕃王朝，又带来了《月王药诊》医书，使中源的中医的一些理论和方法逐步融入到藏医之中。公元 8

世纪，藏族著名的藏医"宇妥，元丹贡布到印度学医，因而藏医继承中医与印度医学，他撰写了著作的藏医巨作《四部医典》"。药王山庙逐步集中了大批学识渊博的藏医学子，大约在 17 世纪它发展成为藏医学府，由于慕名而来的求医学者，使这座小庙日见兴盛。公元 17 世纪末，第巴·桑结嘉措为发展藏医，在山顶上修建了门巴扎仓（医药院）并从各寺选拔一部分扎巴（僧人）来此学习医药知识。20 世纪 60 年代，原属于药王庙的藏医合并到门孜康，成为今天藏医院。门诊部就在大昭寺西面宇妥桥的附近。为了纪念藏医的始祖宇妥·云丹贡布，这条路名命为宇妥路。

16、十三万户

元代在西藏前藏、后藏所设立了十三万户的总称。元代沿用金朝制度，全国均设万户官职。内地诸路万户为军职，分属各行省而总辖于枢密院；藏族地区各万户军民通摄，分属各宣慰司而总辖于宣政院、前藏、后藏各万户，始置于至元五年（1268 年）。根据藏史籍《西藏王臣记》记载：前藏有六：加玛、止贡、蔡巴、塘波且巴、帕竹、雅桑，后藏有六：拉堆洛、拉堆降、古尔摩、曲弥、襄、霞鲁；前藏、后藏间有羊卓，共计十三万户。其它藏籍有不同记载与说法。

17、蔡巴万户

蔡巴噶举是蔡谿（拉萨市东南郊，今公塘乡境内）蔡巴万户在元代成为"搽里巴"万户。贵族噶尔氏直接控制下的噶举派的一个支系。元代划分乌思藏十三万户时，蔡巴是十三万户之一。噶尔·桑结额朱于公元 1268 年被封为万户长——仁钦坚赞（噶尔·桑结额朱的儿子）。仁钦坚赞，曾到大都向元世祖忽必烈朝贡。忽必烈将蔡巴万户的封地扩大，它包括了今天的拉萨流域和山南地区的琼结、曲松、隆子县等地，都归属于蔡巴万户管辖，还颁给仁钦坚赞金印和诰命，深受元代朝廷欣赏，仁钦坚赞的次子迦德衮布继任万户长，曾为蔡巴万户的事务 7 次朝靓元朝，从内地请来了工匠到乌斯藏修整寺院，并将刻版印刷的技术从内地传入藏族地区，藏族学者的著作由此而增多，为藏族文化发展史上作出了贡献。

迦德衮布之孙蔡巴·贡噶多吉（1309—1364 年）是藏族历史上著名的人物，曾经联合萨迦本钦申瓦桑布和雅桑万户共同反对帕竹噶举派的领袖降曲坚赞，当时帕竹噶举派的势力后势力后来居上，蔡巴·贡噶多吉在与帕竹噶举派的斗争中失败，失败后他被迫将万户长职位让给其弟扎巴喜饶（公元 1352 年），自己出家为僧，改名为格微罗追。蔡巴·贡噶多吉是藏文史籍《红史》（1363 年成书）的作者。《红史》主要是记述了吐蕃王朝到元代时的藏族历史，同时对汉族、蒙古族、西夏帝王系统以及印度的古代王统世系有所介绍。此外，蔡巴·贡噶多吉还是藏文大藏经《甘珠尔》（经部）目录的编订者。《甘珠尔》卷帙浩繁，1683 年北京版的《甘珠尔》共 1055 部；1730 年德格版《甘珠尔》为 1114 部。由此可以看出蔡巴·贡噶多吉能为《甘珠尔》编订目录，他是当时佛学知识渊博的一位学者。

蔡巴·贡噶多吉之子格雷桑布曾经受过元朝司徒的封号，但是，蔡巴噶举反对帕竹噶举的斗争中失败后，蔡巴万户的大部分领土被帕竹噶举掠夺，从此，蔡巴万户实力一蹶不振。

18、直孔万户

位于拉萨墨竹工卡县门巴乡。元代直贡万户是十三万户之一，位列前藏之首。万户长是由元代皇帝颁赐宣慰使头衔，声势和地位曾经一度直逼统治全藏的萨迦王朝。明朝时期直贡法王被明中央政府封为阐教王，直贡王经常派庞大的使团到明代朝廷进贡土特产，同时，皇帝也给予丰厚赏赐。直贡沟我多次前往这里，这里山青水秀，民风民俗古朴，它也是沟通藏北草原与拉萨的古道，也是藏传佛教噶举派——直贡噶举派的根据地。

19、加玛万户

位于墨竹工卡县加玛乡境内，加玛万户是拉萨三大万户之一，元代称为"加麻巴"万户。

加玛沟是一个文化内涵极其深远的价值。松赞干布的出生之地——强巴弥久林定（仁慈不变宫），也是阿沛·阿旺晋美的出生地，他是西藏贵族霍康家族的，当时取名的霍康·阿旺晋美。后入赘阿沛家族。

20、宗角禄康—龙女神庙

宗角禄康位于布达拉宫后面，在我很小的时候这里也就是一个水塘，水塘周围有许多古柳树，觉得这个地方比较好玩。随着时间，我慢慢长大，才知道这里充满传说故事。

当时此地叫龙王潭公园。

宗角禄康，藏语中"宗角"是布达拉宫宫堡后面之意，"禄康"是鲁神殿之意，"鲁"（龙之意）。兽神是藏传佛教和本教对居于地下和水中的一类神灵的统称。"鲁神"往往被汉语译为"龙神"，所以被内地人误传为"龙王"，"龙王潭"这个俗称也是因此而出现的。

宗角禄康，汉语是龙王潭之意。它和西藏其它地区的湖泊不同，它是一个人工湖。龙王潭的园林，初建于六世达赖仓央嘉措时期，但是潭水坑形成的比较早。五世达赖罗桑嘉措日期，扩建布达拉宫的白宫和第巴桑结嘉措所建布达拉宫红宫及经房僧舍时，从山脚下大量的取土而形成的坑，坑中慢慢渗水，因次，形成了潭水。以前布达拉宫周围是昭泽地。此时，有位传奇人物浪漫人物，六世达赖出场了。

但是这个我们无从考证这位诗人，浪子兼神王是否读过《陋室铭》的字句，又有可能他仅仅是出于宗教上的需，总之，他的作为暗合了"水不在深，有龙则灵"的名言。六世达赖仓央嘉措从墨竹工卡县迎请了墨竹色钦（女性龙神）和八龙供奉于潭水中，龙王潭由此而得名。

龙王潭（宗角禄康）中有一小孤岛，不很规则的圆形，直径大约42米。连接潭水间小岛和陆地的是一座五孔的小拱桥，岛上及潭水四周长满了茂盛的大柳树。这个小岛上建有楼阁，这就是龙王潭，是龙王居住之地——龙王宫。龙王宫的建筑是按照佛教仪轨中的坛城而修建的，它的建筑为三层楼，它的三层殿内供奉着的是"鲁旺杰布"，传说他是龙的主宰，第二层殿内供奉的是美丽的女龙王墨竹色钦，她其实并非龙，而是一条修行了多年的巨蛇，她原本居住在墨竹工卡县巴罗地方的一个大湖里，湖的附近有一片茂密的林卡，墨竹色钦常常变成一位美丽的少女在林中散步。据当地人说，倘若心地善良的姑娘碰见了墨竹色钦，那将是很有福气，即使是被其看上一眼，她会变得更加聪慧美丽，如果是男子碰见了，他会很不幸的，因为他会被美貌所迷惑，失去理性而变成傻子，所以在当时，墨竹色钦所在的林卡一带是很少能见到男子的，渴望美丽的女人们常常结伴去光临林卡。

公元 1971 年，八世达赖强白嘉措对龙王潭进行维修，并塑造了传说当年随文成公主来藏的保法大王和宝瓶坛城供奉于楼阁神殿中。并修建了当时廓尔喀投降后遣使向清朝进贡的四头大象的象房。象房取名为"圆满乐园"，位于潭水西南 80 余米处的岸边。

21、藏医典籍—《四部医典》

提起《四部医典》，使我想起十几年前，当时我在拉萨市文物局工作，接到老百姓报告，说林周县北部与那曲交接处的山上，发现山中有一石碑刻着《四部医典》之著，于是第二天，与区文物局洛桑扎西，我与多本局长与我同前往，去查看该碑。十几年前拉萨林周县北部的路是弯弯曲曲，道路奇岖，只有步行前往，从林周县北部的有一座山脚下，开始拔涉，8个多小时，才到达目的地，亲眼目睹了这部藏族藏医的宝典《四部医典》。

《四部医典》是藏族著名医家宇妥·云旦贡布在 45 岁（公元 753 年）时撰写完成的一部藏族医药学经典著作。它也是世界医药学的名著。《四部医典》又名《医方四续》（藏语《居悉》）。

藏医学是一门独立的医疗体系，并融入了汉、印等中药之药方。据说，距今已有 3 千多年的历史。千百多年以来，藏民族先民们，生活在这世界屋脊的雪域高原，特殊自然环境中，藏族历代藏医药学家们，创造性地研人与自然的关系，从不同的角度去了解，人体生理、病理、由此去探索防病治病的实践与理论，来寻找对人体独特的理论体系与临床经验，应用自然界纯天然的药物资源，为雪域高原藏民族的健康、繁衍作出贡献。

《四部医典》以两位先人对答的形工，用九字韵体藏文斜述。内容有藏医学的基础理论、生理解剖、诊断、临床治疗、方剂、预防等内容。也就相当于汉民族中医的《黄帝内经》。它由四大部分组成，第一部分根本医典，第二部分论述医典；第三部分秘决医典；第四部分后续医典。医典共有 156 章，论述医典 31 章配彩色挂图 16 幅，31 章为概说身体形成、身体比象、生理喻示、身体哲理、体业分析、身之恶兆、病之内因、病之外缘、染病之情、病之哲理、病之分析、日常行为、时令之行、暂时之行，饮食知情、食物禁忌、食物维护和适量、药味与消化、药物性能、药之部类、配方、对症外治器械、使之无病安居、病失真察、诡密谬误之诊、取舍四边诊断法、疗法概说、特殊疗法详说，两种治法，直接疗治，治者医师。

秘决医典 92 章，彩画 35 幅，92 章求问要决隆证疗法、赤巴疗法、培根疗法、聚合症紫色培根疗法、浮肿疗法、水肿疗法、大痨水膨疗法、大痨消耗症疗法、热症总治、寒热要略正误、热症山原界喻示等。

总之《四部医典》内容丰富，它包括了各种疾病的分类及生理、病理、诊断治疗、药物配方等。目前，世界上有许多国家都在研究藏医学。前苏联曾经出版过《藏医图集》，苏联认为《四部医典》与《藏医图集》是世界上举世无双藏医文献。

22、天文历算—藏历

藏历天文历算它是藏民族与大自然斗争中形成的一种天文历算，它是通过日月星辰、万物的生长、河水湖泊的涨落等自然现象，以日观太阳，夜观月亮星座，不断的去总结和实践逐步形成的独特的一门科学。用至今日。

藏历天文历算从吐蕃第一代聂赤赞普始，在不断的实践中，借鉴各种历法形成了藏历天文历算的雏形。随着后业，公元 7 世纪藏汉联姻，文成公主入藏，带来了唐朝天文历法经典，翻译成藏文，在西藏得到了一定程度的发展。公元 8 世纪莲花生大师和印度翻译大师如赞纳等翻译了，古印度的天文历算文籍，从使历天文历算得到了又进一步发展。于是在公元 8 世纪妥托·云旦贡布等研究和编著了大量天文历算著作，从而培养了许多藏医历算人才，使藏天文历算得到发展与传播。公元 1027 年翻译大师吉杂、杂米等人从古印度把《时轮金刚》翻译成藏文，因而它是一本天文历算也是藏医药方面的著作。书中比较详细记载了日、月、星辰的活动规律，四季气候变化规律等。由此藏历天文历算，就以此书为版本和基础，得到了不断的发展完善。公元 13 世纪荣巴嘎罗·雍端多吉白瓦等天文历算大师，他们以《时轮经》为基础，结合"木教"历算以及西藏环境气候的实际情况，借鉴汉民族黄历历算，创立了藏历天文历算书。后来八思巴等前辈大师继承和发扬了藏历天文历算。公元 18 世纪，山南敏竹林寺成立了医算学府，开始出版了《敏竹林历书》。公元 20 世纪，钦绕罗布等以敏竹林天文历算为蓝本编写了门孜康（拉萨）天文历算书，从此以后藏历天文历算书每年出版一次。因而敏竹林寺的天文历算对藏历的天文历算起到了承上启下的作用，使藏历天文历算文化得到了保护和发展。藏历天文历算，它包含了许多种学科知识，它包括医药、文学、人文历史等，极具有先明的民族传统文化。藏历天文历算书是以藏区实际气候为主的预报，因而有着极强的农耕、秋收、防灾、抗旱等指导作用，能及时预防自然灾害，保护农作物，保护牲畜，降低自然灾害的损失等，对农牧民的生活和劳动有着巨大的影响。

藏历天文历算有着悠久历史和丰富的知识内涵，以其准确预报能力和丰富的科学、文学内涵，使用区域分布于西藏、青海、四川、甘肃、云南等省藏族自治区、州、县以及尼泊尔、不丹和印度的兰萨拉等地方，深受人民的推崇。

藏族天文历算是世代居住、生活在青藏高原上的藏族人民，在高原特殊的自然地理和气候条件环境下，在长期的生产活动中根据生产和生活的需要，不断观察日月星辰、冷暖气候等天象和四季节气、动植物生长变化等大自然现象，总结和积累实践经验并吸收周边汉地和古印度的天文历算学说而发展起来的。它是研究日月星辰等天体在宇宙中的分布、运行和宇宙的结构和发展的科学。

第三部分：拉萨名胜古迹

1、达赖喇嘛冬宫—布达拉宫

布达拉宫（藏文 ༀ་ཏྲ་ཊ，梵文译音，愿意为"佛教圣地"，名红山）它坐落在中国西藏首府拉萨市区西北的玛布日山上，初是松赞干布为迎娶文成公主而修建。海拔 3770 米，相对高度 115 米，东西绵延 360 米，南北宽约 300 米，殿宇楼阁近千间，建筑面积 1 万平方米。包括山脚下印经院、监狱、藏军司令部、后花园等附属建筑，占地 410000 平方米。

始建于公元 7 世纪吐蕃王朝的松赞干布时期；8 世纪曾遭受雷击；9 世纪又毁于兵乱。7 世纪的建筑仅剩下，曲结哲布（法王洞）和松赞干布的本尊佛殿帕巴拉康（帕巴殿）和松赞干布的本尊。7 世纪的法王洞和帕巴拉康在红宫中部，二层的法王洞为松赞干布当年修行的法洞，供奉有松赞干布、文成公主、赤尊公主、蒙萨赤江王妃和近臣吞米桑布扎、禄东赞的塑像，据说都是吐蕃时期的作品。洞内还有衣物，如炉灶、石锅、石臼等。

你现在看到的布达拉宫，是 1645 年，五世达赖执掌后不久即开始重建的布达拉宫。五世达赖圆寂后，摄政第巴·桑结嘉措续建，于 1693 年完工。

正面山脚下，有一座无字碑，为重修布达拉宫所立。宫前原有康熙《御制平定西藏碑》和《十全记功碑》，1965 年因修筑公路移到山背面龙王潭公园（现移至布达拉宫前）。

布达拉宫内保存了许多珍贵的文物，如佛像、雕塑、灵塔、壁画、经书等，它是一座艺术博物馆和文化宝库。布达拉宫内分红宫、白宫，红宫为佛事区，包括达赖喇嘛灵塔、佛殿等；白宫为达赖喇嘛举行坐床、亲政大典等重大宗教、政治活动场所。

整座宫殿具有鲜明的藏式建筑风格，金顶采用汉族传统的式样，灵塔的金顶全部是歇山式，两座神殿的金顶是六角亭式，屋脊上有大小不等的莲花座钟形刹，四角装饰着摩羯鱼首，金碧辉煌，参差错落，置身其间恍若神地。

布达拉宫是中国乃至世界古代建筑史上的一朵奇葩，其建筑风格融合了藏、汉之风格。整个宫殿依山而建，气势宏伟，保留了大量的文物古迹和艺术唐卡、壁画、史籍、经书、珍宝等。被中华人民共和国和国务院公布为第一批全国重点文物保护单位；1994 年，被列入世界文化遗产保护名录。

2、达赖喇嘛夏宫—罗布林卡

罗布林卡之地，原是一片林木茂盛、流水潺潺、飞禽走兽的乐园。据文献记载，在这片荒芜之地有一清泉，在七世达赖喇嘛格桑嘉措执政时期，因身体经常生病，当时的驻藏大臣代表请政府出资为七世达赖修建了专供他洗澡后，休息的房子，即乌尧颇章，因此，七世达赖每年夏天经常到此处沐浴，治病。从七世达赖初建以后，历代达赖喇嘛都进行了不同程度的扩建，渐渐形成了占地为 360 万平方米的大园林。

"罗布林卡"藏语之意是"宝贝林卡"，位于布达拉宫以西的约二公里之处。

罗布林卡从七世达赖喇嘛以后，每代达赖在未亲政之前，都在此处学经、修法等。执政后，每年夏天居住在次，所以被称为达赖夏宫。

3、尼泊尔公主神庙—大昭寺

大昭寺始建于公元七世纪中叶，后来经过历代修善、扩建等，形成了今天占地面积为 25100 平方米的建筑群。大昭寺，藏语"热萨粗囊祖拉康"，简称"祖拉康"，又称为"觉康"，其意"佛祖之殿"。

大昭寺初建风格与印度的那烂陀寺相近，因而，传说是由尼泊尔赤尊公主和文成公主共同主持修建。据藏文史籍记载，寺内原供奉是赤尊公主带来的释迦牟尼八岁等身像，八世纪时唐朝金城公主嫁入吐蕃后，将其佛像移至小昭寺，而将文成公主带来的释迦牟尼十二岁等身像供奉于大昭寺。

大昭寺是西藏最早的木结构建筑，此处原是荒草丛生的沼泽地，中心有一个小湖"吉雪沃塘"，文成公主观天象，认为吉雪沃塘湖处是罗刹女的心脏，此处不利于赞普立业，于是建议以山羊背土填湖，建寺以镇妖。

大昭寺在此地屹立 1300 多年了，它见证了拉萨的兴衰及发展。佛教格鲁派兴起后，从宗喀巴大师创立传召大法会后，这里每年都要举行大法会。历代达赖、班禅受戒仪式几藏区大活佛金瓶掣签在此举行。五世达赖喇嘛建立"甘丹颇章"政权后，"噶厦"（政府机构）设于寺内。

4、唐朝公主神庙—小昭寺

小昭寺始建于公元七世纪，叶蕃松赞干布时期。据史籍记载，公元 641 年唐朝文成公主与松赞干布结婚，公主的嫁妆中有释迦牟尼十二岁等身像佛像，从长安（西安），由力士贾伽和鲁伽两人用木车将释迦牟尼推到拉萨，当到了现在的小昭寺处，沉在沙地之中，怎么也出不来，于是只好在此地四面立柱，进行供养，文成公主通过历算，得知此处是龙宫所在之地，决定把释迦牟尼佛像安放在此地，建寺供奉。故从内地请来了能工巧匠，修建了小昭寺，历时 12 个月，与大昭寺同时完工。

寺庙初建时，取名"甲达热木齐祖拉康"，意为"汉虎神变寺"。

小昭寺原来得建筑均以存在得不多，毁于大火。寺庙的现在的规模，是逐渐扩大，逐步完善。现占地面积为 4000 平方米。寺内现供奉赤尊公主带来的释迦牟尼八岁等身像及众多的佛像和唐卡等。

小昭寺后来由蔡巴赤巴噶丹主持。据传说拉萨有个时期，拉萨河经常洪水泛滥，当时执政者宴请杰尊嘎顿珠来拉萨治理洪灾，因为，他治水有功，小昭寺逐步由他担任主持。后由又为格鲁派，在小昭寺旁边修建了的密宗院（上密院），所以小昭寺又称为上密院。

5、格鲁派祖寺—甘丹寺

甘丹寺位于拉萨达孜县境内的旺固尔山卓日窝切的山坳里，距拉萨 57 公里占地面积 15 万平方米，建筑面积 7.75 平方米。

甘丹寺始建于公元 1409 年，由宗喀巴大师倡导建立的。宗喀巴大师在贵族仁钦贝、仁钦伦布父子的自助下建立的格鲁派（黄教）第一座寺院。寺院全称："甘丹朗杰林"亦称为"甘丹强巴杰维林"，译为"喜足尊胜洲"或"极乐寺、具善寺"。公元 1733 年（雍正十一年）清世宗赐名"永寿寺"。"甘丹"为"受乐之足"之意。宗喀巴与弟子们常住之地，因此，人们把他们称为"甘丹寺派"，宗喀巴的宗教理论称为"甘丹必鲁"，简称为"甘丹派"，后来逐步演变称为"格鲁派"，其意是善现（或善律）。格鲁派又称为"新噶当派"，因为，宗喀巴原来的师承出于噶当派，而且他是在噶当派的基础进行一系列的改革上而建立的教派。

甘丹寺主要建筑有措钦大殿、宗喀巴寝宫、羊八井经堂、宗喀巴灵塔殿、绛孜扎仓、夏孜扎仓及 23 个康村、20 个米村。

6、格鲁派寺庙—哲蚌寺

哲蚌寺位于拉萨西郊 10 公里处的根培乌孜山南坡的山坳里。由宗喀巴大弟子绛央曲杰·扎西贝丹，于 1416 年建立，为格鲁派六大寺院之一。哲蚌寺全称为"吉祥米聚十方尊胜州"，旧译别蚌寺、布赉绷等。哲蚌寺主要由措钦大殿、四大扎仓和甘丹颇章几部分组成。

在哲蚌寺修建之前，此处只有降央曲结修行的山洞和小寺庙。山洞叫让雄玛，位于今措钦大殿东侧地平下面，范围其狭窄，只能容纳一人静坐，内有宗喀巴和降央曲结的石质浅浮雕像；小庙叫扎多玛，建造非常简陋，北面籍以巨石，省去一面墙体，其实室内只有一柱，房屋的面积只有 10 多平方米，主供石刻文殊。小庙的两旁各有一座白塔。哲蚌寺就是在这样的基础上兴建起来的。现在的哲蚌寺建筑面积约 20 多万平方米，由于它的建筑，比较巧妙利用坡度、地形逐层修建起来的大型建筑群。因此，远看群楼层叠，雄奇壮丽，它宛如一座美丽的山城。

甘丹颇章位于哲蚌寺左侧，它是一个独立建筑小院。它就是五世达赖喇嘛建立的甘丹颇章政权驻地。

7、格鲁派寺庙—色拉寺

色拉寺位于拉萨北郊大约 5 公里的色拉乌孜山南麓。由宗喀巴大师的弟子释迦也失，于公元 1419 年（明永乐十七年）修建的。是格鲁派六大寺院之一。正名为"秦清林"，其意为大乘州。寺庙主要建筑由措钦大殿，3 个扎仓，30 个康村组成。

色拉寺建寺之前，色拉乌孜山腰之处有宗喀巴大师弟子的修行洞三座。宗喀巴大师修行洞中间的，面积约 6 平方米，两位弟子为两边的修行洞，后来两位弟子为了报答恩师，将宗喀巴大师的修行洞进行了维修扩建，并在修行洞前修建了一座修行殿，称之为"色拉孜惹坠",其意为色拉山修行院。色拉寺东北山腰上的"曲顶岗惹坠",也传说是建寺前的建筑。15 世纪初,宗喀巴在此修行,他就在这简陋狭窄的修行室里,校注了许多佛经,编著了阐发教义著作,这两座室色拉寺非常重要的建筑和组成部分,此处后来被破坏。

色拉寺早期建筑是以麦扎仓、阿巴扎仓为中心而逐步修建和扩建,才有今天的规模。

8、噶玛噶举派黑帽系祖寺—楚布寺

楚布寺位于拉萨堆龙德庆县古荣乡境内,楚布河上游,海拔 4300 米。寺庙被吉钦波神山环抱。噶玛噶举派黑帽系祖寺,"楚布"一词的意思较多,比较有权威的解释有两种,一是"楚布寺"为"飞来寺"之意,传说楚布寺是从印度飞来的;二是《藏族文化大观》中:"相传创寺人都松钦巴路经此地时,认为这是一块风水宝地,逐决定修建楚布寺","楚布"即富裕至极的意思;三是"楚布"解释,仲译(文书)说:在很久以前,有一苯教活佛将施有法术的咒语深埋在此地,成为苯教的"伏藏"(藏族苯教和佛教徒在他们信仰的宗教受到劫难时将佛经、佛像等法器隐密起来,等到有再传条件时重新发掘出来的经典等佛教器物。伏藏一般分为经书伏藏和圣物伏藏两种)。后来"伏藏"四溢成沟,所以这里称为"楚布",即"溢出成沟"之意。寺内保持了吐蕃王朝时建立的江普寺碑。

楚布寺始建于公元 1187 年(南宋淳熙十四年),距今已有 800 多年的历史。该寺由楚布寺第一世活佛嘎玛巴都松钦巴.曲吉扎巴(1110—1193 年)建立。嘎玛巴活佛是藏传佛教中噶玛噶举派的根本活佛,是噶玛噶举派黑帽系,在西藏首先创立了活佛转世制度。也是噶玛噶举派的主寺与历代噶玛巴的驻锡地。

寺庙的主要建筑经堂、护法殿、佛学院、活佛官邸、佛塔等;楚布寺吉钦波神山中有天葬台、静修室、历代噶玛巴闭关修行洞等。

噶玛噶举派，从元朝以来实力一直很大，在政治上有左右一方的力量，它和中央王朝关系非常密切，在公元 17 世纪前半期，一度操纵过西藏地方政权。

噶玛噶举派黑帽系之称源于，皇帝赐予噶玛巴一顶黑色的帽子，该派的噶玛巴希（1204—1283 年）得到了元宪宗赏赐的一顶金边黑色僧帽而得名。

9、噶玛噶举派红帽系祖寺—羊八井寺

羊八井寺位于拉萨当雄县羊八井镇，是西藏噶玛噶举派红帽系祖寺。噶玛噶举派是噶举派四大支系之一。噶玛噶举派有分为两支：一是噶玛噶举派黑帽系；二是噶玛噶举派红帽系，梵音译作毗舍或毗萨尔，其意为广严城，广严城为印度恒河岸边古印度的一城市知名。噶玛噶举派红帽系的创始人是塔布拉杰（1079—1153 年）的门徒都松钦巴，红帽系，是从黑帽系中派生出来的，因为，他的一世活佛扎巴僧格得到元朝皇室成员赐给一顶红色的僧帽而得名。俗称"红帽系"，汉文译为"沙玛尔巴"。扎巴僧格（1283—1349 年）是黑帽系第三世活佛让琼多杰的弟子，他除了噶举外，还学习噶当（创始人仲顿巴.嘉瓦迥乃）、觉囊（创始人宇摩.弥觉多杰）等教派，他于公元1333 年创立了乃朗寺，在羊八井寺建立以前，乃朗寺一直是红帽系的主寺。噶玛噶举派红帽系共传十代，历时 400 多年。

羊八井寺是红帽系第四世活佛却扎益西创建的（文献记载：羊八井寺是萨迦派桑杰培的法嗣末然绛巴.吐吉白所建）。却扎益西在仁蚌巴.敦悦多杰的支持卜，十公元 1490 年修建了羊八井寺，并仁蚌巴.敦悦多杰拨给该寺谿卡和奴隶作为该寺的供养。从此时起，噶玛噶举派黑帽系的祖寺就由乃朗寺迁到羊八井寺。

羊八井寺在第十世活佛却朱嘉措（1738—1791 年），他是六世班禅贝丹益西（1738—1780 年）同父异母的兄弟，六世班禅的哥哥是

格鲁派的活佛仲巴呼图克图，他们的母亲是拉达克土王的女儿，侄女又是当时香巴噶举桑定寺的女活佛多吉帕姆。公元 1780 年，六世班禅应乾隆皇帝邀请，为皇帝庆贺 70 大寿，前往北京，在北京不久因出痘病逝在京。乾隆皇帝以及满、蒙、汉各族王公大臣对六世班禅的馈赠甚多，大约十万两白银。仲巴呼图克图当时担任扎什伦布寺总管，以借口教派不同，不愿意将这笔财产分于却朱嘉措，想全部据为自己，于是，却朱嘉措对此愤愤不平，便逃到尼泊尔勾结廓尔喀发兵入侵后藏，抢劫扎什伦布寺的财产。清朝政府大军驱逐廓尔喀侵略军，廓尔喀被驱逐，却朱嘉措畏罪自私，乾隆皇帝命令把却朱嘉措尸骨分别挂在后藏及康区的各大寺院，以叛国者论处。从此，把羊八井寺所以的土地、牧场、农奴全部查抄从公；羊八井寺 100 多名僧人一律该信格鲁派，禁止噶玛噶举派红帽系活佛转世，噶玛噶举红帽系从此断绝。羊八井寺现以修复开放。

10、直贡噶举派祖寺—直孔梯寺

直孔梯寺位于拉萨墨竹工卡县门巴乡政府的雪绒藏布北岸山坡上。据藏文文献记载，直贡噶举派的创始人是帕木竹巴的弟子直贡巴.仁钦贝（1143—1217 年），他是四川邓柯（今四川甘孜州西北部）人，属居热氏家族。

公元 1179 年直贡巴.仁钦贝到墨竹工卡县直贡的地方，在原来一个小寺（帕木竹巴的弟子米聂贡仁修建的）的基础上增建为一座大寺院，直贡巴由此寺庙而得名。后来直贡噶举派产生。

直贡噶举派——直孔梯寺再西藏佛教历时上具有一定的地位，但是，它也多灾多难，历史上两次发生事变，与萨迦政权、格鲁派政权，使寺庙被焚烧的灾难。

直孔梯寺的灵魂超度非常独特，它能使灵魂出窍，这种灌顶方式，只有此寺的活佛才能施行。

直孔梯寺有世界三大天葬（印度斯白天葬台、山南青浦天葬台）之一的直孔梯天葬台，藏语"直贡替丹甲"，即直贡贴坛城。直贡替天葬台是最高、最大的，有"直贡曲迦"之称，其意为永生永恒之地。

直孔梯寺的直贡颇瓦大法会，每十二年举行一次（藏历猴年）。颇瓦大法会，由直贡噶举琼赞法王灌顶，以直贡噶举第 36 任琼赞法王声望最高，法王名号正式始于第 26 任法王顿珠却杰，他的化身源于文殊菩萨。颇瓦法又称为往生法、颇哇法，它是不经修持便可以成佛之临终窍诀。"颇瓦"是藏语，其意为"搬迁、移动"。依照藏传佛教密宗观点：人死时，周身气息渐渐收摄，它首先是由手足冷起，依次摄于心中，最后心中的那个暖气一断，全身僵冷，人便死亡。"颇瓦法"就是说要把握这口气，把心连同气整个搬迁出去，另外觅找生趣，汉语中，有"往生"一词与之相仿。

颇瓦（往生）修法分为两部分：修炼、运用。

11、珠寺—天龙寺

珠寺位于拉萨曲水县南木乡南木村。该寺始建于公元 12 世纪，是由卓贡藏巴加热主持修建的。是噶举派四大八小支系中的，珠巴噶举创始人是林热.白玛多吉（1128—1188 年）。他 38 岁时依止于帕木竹巴，学其六法大印等的讲解与导引，驻锡于热隆寺。珠巴噶举有可能是继承米拉日巴宗教风格，注重苦行修炼，珠巴门中多作乞丐。本派特点持重对境修习，因为对境潜伏的烦恼种子才能现行，才能将实执等一齐拔掉，所谓转烦恼为道用。珠巴噶举由藏巴嘉热的弟子后来又分出珠巴上、中、下三个支系。珠寺称为中珠巴噶举。

12、大清真寺

大清真寺位于拉萨八廓街南面。最初建于清朝康熙五十五年

（1716 年），最初的规模不大，建筑面积只有 200 多平方米，到了乾隆四十八年（1793 年）平定廓尔喀以后，大清真寺进行了维修和扩建。此时，大清真寺购买了一些店铺作为寺产。寺庙中至今还保留着当时的两张购买店铺契约，一张为清乾隆四十八年马明远经受；另一张是清道光二十八年初八日马朝俊等经手。这两张契约都盖有"四川西藏卫藏关防"的关防条戳大印。

大清真寺在 1959 年西藏发生骚乱时被毁，1960 年重建。

现在的大清真寺总占地面积约 2600 平方米，建筑面积约 1300 平方米，整个院落东西长、南北短，平面布局不规则。建筑的主要组成部分，大门、前院、宿舍、宣礼塔、礼拜堂、浴室等。

13、小清真寺

小清真寺位于拉萨八廓街境内，它是 20 世纪时，专门为在拉萨的穆斯林做生意的克什米尔、拉达克、不丹、尼泊尔、英国等信封伊斯兰教信徒，做礼拜而修建的。在之前，他们做礼拜要去拉萨西郊的"克什米尔穆斯林墓地的礼拜堂"。此寺是一座座西朝东，南北长、东西短，院子比较小，而且不规则。建筑即礼拜堂，建筑分南北两部分。

14、阿尼仓姑寺

仓姑寺位于拉萨市林廓路中段，八廓街内，始建于明代，距今已有 500 多年的历史，创始人是宗喀巴大师的弟子贵觉多丹（1389－1445 年）。

吐蕃松赞干布时期，他为了防止吉曲（河），现在的拉萨河洪水泛滥，按照佛教的教义，在此地修了一个经坑。此后松赞干布每年都要此经坑中进行诵经，以镇水魔。明代时期，贵觉多丹继承了松赞干布的意愿，在这里度经，并修建了寺庙。仓姑寺最初规模很小，只有一层 8 柱的殿堂，北间就是当年松赞干布的修行的坑，南间是供奉黑石雕刻而成的松赞干布像以及生前用过的一个假面具。另外还有莲花生、多杰朗觉、无量寿佛等泥塑佛像，寺庙旁边建造 8 个以红土为垫基的手摇玛尼堆。当时寺里编制不到 10 名尼姑。后来，喇嘛帕崩卡将此寺扩建，将此寺增高为二层楼，共大小有 16 柱，并修有门廊，开有天窗，天窗四面全部是壁画。后来仓姑寺发展成为拉萨市内比较的一座尼姑寺。

15、热振摄政拉萨驻锡地—希德寺

希德寺位于拉萨八廓街北面，位于小昭寺西南大约 1 公里处，希德寺又叫呼徵寺。现在占地面积 9.8 亩。根据《七世达赖喇嘛格桑嘉措传》中记载，希德寺是吐蕃赞普热巴巾（815—838 年）在大昭寺周围修建六座拉康之一，当时寺名是"嘎瓦"，是一座规模非常小的拉康，编制只有 4 名僧人，寺名希德寺寺名源于此。

在公元 9 世纪时期，吐蕃王朝末代赞普朗达玛灭佛时，希德寺也难免一劫被毁。

元代之时，在蔡巴万户的支持下，希德寺在原来的基础上有所扩大，僧人编制增加为 20 名，并规定了固定的供养制度。

希德寺后来成为了呼徵阿齐图呼图克图（即热振活佛）的驻锡地。热振活佛传承，据《蕃僧源流考》记载，热振活佛已传世为第十二代（噶当为五世；格鲁派为七世，共十二代）。热振活佛从八世开始在政界崭露头角，因而，八世呼徵阿齐图呼图克图被朝廷加赏为"前辈诺们罕"名号，属下管事人，也被封为"达喇嘛"之称，此时，他主持了对原寺庙进行了修葺扩建，并请得御赐寺名"凝禧寺"。1816年清咸丰皇帝又赐名"慧灵"名号，希德寺在此期间进行了修扩，得名"希德嘎贝桑丹林"。1855 年 3 月竣工时，驻藏大臣谆龄代请恩赏匾额，寻赐"翌赞宗源"匾额。1862 年希德寺遭到了又一次严重破坏，是因热振活佛革退哲蚌寺一堪布，引起于哲蚌寺发生冲突。

希德寺初属于宁玛派，后属于格鲁派，隶属于色拉寺结巴扎仓。

16、功德林

功德林位于布达拉宫以西，磨盘山之南（属拉萨城关区雪居委会管辖之内）。功德林是第八世达擦吉仲呼图克图·益西洛桑丹贝贡布修建，修建于藏历第十三个绕迥水鼠年动工——到木虎年竣工（1792—1794 年）。吉仲呼图克图与八世达赖喇嘛，支持清政府派来的以福康安为将军军队抗击廓尔喀，抗击战役以胜利凯旋，福康安大军返回拉萨后，捐献战利品和"为皇帝福田施主用的白银汉秤 7000 两"，交由达擦负责，修建磨盘山文殊庙和关帝（关羽）庙，山脚下的功德林成为了摄政王达擦活佛的拉章。当时八世达赖喇嘛给功德林赐名为"长寿法轮洲"，清嘉庆元年（1796 年）即藏历火龙年，赐功德林"卫藏永安寺"的匾额一块，并规定招收 50 名僧人，到西藏民该（1959 年）时已有 134 位僧人。功德林成第二个"林"。功德经过了历代达擦呼图克图扩建，逐步扩大了规模。据说，功德林在 1959 年以前，"上层贵族等筹办喜事时，为了图吉祥把功德林的客人尊为上等嘉宾，这是因为功德从自建立以来兴旺发达，从未有过丹吉林、策墨林惨痛遭遇"。

功德林的母寺是八宿寺，八宿寺是昌都地区八宿县同卡乡境内。它始建于公元 1473 年，是昌都地区四大寺庙之一。八宿寺在建寺以后的 100 中，它先由扎西班丹等 20 多人出任住持，帕巴拉与第穆也曾经担任过该寺的经师和堪布。从"五世达赖喇嘛赏赐第六世吉仲活佛阿旺贡觉尼玛以来，八宿寺及其属寺的法物地产和附近农牧民 800 多户，加上已赏赐给他的卫地农奴共计 2730 多户，作为他世袭经营的庄园"以来，八宿寺就成为了达擦吉仲活佛的驻锡私邸和政教活动场所。在公元 1792 年由皇帝委派第三世为摄政王，因而他所建的功德林（卫藏永安寺）成为八宿寺的属寺。八宿寺它是以显宗为主，而功德林是以密宗（究永布达拉朗结扎仓之密宗经典）为主。功德林拉章总管，称为扎萨，八宿寺总管称为强佐钦莫，1959 年以前，每年八宿寺都要向功德林进贡。因第八世达擦吉仲活佛曾经求学于哲蚌寺果芝扎仓，功德林又成为哲蚌寺的属寺。

17、八世达赖经师修建—次角林

次角林全名为"次角扎西桑丹林"。始建于藏历第十三个绕迥铁狗年（1709 年），由八世达赖喇嘛·降白嘉措的经师噶钦益西坚赞所建。建立该林有以下几点背景，1、噶钦益西坚赞到拉萨没有自己的驻地，他在后藏（日喀则）的驻地——吉中桑丹林被廓尔喀侵略军占领。2、噶钦益西坚赞年纪已高，又因为清政府皇帝祈祷诵经之事繁重，故修建此林。修建本林时，地方财政出资了 2 万多两银子，他本人出资 1500 多两，由信教群众的捐赠而修建成的。

次角林位于拉萨河南岸一处古木成林之地，古木参天，风景秀美的三面环山的"直"（汉语译为"阴影地"，就是太阳照不到的地方）地方，因而次角林建成之后称为"直次角林"或仍沿用旧名"直"，生活在该地的人称为"直巴"。

次角林的母寺是后藏（日喀则）吉中地方的扎西桑丹林寺，次角林是完全传承母寺的传乘教习。噶钦益西坚赞是后藏（日喀则）扎什伦布寺培养的。次角林从噶钦益西坚赞窗为第一世次角林活佛，共传了五代次角林活佛，因而，次角林相对建立次角林拉章，西藏地方政府曾经封赏给他纳金乡朗如村 6 个庄园及"直"本地的一处牧区在内的多个牧场属庄园。次角林建立以来，当时西藏地方政府定编为100 个僧人。但是，次角林的第五代活佛没有登上历史的摄政之位。次角林在四大林中逊色其它三大林（策墨、功德、丹吉林）。

18、木如宁巴

木如宁巴坐落在八廓街内，位于大昭寺东侧，与大昭寺只有一强之隔。木如宁巴内最早的建造是藏巴拉佛殿，藏巴拉殿位于主殿西侧，僧舍中间，座西朝东，殿长 7.5 米、宽 7.2 米。此殿的平面比较有特色，进殿门是左转的经廊，殿的正中间拱围着一个很小的佛龛，佛龛内供奉着藏巴拉塑像。藏巴拉佛殿的建造材质，比较粗厚，梁架截面，为方形或长方形，椽子比较粗，佛殿建筑整个比较底矮，经廊比较狭窄，殿堂的采光不好，佛殿的墙体为土墙，土墙为夯筑，墙体的表面厚度约 2 厘米，是草泥和白石灰面，过去此墙上绘有壁画，现今已经不复存在。

木如宁巴据《西藏王统记》记载：吐蕃赞普热巴巾的大臣，在大昭寺四面修建了六座佛殿，东西有噶如和木如；南有噶瓦和噶瓦卫；北有产康和产康塔玛，其中木如，就是今天的木如宁巴。

木如演变成木如宁巴大约是在十三世达赖时期，因为他主持了对木如宁巴进行了大规模的维修扩建，形成了今天的规模。在此同时，乃炯寺法王释迦雅培主持，在小昭寺北面，又修建了一座木如宁巴。因此，大昭寺东的木如寺便称为木如宁巴（老木如宁巴），以此来区分新建的木如宁巴。

木如宁巴内，可以于此名相称的其实，就是藏巴拉康建筑，至少它的建筑保留了吐蕃时期的建筑。藏巴拉康还有许多早期的传说。根据乃炯寺法王雅培的部分著作中，记载着藏巴拉康还是吞米桑不扎创造藏文之地，是吞米桑布扎的资料室。因此，这个建筑，对吐蕃建筑和历史研究，有着较高的价值。

木如宁巴现在属于哲蚌寺的分寺。

19、则吉拉姆（扎基寺）—财神

　　则吉拉姆（扎基寺）—财神，位于拉萨市北郊，是西藏的唯一的财神庙，扎基寺藏语称为"则吉拉姆"，据传说她来自内地寺内，传说：一是拉萨城内的护法神"吉祥天母"的世间化身，本来她供奉在汉地，后来，有一位色拉寺大师去内地，在他回拉萨时，则吉拉姆跟着他来到了拉萨，被供奉在扎基寺内；二是随文成公主进藏，后来，被供奉在则吉拉姆（扎基寺）内。

　　此寺最早供奉的并不是财神，

　　有关则吉拉姆（扎基寺）的藏文文字记载，基本上没有；汉文史料，对则吉拉姆（扎基寺）的历史记载，它清朝的在此地修建的关帝庙有着某种关联。据传说此寺最早供奉的并不是财神，本人根据一些有限的资料推断，应该供奉的说关帝像。

　　则吉拉姆（扎基寺）以前并没有像现在那么出名，是改革开放以后，随着内地人到拉萨做生意后，慢慢红火起来的，过去我取得时候，只是一个小拉康。

　　则吉拉姆（扎基寺）属色拉寺分寺。

20、密宗修习之地—下密院

　　下密院位于拉萨北京东路（八廓街内），藏语"举麦扎仓"，其意"下部地区弘传密宗教法之所"，是藏传佛教格鲁派密宗的最高学院之一。公元 1433 年，由宗喀巴大师的弟子杰尊.西绕僧格创建，距今已有 500 多年的历史。

　　下密院过去，僧人编制为 500 人；内设有 5 个康村。设堪布 1 人、喇嘛翁则 1 人，任期为 3 年；强佐 4 人，任期为 4 年；格贵 1 人，任期为 1 年。以上的任免要经过申报达赖喇嘛和摄政审查，批准任免。

下密院主要建筑经堂、佛殿、辨经场、印经房等组成。

21、夏摸摸

夏摸摸位于拉萨八廓街内的八廓居委会的卧堆布巷 2 号。夏摸摸建筑，初期为一层，始建于公元七世纪。传说：一是在公元七世纪时期，修建大昭寺时，此处为磨糌巴的地方；二是此处为一位老奶奶（藏语称为摸摸）的住所，因此而得名。后来属于甘丹寺，现是居民住房。在 1957 年夏摸摸进行了维修，增加了二层，所以，现为三层。此处历史悠久，有关历史待考。

22、八廓街—玛吉阿米

玛吉阿米她说是一个美丽的传说，"玛吉阿米"其意是圣洁母亲、纯洁少女，在这里有一个美丽传说故事：那就是 300 多年前，六世达赖喇嘛仓央嘉措与情人相会的故事。六世达赖喇嘛仓央嘉措，他不仅仅是宗教领袖；还是一位才华横溢的浪漫诗人。传说仓央嘉措他为了寻找至尊救世度母，踏遍了藏区。在某一天，他来到了今天拉萨八廓街的一间小酒馆休息，此刻，门外有一位美丽的少女，掀起门帘窥望，这位少女就是玛吉阿米。因而，仓央嘉措为此感概，于是，做了一首美丽的诗："在那东方的山顶，升起皎洁的月亮，玛吉阿米的面容，时时浮现在我的心上"，这首诗流传至今，感动了无数的人们的心灵。

现在位于八廓街东南角的玛吉阿米"小酒馆"的这座黄色的小楼，传说就是，当年，六十达赖喇嘛与玛吉阿米相遇的地方。几百年来，这个美丽传说的地方，今天依然是少女少男们向往之地。

23、布达拉宫脚下的雪—监狱

雪监狱又称为"雪巴列空"，1959 年以前是用来关押犯人的监狱。旧西藏拉萨有两处监狱（雪监狱、朗孜厦监狱）。此监狱，其建筑有两部分组成，东面为监狱；西面为仓库。监狱东南两边有 5 间监牢，它是关押一般犯人的；北边 2 间牢房，是用来关押重犯人的，其中一间是"蝎子洞"。

雪监狱始于五世达赖喇嘛时期，是旧西藏方政府迁到布达拉宫以后，设置的雪监狱。这里阴森恐怖的人间地狱。其刑具非常严酷，如：手铐、脚镣、石帽、竹签、剁手脚的刀、挖眼铁勺、站笼、皮鞭、木枷等等。雪监狱，现已对外开放。

24、噶厦地方政府监狱—朗孜夏

朗孜夏位于八廓街内的东北方，是旧西藏拉萨市内最大的监狱，距今已有 300 多年的历史。

朗孜夏建筑最初，是一位贵族的房屋，后改为监狱。

朗孜夏监狱坐西朝东，总建筑面积 720 平方米，为藏式建筑，三层。大门开于第二层，进入时需登拾级台阶，台阶为一平台，是审判犯人所用的方台，台下是一广场，经宣判为死刑犯时，要将犯人围绕八廓街示众一周后，将其处以极刑。监狱内第一层是关押重犯的；二层是关押囚禁轻犯和女犯的；三层是审判处和监狱看守住地。一般设头人 1 名、警官 2 名、秘书 1 名，办事员 20 名。监狱的头人由达赖喇嘛直接任命，官位相当于四品或五品官。

据记载：监狱的刑法非常的残酷，除了挖眼、抽筋、剥皮、剁手脚等，还有剖腹露出五脏六腹，并游八廓街后，被残忍的杀害。其刑具非常严酷，如：手铐、脚镣、石帽、竹签、剁手脚的刀、挖眼铁勺、站笼、皮鞭、木枷等等。

朗孜夏现为展览馆，最初，监狱的图片、刑具，本人在西藏各地进行了收集，并参加布展。因而，对此监狱进行了一系列的调查。在调查中，发现 20 世纪时期，根堆群培曾经被关押在朗孜夏监狱二层中，正对大门的房间内，后被移到雪监狱中，被害死。

25、藏传佛教护法神—乃琼寺

乃琼寺位于拉萨北郊哲蚌寺山脚下的城关区，当巴乡的一个村庄内。传说它僧公元 8 世纪莲花生大师，将凶恶的乃琼多吉扎丹降伏，将它变为藏传佛教的护法神。乃琼寺里保存了西藏最古老、最神奇的一种巫术，也就是法力无边的乃琼护法神的神力，也保留着一种降神的宗教仪轨。

乃琼寺，"乃"藏语中是"地方"之意；"琼"藏语中"小"的意思，乃琼寺的意思是哲蚌寺下的一个"小地方"。

乃琼寺过去，在西藏历史上是西藏著名的高等佛教学府，每年的考中格西学位的喇嘛，大多数出在此寺。

乃琼寺内的大殿及四周的壁画精美绝伦，它与其它寺庙的壁画不同，壁画的内容画的都是护法、降魔、地狱、苦难的内容。具有较高的研究价值。

26、夏拉康

夏拉康位于拉萨墨竹工卡县尼玛江热乡宗雪村的村庄内。夏拉康，别名：夏白玛旺庆大昭寺，始建于公元798年，由赤松德赞之子牟尼赞普创建，距今已经有1200多年的历史。属宁玛派，主供莲花生大师。在吐蕃王朝末代赞普朗达玛以前为著名的寺庙－夏拉康寺，而不是拉康。

夏拉康为吐蕃时期，藏传佛教前弘期著名的宁玛派寺庙之一；也是西藏历史上最早的古建筑之一。在历史上，夏拉康建筑规模宏大，由多幢建筑组成。我多次到过此地，从现在的拉康周围的地形中，隐约还可以看到，以前的建筑遗迹。在吐蕃历史上地位显赫，政治上起着举足轻重的作用。从现存的夏拉康遗留的石碑中，能够看到1200多年前的吐蕃王朝社会情况和政教关系，也可了解当时吐蕃政权的盛衰历史。

夏拉康古碑（现存）的西面碑文，是公元800—810年造；东面碑文，公元812年；残面：年代不详。西边石碑的碑文62行，是吐蕃赤送德赞的一道敕令，大概是在他的统治初期颁赐的。它是一道赐予娘.定埃增部族地位、官衔、特权和免税的敕令，娘.定埃增曾经是赞普在即位前困难岁月里的保护人，后来成为赞普忠实的谋臣。有趣的是，由于娘.定埃增是一个僧人和独身者，这些赏赐却永远地赐予了他的俗家亲属及他们的子孙后代，而不是直接给他本人。此段文《古代西藏碑文研究》（美国）李方桂、柯蔚南著，王启龙译。

夏拉康及石碑对了解吐蕃当时的社会和建筑风格研究，可提供不可多珍贵史料。

27、桑浦寺

桑浦寺，我去过多次，看到它如今宏伟的残墙半壁，站在着残墙半壁上，看到它昔日的辉煌。

桑浦寺位于拉萨堆龙德庆县柳梧乡（现在是柳梧开发区）德央村桑普组。始建于公元1073年，距今已有942年德历史。由阿底峡弟子俄烈白.西绕创建，属于萨家派与格鲁派混合寺庙，也是前藏地区六大寺院之一。寺院内有萨迦派和格鲁派拉康，不过大部分以是残墙半壁。

桑普寺在国内外名声很大，特别对它的研究，在国际研究它的历史，比较热门。

28、觉木隆寺

　　觉木隆寺位于堆龙德庆县乃琼镇贾热村的村中。该寺历史悠久，据说，当年萨迦派的五祖的第五祖八思巴叔侄去凉州时，路经过该寺，在寺中稍作片刻休息。

　　觉木隆寺始建于公元 1169 年，距今已有 846 年的历史。

29、噶当派祖寺—热振寺

　　热振寺位于拉萨林周县唐古乡唐古村普央岗钦山麓之中。热振寺意为"翘角寺"亦名"热振格培林"。公元 1770 年（清乾隆三十五年）皇帝赐名"凝喜寺"。创建于公元 1056 年，距今已有 959 年的历史，是噶当派祖寺。由阿底峡的弟子仲顿巴.嘉瓦迥乃创立，后来经过几百年后，又由南交钦波（1015—1078 年）继承，并扩建了寺庙。15 世纪初，由于宗卡巴大师根据噶当派的教义，取各派之长，创立格鲁派，又称为新噶当派。热振寺也随之信奉格鲁派。也是热振活佛（摄政王驻锡地）。

　　热振寺活佛转世问题，根据《蕃僧源流考》记载：活佛转世已到十二世。热振寺寺志记载只转到六世活佛，他们是从赤钦.阿旺曲丹（《西藏宗教源流》）记载中，他为热振寺一世活佛。

　　热振寺的西面，是一片大草坪，草坪中有许多大石头，藏语称为"帕邦塘"。"帕邦"期意为特大神石，石头的形状像龟，所以又称为"神石宫"，"塘"其意为特大草场、草坝，"帕邦塘"为神石群草坝。传说该草坝之中有十万个，怪异的石头，因此，信徒们把这块美丽的草坝中的磐石，视为密部胜乐金刚和十万空行母的宫殿。传说此地是莲花生大师和意西措杰佛母在此修行过，后来莲花生大师离开西藏时，命令她继承密教，直接传授或点化有缘者。

　　根据史籍记载，藏历的 7 月 15 日，是密集空行母荼吉尼卡珠玛桑瓦意西等 10 万天女下凡的日子，要在热振寺聚会过"帕邦塘廓"节，之后，慢慢逐步形成了，每 12 年一度的节日。此地本人也曾经去过多次，特别是在夏天，草坝非常美丽，令人流连忘返。

30、杰堆寺

杰堆寺位于拉萨林周县春堆乡拉岗村，始建于公元 1012 年，距今已有 1003 年的历史。

由详那朗.多吉旺创建。

杰堆寺是藏传佛教后弘期"香氏系"的祖寺，寺内的寺碑和造像碑，极其珍贵，在西藏也是首次发现，它极大丰富了，西藏寺庙石刻的艺术形式，是西藏现存比较早期的艺术品之一。对研究西藏早期寺庙石碑艺术，提供了不可多的的历史资料。此寺我曾经去看过多次，其造型非常别致，跟其它寺庙的石碑造型不一样。

31、蔡巴寺

蔡公塘寺是蔡寺与公塘两寺合称，蔡寺早于公塘寺 12 年。蔡寺原址位于现阳宫寺之处。公塘寺位于现今位置之上。我曾经多次对蔡寺与公塘寺进行了多年考证，曾无数次站在这两座寺的残迹与遗址上，它昔日辉煌的蔡巴万户发迹之地，这个对西藏历史上留下辉煌的遗迹及《红史》的书籍很快会消失于历史长河之中，蔡寺已在文革之中彻底被毁，而只留下公塘寺残缺不完的一个殿堂。为了使这座为西藏历史上做过贡献的遗址能保留，留于后代，如果不是当时我与有关热爱西藏历史的有志人者的保护，公塘寺也也无法看见了。因为公塘寺内保留着元代的壁画。如今国家对公塘寺已投一千多万元进行维护。这中间的委屈与不满，也云开得散，证明了当初我们所做的保护是正确的。

蔡巴寺位于拉萨市城关区蔡公堂乡，拉萨河南岸，当地群众称为"杨庚寺"。它是向.尊珠扎巴，于公元 1175 年创建。

蔡巴寺是噶举派蔡巴噶举的寺院，建寺是达波拉杰的在传弟子向蔡巴·尊珠扎巴（原名"达玛扎"1123—1194 年），他出生于拉萨市，现蔡公塘乡的蔡巴竹村，父亲是一位专修密宗的居士，蔡巴·尊珠扎从小受父亲的耳濡目染，从七岁时就进修藏文；九岁的时开始学习密宗，后来开始游学西康之地，他 26 岁时受比立戒，取法名为尊珠扎巴 1153 年。

向·尊珠扎巴 13 岁开始学经，先后拜塔布拉杰、贡巴楚臣宁波，熬喀巴、帕竹·多吉杰波等人为上师，后来在帕竹·多吉杰波所创建的丹萨提寺住了几年，得到噶尔家族的支持，开始筹备建蔡巴寺。向·尊珠扎巴建蔡巴寺的材料、资金，有一部分是别自愿捐赠的，有一部分是向别人索取的，如果有人不给就去抢夺而来的，于公元 1175 年所建了蔡巴寺，相隔 12 年（1187 年）在蔡巴寺南面建立了公塘寺。由于向·尊珠扎巴这种筹集盖寺庙的方式，他也经常与别人械斗，他的行为被西藏佛教界认为是："一心为佛教"有功德于佛教人。

蔡巴寺后来被毁，现蔡巴寺遗址之上，建有 4 座小寺。蔡巴寺西南约 150 米处有卫林寺，东北约 80 米处有乃琼夺，西南约 500 米处有居敏寺，原遗址之上有阳宫寺。

32、贡塘寺

向·尊珠扎巴于 1193 年（藏历第三绕迥之木虎年、宋绍熙五年）圆寂后，蔡巴噶举的宗教活动由蔡巴寺和贡塘寺的堪布主持。这两个寺的实权是由向·尊珠扎巴侍者达玛奴宣掌握，并由达玛宣奴的后辈叔侄相承。到了达玛宣奴的侄子益西迥乃时，蔡巴噶举又兼并了古麦的许多村寨，权势更加扩大。益西迥乃的继承人是噶尔·杰哇迥乃的儿子桑结额朱。此后噶尔氏家族就直接管了蔡巴噶举派。

桑结额竹巴任蔡巴寺和贡塘寺主持时，正是元朝忽必烈世祖派人到西藏分封十三万户之时，当时蔡巴被为十三万户之一的蔡巴万户，万户长为桑结额朱。桑结额朱的儿子仁钦坚赞继任万户长之后，曾亲自到北京朝贡，忽必烈封赐给土地，并赐金印、诰命，此刻蔡巴万户成为拉萨的三个万户之首。仁钦坚赞有三个儿子：长子叫尼玛喜绕，他随八思巴到北京朝觐忽必烈，接受过忽必烈给予的封号和诰命，次子噶德衮布，据说他曾经 7 次到内地。由于元朝对他的支持，他在地方上实力很大。他把内地的刻板印刷技术带回西藏，从此藏族学者的著作也随之增多，他在藏族文化史上做出突出贡献；三儿子仁钦旺秋，是一个出家僧人。噶德衮布的孙了蔡巴·贡噶多吉是藏族历史上有名的人物。他曾到过内地，亲自向元朝进贡。他以编纂藏文大藏经《甘珠尔目录》而著名，后来有些《甘珠尔》的刻本都是以他编纂的《甘珠尔目录》为蓝本刊行，他在 1346 年写成了藏族历史上著名的《红史》，这是一部研究西藏古代历史上的重要参考之书。

蔡巴噶举在蔡巴·贡噶多吉时期，他联合萨迦（创始人为昆·贡却杰波）、雅桑（创始人为雅桑·却吉门兰）的势力，共同与帕竹（创始人帕木竹巴·多吉杰波）作战。这个时候帕木竹巴已经是西藏最强盛的地方势力了。最终以蔡巴、萨迦、雅桑失败而告终。蔡巴的辖地几乎被帕竹夺取，因蔡巴的势力从此一蹶不振。蔡巴·贡噶多吉的儿子格雷桑布曾经受过元朝的司徒封号，其子孙在大明朝时仍有指挥使的官衔，但是它已经没有多大实力了。蔡巴噶举也随着蔡巴领主的势力衰败而衰落了。蔡巴寺与贡塘寺在元未改为桑浦寺的属寺；格鲁派兴起后又改为格鲁派寺院，从蔡巴噶举派从些断绝。蔡巴噶举派淹没在这历史的长河之中，但它留卜的《红史》史籍，给后人留巨大的精神财富。

33、雄色寺

雄色寺位于拉萨曲水县才纳乡才纳村，位于山梁之中，始建于公元1181年，距今已有834年的历史。由吉贡.崔成僧格创建。最初为噶举派祖寺，后改为信奉宁玛派，是西藏比较大的尼姑寺庙之一。

雄色寺，或译为"香色寺、修色寺"，其意为"古松柏中"。传说，这里在1000多年前，是一片茂密的原始森林，林中有一口甘甜的泉眼，在泉水的旁边栖息着许多珍禽异兽，由此吸引了附近老百姓前来朝拜、敬香，逐步成为著名的佛教圣地。

有三位活佛：第一世雄色.吉尊活佛（去世）；第二世多吉绕丹活佛（现在自治区广电厅工作）；第三世吉美多吉（为自修活佛）。

雄色寺在公元十八世纪时，被蒙古准噶尔人摧毁，后来由吉尊仁波齐重新建立了该寺。

雄色寺有一个美丽动人的传说故事："吉尊仁波齐"，她是西藏历史上非常传奇的人物，据说，在80年前的一天，雄色寺的遗址上，出现了一个乞丐模样的老太婆，她在这里修行、募捐、念经，她发誓要重修雄色寺，因而，她被人们称为"玛尼洛钦"（为诵六字真经的大师）。她就是后来历史史书记载的"吉尊仁波齐"的"仁增.曲尼桑母"。她发誓，别人不相信的事，她一定要办到，由于她不懈的努力，古老的雄色寺重振了往日的雄风。据说她活了120岁，因此她被信徒们视为神，寺内至今还保留着她的画像。

雄色寺周围的风景秀丽，坐落在拉萨河南岸的束齐山的半坡上，环境清雅，山间灌木丛生，林中布满着飞禽走兽。是一个清静修行的好地方。

34、达隆寺

达隆寺位于拉萨林周县达龙乡。始建于公元1180年，距今已有

835 年的历史。由达隆噶举派的创始人达隆唐巴.曲吉扎西贝创建。达隆唐巴.曲吉扎西贝生于 1142 年，18 岁时前往萨迦寺，拜拉康巴.西热多吉、次顿果芒为师，并受戒出家，赐法名为扎西贝。24 岁时来到拉萨一带，从师于仲贡帕巴。

公元 1181 年受邀前往达、寨、戎三地，解决他们之间的矛盾，圆满的调节了三方的矛盾，因而收到了三地的领主隆重接待，并呈现了隆觉庄园作为达隆寺的寺属庄园作为供养，按照大师的意愿修建了达隆寺。

达隆寺由一个"林"、两个"扎仓"组成，寺内的僧人一般都许不做饭，由达隆拉掌布给。"林"里的绝大多数僧人出身都比较富裕，他们的生活状况比较好。因而寺内的僧人，贫富不均，所以分别开设了蒙古康仓、藏康仓两个不同的学经班，由此导致了孜追活佛和玛追活佛的产生。孜追活佛从清朝开始被赐予了"呼图克图"。达隆寺还有岗夏活佛系统。夏仲活佛、孜追活佛两大系属于"林"；岗夏活佛、玛追活佛属于扎仓。夏仲活佛、玛追活佛、岗夏活佛三系中的年长者，担任达隆寺主持。达隆寺从建寺到 1959 年，共有 31 位堪布。

达隆寺在公元 1679—1720 年间，西藏地方政府没收了达隆寺的管理权，把它交给了色拉寺管理。达隆寺在第 25 任堪布丹增朗杰任职期间，重新修建了达隆寺拉章及对寺院的佛典进行了全面维修，并增加了一座殿堂。

1445 年，夏仲.阿旺活佛建立了，达隆寺有名的"达隆供奉仪式"。主要是供奉胜乐和遍知佛等进行的 26 种分门别类的供奉。

35、聂当卓玛拉康

聂当卓玛拉康位于拉萨曲水县聂当乡德吉村。始建于公元 11 世纪，由阿底峡大师的弟子释迎旺久创建，是为了纪念阿底峡大师。该拉康现在属于热堆寺的一个拉康。

热堆寺位于曲水县聂当乡热堆村，318 国道西北侧约 2 公里处，距拉萨 21 公里，离曲水县城 41 公里。

热堆寺下有 9 个康村和 4 个分寺：9 个康村，娘惹康村、坚叶康村、觉旦康村、强巴林康村、曲扎西德庆康村、泽当康村、密集康村、琼结康村、聂下康村。4 个分寺，聂当卓玛拉康、热钦林、塔尔寺、江贡曲寺。寺庙内最著名的法会"江贡曲"。

寺庙建寺年代不一，一是该寺始建于公元 3 世纪（约公元 205 年，待考），由桑普林堆·待从如娃（汉僧）创立。此记载在《佛教导航》（中国佛教综合信息门户、佛教新闻网）；二是该寺建于公元 1205 年，由汉族高僧嘉庆如娃创立，原为噶当派。热堆寺也被称为"聂当德瓦坚，意为，聂当极乐界"。后来由宗喀巴弟子玛康扎桑改为格鲁派，它曾经是前藏六大寺院之一。

该寺内有很多高僧在此地修行，如宗喀巴、萨迦上师色克惹彭、索朗坚才（宗喀巴上师）、顿珠仁钦、玛康扎桑、扎琼云丹嘉措，还有三世达赖上师和第 21 代甘丹赤巴吴噶格列巴桑、五世达赖上师和第 35 代甘丹赤巴加央贡觉群培等高僧。

卓玛拉康俗称聂唐寺，因为主供阿底峡生前随身供奉的本尊度母铜像（卓玛像），后来寺名称为"卓玛拉康"又名聂当度母殿，今天的度母殿，是 20 世纪 30 年代，由热振活佛主持重新修建的，最初的殿堂，已经不复存在，其建筑也无法考证。

卓玛拉康内保存着阿底峡大师生前用过的法螺、化缘的钵以及随他一生的白檀香木塔。该寺还保留了数量较多的吐蕃写经。价值非常高的文献，此吐蕃写经，是本人在市文物局工作时，对卓玛拉康进行调研时发现的珍贵资料。

36、清朝拉萨—关帝庙

关帝庙位于拉萨市城关区吉崩岗办事处雪社区区居委会。关帝庙又称为"帕玛日关帝庙"位于磨盘山的山顶之上。是为了纪念清朝政府派兵进藏抵御外侵的功绩所建。始建于公元 1792 年，距今已有 200 多年的历史。由大擦.丹白贡布主持修建。它也是西藏五座关帝庙之一，规模最大的一座关帝庙。其建筑为汉式。现属于功德林寺庙管理。

藏族老百姓将关帝像误认为所"格萨尔王"，所以又称为"格萨尔拉康"。

公元 1791 年，廓尔喀人，入侵西藏，清朝政府乾隆皇帝派福康安大将，于公元 1791 年摔万清军入藏，与驻藏官兵联合，将廓尔喀兵，驱逐西藏境内。在清军刚抵达拉萨时，福康安看见老的扎什城关帝庙，残破不堪，于是便主持修建了新了磨盘山关帝庙。在清军凯旋拉萨时，福康安在该寺内，树立了记功碑，由清乾隆皇帝亲笔题写匾额。

关帝庙现存建筑有山门、庭院、僧舍、主殿、降央拉康（文殊殿）及耳房。主殿内供奉着关羽、诸葛亮、关平等塑像等。

第四部分：西藏历史人物

一：古代人物

1、一代枭雄—松赞干布

松赞干布是吐蕃王朝的一个民族英雄，数藏汉友好的缔造者。他在西藏高原正式建立了吐蕃王朝。松赞干布（617—650 年），为吐蕃王朝的第 32 代赞普（佛教记载为 33 代）。他出生于拉萨墨竹工卡县加玛乡（泽当城西雍布拉岗堡中）。他的父亲朗日松赞是吐蕃王朝第 31 代赞普，他在位时，曾征服孙波（苏毗）藏蕃等国。松赞干布是后人为他加上的尊号（唐代汉文史籍作弃宗弄赞、器宗弄赞、弃苏农赞等，还有弗夜氏、不弗弄赞的称呼）。松赞干布 3 岁时，他父亲率兵灭掉了苏毗（孙波）部落，统一了西藏高原，由山南地方的小邦首领一跃成为吐蕃各部的君主。

公元 629 年，朗日松赞被叛臣毒害而亡，各地纷纷反叛，松赞干布当年只有 13 岁。他继承王位时，父王诸臣、母后诸族一起举兵叛变，工布、达波、娘波等地尽为叛乱，加之西部的羊同（象雄）部落乘机入侵，雅鲁藏布江北的苏毗（孙波）旧贵族也积极"复国"，他们纷向吐蕃进兵发难。松赞干布面对这种内外困扰的严重局面，挑起了吐蕃王朝重任。他面对四面楚歌境内，沉着冷静，依靠新兴势力，征集了万余人，组织起了一支精锐的军队，征战 3 年，平定了内部的叛乱，稳定了局势，再次恢复了吐蕃的统一。

唐贞观六年（632 年），松赞干布率众部渡过雅鲁藏布（江），把都城从泽当（山南）迁到逻些（拉萨），使吐蕃成为青藏高原的强国，确立了吐蕃的政治、文化、军事、经济、法律等制度。松赞干布从唐朝和天竺（印度）引入佛教，从唐朝引入科学技术以及历法。松赞干布与王妃赤尊公主（尼泊尔）、文成公主三人，至今受藏族人民的尊崇。松赞干布完成了西藏统一之后，开始致力于政权的建立，他建立起了一套完善的制度，以赞普为中心，高度集权的政治和军事机构。同时，还制定了法律、税制、任用贤明的大臣，采取许多措施鼓励百姓学习和运用先进生产技术，发展农牧生产，使吐蕃的社会经济和人民的生活迅速发展。

为了改变吐蕃人没有自己的文字，靠刻木、结绳纪事的原始落后面貌，他派出大臣吞弥·桑布扎等 16 名贵族到印度求学，终于创制出藏民族的文字—藏文。松赞干布迎娶了文成公主，文成公主在去西藏的路上为百姓做了很多益事。公元 648 年（唐贞观二十三年，李世民去逝，太子李治继位，他封松赞干布为附马都尉之职，封爵"西海郡王"。

吐蕃资料记载：吐蕃古昔并无文字，乃于此王（松赞干布）之时出现，……举凡吐蕃之一切纯良风俗，贤明政事，均为此墀松赞王者之时出现也。一切民庶感此王之恩德，乃上尊号曰"松赞干布"。

松赞干布去逝年代（650 年，说法不一，有 3 种说法：一说 34 岁去逝；二说 58 岁去逝；三说 82 岁去逝），其死因也众说纷纭：一是由于尺尊公主感染了瘟疫后传染给了松赞干布，不久松赞干布在彭域的色莫岗（位于今天西藏拉萨林周县彭波农牧附近）逝世；二是松赞干布被苯教徒仇视被暗杀而死。公元 651 年吐蕃以隆重的葬礼，在山南琼结的吐蕃历代赞普王陵之间，为松赞干布修建了一座大墓，称为"相木波"。由于他的儿子共日共赞早逝，由他的孙子芝松芝赞继位，大论禄赞摄政。

噶尔·禄东赞（噶尔·东赞域松）（？—676年），吐蕃王朝的一代贤相。出生之地有两种说法：其一，生于吐蕃堆龙让巴；其二，生于今山南隆子县列麦乡一个叫"冲萨"（意为出生地）的地方，出生年月不详。噶尔·禄东赞之名，汉籍史记不一，其中有"薛禄东赞""筑禄东赞"等。他是一位吐蕃有名的政治家、军事家、外交家，曾担任过大论之职。根据史籍记载，禄东赞"虽不识文记，而性明毅严重。讲兵训师，雅有节制。吐蕃之并诸羌，雄霸本土，多其谋也"（《旧唐书·吐蕃传》卷一九六、列一四六，册一六、而五二一九）。

松赞干布即位之初，他曾受命为大论，辅佐赞普治理朝政，统一诸羌部落，开据疆域，创法立制，巩固王权，参与吐蕃军政大计；对内进行除叛臣，分桂庸（即区分武士及奴隶阶级），查户口，划田界，立丁册，征赋税等重大政治、经济变革；对外平息诸部反抗等。特别主张与唐及邻国尼婆罗和亲。

噶尔·禄东赞，率领吐蕃骑兵征服了青藏高原大部分地区，确立了吐蕃在青藏高原霸主之位。在吐蕃威振青藏高原时，松赞干布派遣禄东赞、吞弥·桑布扎，带看礼物和随从100多人出使尼婆罗（尼泊尔），向国王阿姆苏·瓦尔玛（光胄王）提出和亲，希望娶公主布里库提（尺尊公主）为妃。在吐蕃强大的威胁下，光胄王被迫将尺尊公主嫁给了松赞干布。公元640年，松赞干布派禄东赞为正使，吞弥·桑布扎、支·塞汝贡敦为副手，出使唐朝，成功地促使唐朝与吐蕃和亲，派遣文成公主嫁于松赞干布。在出使唐朝时，禄东赞因机智善变，极为唐太宗的赏识，被唐太宗皇帝封为唐朝的右卫大将军。因支·塞汝贡敦嫉妒禄东赞的才能，建议唐太宗将禄东赞留在唐朝永保两国和平；因而唐太宗试图将琅琊公主的外孙女段氏嫁给禄东赞，诱使他为唐朝效力，但被禄东赞婉言拒绝。

据《贤者喜宴》记载，禄东赞与达杰·芒布支创立了吐蕃历史上最早的行政区域—"如"，并颁布相关法律；又设置"奎本"一职，为这些地区的行政长官。禄东赞自任吐蕃奎本。

据《大相世系》记载，公元642年，禄东赞与琼波·邦色等大臣，追随松赞干布讨伐羊同（即象雄），用了三年之久，才征服了羊同，统一了青藏高原。琼波·邦色被任命为羊同（象雄）的奎本。

吐蕃大相娘·芒布杰尚囊因征服苏毗（孙波）而受到松赞干布的重用，大臣穷波·邦色波则（琼波·邦色）心中嫉妒，使用间计陷害芒布杰尚囊，并害死他，他继任了大相之位。后来，琼波·邦色邀请松赞干布到自己的封地藏蕃视察，试图谋害赞普。松赞干布命令禄东赞前往藏蕃安置赞普牙帐。但禄东赞发现了奸谋，将其报告松赞干布。结果琼波·邦色被迫自杀，禄东赞继为大相。

2、吐蕃杰出的政治家、军事家—噶尔东赞域松（禄东赞）

公元 650 年，松赞干布去逝，其孙子芒松芒赞年幼，由禄东赞辅政。他在掌权期间，致力于安定吐蕃内部，进行了一系列制度改革。同时也继承了松赞干布对外扩张政策。公元 652 年，禄东赞出兵征服了洛沃（今阿里里区）和藏尔夏（后藏地区）。公元 653 年进行税制改革，制定了牛腿税制度，派遣达杰·芒布支征收田税。公元 654 年于蒙布赛拉宗进行点视户口，建立了户籍制度。公元 655 年制定了吐蕃历史上的第一部法律，此后，禄东赞多次巡视吐蕃各地。公元 656 年，禄东赞亲率 12 万大军剿灭了白兰部，同时积极与唐朝保持友好关系，两次向唐王朝请求和亲。公元 659 年开始，禄东赞开始对青海湖一带的吐谷浑展开大规模的入侵，并于公元 663 年彻底消灭了吐谷浑，改其地名为"阿奏"。此后，禄东赞一直居住在吐谷浑故地，招抚吐谷浑旧部。禄东赞执政期间，吐蕃曾试图夺取唐朝辖下的西域。公元 662 年，唐朝西域都护府辖下的疏勒、龟兹以及西突厥的弓月等部反唐投蕃。唐派遣苏海政、昔兴之可汗阿史那弥色、继往绝可汗阿史那步真前往讨伐。但昔兴之可汗与继往绝可汗有矛盾，昔兴之可汗在内部讧中被杀，其余部投奔吐蕃。唐军与蕃军在西域遭遇，苏海政以行贿的方式让吐蕃退兵。公元 665 年，弓月等部引蕃军进入于阗（吐蕃人称为"李域"）。唐朝派西州都督崔知辨往救，崔知辨以围魏救赵的方式袭击吐蕃，迫使吐蕃军队退后于境内。

公元 666 年，禄东赞在回逻些城（拉萨）的途中染疾，于公元 667 年去逝于吐谷浑的日布。其子赞悉若、论钦陵相继担任大相，继续把持着吐蕃朝政数十年。禄东赞的其他儿子则把持着各地的兵权，其家族重权大握。形成了一个强大的禄氏家族统治网。禄东赞及其子掌管吐蕃国政达半个世纪之久。

《新唐书》评价："东赞不知书，性明毅，用兵有节制。吐蕃倚之，遂为强国"。五世达赖称赞："他所作政教相辅事业，不仅过吐蕃国王尽忠职守，对吐蕃人民也留下了难忘的德泽"。

3、藏文的缔造者—吞米·桑布扎

吞弥·桑布扎（618—650 年）他是藏族社会早期的语言文学家、翻译家、藏文创制者。是松赞子布七贤臣之一，官至御前大臣。

吞弥·桑布扎生于公元 7 世纪，其一，生于雅鲁藏布江南岸的今天山南地区隆子县；其二，生于拉萨尼木县吞弥家族之中。父亲吞弥阿鲁，曾是松赞干布的御前大臣，母亲名为阿孥。吞弥·桑布扎在他 15 岁之时，奉松赞干布之命，前往天竺（印度）求学，带领 16 名藏族青年，携黄金，途经异国克服种种困难，最后到达天竺，学习古梵文和天竺文字。他历经七年努力学习梵文、语法、诗学、佛经。于公元 641 年回到拉萨，在古喀尔玛如堡（现帕崩岗寺）潜心研究三年后，传承了与象雄文字的基础之上，并借鉴古印度（梵文）等国的文化之优点，完善和创造了现在的藏文文字。他的一生翻译了许多经书，但是在吐蕃王朝最后一代赞普朗达玛灭佛之时，经书被大火烧毁六部，现仅存两部。

藏文之源，吞弥·桑布扎在成人之时，恰是松赞干布戎马驰聘在青藏高原，宏展其雄心抱负之时，松赞干布平定内乱，征服诸部落，重新统一吐蕃之后，他一方面与周边诸国，如尼婆罗（尼泊尔）与唐朝建立其友好关系；另一方面积极发展生产，制定严密的各项制度。由于周边邻国与民族之间的交流及政治的需要，文化之间的交流，使松赞干布深感没有文字的痛苦，于是在公元 7 世纪上半叶，他派遣了吞弥·桑布扎等 16 人，带着许多黄金，前往天竺（印度）拜师访友，学习梵文和天竺文字。

吞弥·桑布扎等途经尼婆罗之地阳布（今尼泊尔首都加德满都附近），拜尼婆罗国王鸯输伐摩王，国王赐给他了一些解署药等。异国的奇禽野兽没有吓倒这些有志的青年，他们克服一切困难，最后达到了天竺国，由于天竺的热带气候，使吞弥·桑布扎这些有志青年长期生活在高寒地区的 16 位青年难以适应热带气候，其中的 15 位先后病逝于它乡，只有吞弥·桑布扎只身一人和一位叫黎敬（又译李谨、利谨或骊宾）的婆罗门，还有一位叫拉热白森格的学者，学习梵文和语言。吞弥·桑布扎在学习期间，敬重佛法，刻苦习修，以优异的成绩，被天竺人敬称为"桑布扎"（意为贤良的藏人，"吞弥"是他家族之姓氏，所以后人称他为"吞弥·桑布扎"）。

文字成为一个民族的重要象征。松赞干布的愿望，被吞弥·桑布扎所实现。藏文字的创立，延长了藏民族的生命之力，文字的存在，使人们可以看到藏民族的历史发展，也能看到藏民未来的发展。吞弥·桑布扎创立的文字，延继了藏民族文化发展。

吞弥·桑布扎他以梵文的 50 个根本字母为模，结合藏族语言的特点，创制了藏文字的 30 个根本字母，又从梵文中的 16 个元音中创造出了 4 个藏文元音字母。吞弥·桑布扎还从梵文的 34 个子音字中，去掉了 5 个反体字、5 个重叠字，又在元音中补充了元音啊字，补充了梵语迦、洽、稼、夏、啥、阿（音译）等个字，制定出 4 个母音字及 30 个子音字的藏文。他又仿照梵文兰扎字体创造出藏文的有头字：楷书体，又防照梵文"吐都"字体创造出藏文的无头字：草书体。

关于吞弥·桑布扎向谁学习，如何创制藏文，历代藏族学者有几种看法：1、认为吞弥·桑布扎去克湿弥罗（克什米尔）学习，回来后根据克什弥罗文在拉萨木如宫创造出有 30 个字母、4 个韵母的藏文文字。持这种观点的是白玛噶布和布顿大师；2、认为藏文学自于天竺；3、认为吐蕃文是仿古于阗文（今和田）创制而成的；4、目前在藏学界有人认为藏文在吞弥·桑布扎之前就有了，对历史上是否有吞弥·桑布扎这个人持怀疑态度；5、苯教徒们认为藏文是他们的先辈早于吞弥氏之前就创造了（象雄文字）的。藏文文字究竟何为正确，尚待专家考证。但是，从早期藏文《汉藏史集》和《敦煌吐蕃古藏文文选》中以及西藏大多数的史料之中均可以看到，藏文源自松赞干布时期。五世达赖喇嘛著，郭和卿老师译《西藏王臣记》的第 22 页，民族出版社于 1983 年出版。另比《西藏王臣记》晚 10 多年的《蒙古源流》书中，对吞弥氏创造藏文中叙述："吞弥·桑布扎将所学的印度音韵学、互证土伯特之 30 个字母合于四声，于原 34 字内删去 11 字，以其余 23 字与土伯特始创之 6 字并原阿字定为 30 字母各分音韵"。

根据史籍记载，吞弥·桑布扎将创造的藏文及藏文颂词献给松赞干布，赞普十分高兴，赞赏之。他为了带动的臣民学习藏文，赞普拜吞弥·桑布扎为师，在玛如宫（现帕崩岗）潜心学习藏文和其它文化，不与外界接触，闭门专心学习了 3 年，他十分尊崇吞弥，有些大臣认为不应该如此尊重吞弥，吞弥言道："在雪域之地我是首位宿学"。于是众怒被平息，上下皆学习藏文，智慧之莲盛开。因而，吐蕃出现了噶尔.东赞、噶尔·钦陵及大臣、年·墀桑央敦等政治家、军事家和精通建设人才。后来，为能正确地使用藏文的拼音方法、规则以及虚字枣"格"，吞弥·桑布扎又根据古印度的声明论著，加上他所创藏文的特点和方法编出了《文法根本三十颂》，使藏民族第一次有了本民族文字。因此，用藏文记载的著作和翻译作品应运而生，藏族历史从此进入了一个文明崭新的阶段。

吞弥·桑布扎在藏族历史上做出了巨大贡献，为藏民族的文化发展，做出了他毕生的贡献，他不仅创立了藏文，也是一位翻译家。他著有《三十颂论及相转论》，即《文法根本十三颂》《文字变化法测》即《文法性别用法》等语言文法著作 8 种，今幸存下来的只有《三十颂》《性入法》两种，这是藏族历史上最早的藏文文法经典，同时它又是教科书。他还是一位翻译家，他翻译了经书《二十一显密经典》《宝星陀罗尼经》《十善经》《般若十万能颂》《宝云经》《宝箧经》等二十多部梵文经典，开创了藏译佛经的先河。后来，很多译经都被收入在《大藏经·甘珠尔》之中。译自天竺、汉地、尼婆罗、克湿弥罗和于阗等地的佛教经典著作和各种文化论著被译为藏文。

吞弥·桑布扎是藏族历史上的伟大的语言家与翻译家，他的不朽功绩永载青史。

4、吐蕃的一代枭雄—赤松德赞

赤松德赞（742—797 年），赤松德赞又译为墀松赞赞《新唐书》译为"挲悉笼腊赞"，在他任期之内，吐蕃国达到了鼎盛时期，他也为藏传佛教的弘扬起到了极为重要的作用，被后人尊称为"吐蕃三法王（松赞干布、赤松德赞、赤热巴巾）之一。

赤松德赞的生母究竟是何人，目前尚有争议。有些藏文史籍记载他的生母为金城公主。《巴协》和《贤者喜宴》也都记载着这样一个故事：金城公主生下赤松德赞后，皇后那囊氏诡称怀孕，用药敷在乳房上使乳汁流出，令国王和群臣无法辨识，在赤松德赞满周岁时，尺带珠丹令赤松德赞在二人中寻找亲生母亲。最终赤松德赞认出了自己的生母金城公主。但是根据敦煌发现的藏文文献《大事记年》中记载，赤松德赞是尺带珠与那囊妃波杰西丁所生的儿子。但《旧唐书·吐蕃传》记载，尺带珠丹在位期间曾向唐玄宗上表，内称："外甥是先皇帝宿亲，又蒙降金城公主，遂和同为一家"，这里却称赤松德赞是金城公主的儿子，又与《赞普世系表》之中矛盾。正因如此，目前藏学界对赤松德赞的生母真实身份各执一词，他就竟是何人所生仍是个谜。

唐天宝十四年（藏历"火空海"纪元132年，公元755年），当时赤松德赞14岁时，吐蕃大相末·东则布、朗·迈色？二人害死了他的父亲赤德祖赞，并且要加害赤松德赞。由于大臣达扎路恭告密，其阴谋败露。在这吐蕃动荡不安的社会和群臣以矛盾尖锐之际，赤松德赞继承了王位，他任用了尚结悉，尚息东赞、尚赞磨、论悉诺（也译为达扎路恭，汉籍又叫马重英）三尚一论辅佐朝政。"以兵力捕杀了谋害父王之元凶"，王戈、陈践译注《敦煌在吐蕃历史文书》119页。赤松德赞将残害父王的末氏、朗氏处以极刑，没收了他们家族全部的财产，将其家臣和党羽流放，使吐蕃王朝初步位于稳定局势。在此时唐朝爆发了"安史之乱"，叛逆者们勾结北方的诸部族、部进逼京师。唐天宝十五年（756年），唐玄宗出奔入蜀，他禅位与肃宗李享，使长安陷落。吐蕃王朝曾几次遣使者入唐请和，并愿发兵助唐讨击安禄山叛军。至德二年（757年），唐蕃第4次和盟，这也是赤松德赞执政以来，他首次与唐朝和盟（前3次和盟是其父赤德祖赞在位期间，分别于公元705年、714年、734年签订）。双方划定边界，互不侵犯，并约定唐每年送给吐蕃赞普绸绢5千匹。唐朝在"安史之变"后国力大伤，国力穷蹙之际，吐蕃军队又转念和唐朝边境空虚，联合起南诏、党项、吐谷浑、回纥诸部落，大举侵犯唐朝数年，首先攻陷了兰（今甘肃兰州）、廓（今青海化隆西）、河、鄯、洮（今甘肃临潭）、岷（今甘肃岷县）、渭（今甘肃陇西东南）。唐朝西北数十州之地及西域四镇，逼进唐朝北部重镇凤翔、邠州二府。唐广德元年（763年）十月，吐蕃大将马重英（达扎纪恭）等率20万联军，直驱长安之内，唐代宗李豫仓惶出逃陕州（今河南陕县）。吐蕃大军进入长安时，立李承宏为皇帝，最后在唐朝将军郭子仪及农民大众的反击下，吐蕃官兵在长安仅半月，被迫向西遁而去。这场战争给唐朝人民和吐蕃人民造成了生命和财产带来了巨大损失。这是藏族历史上的一件大事，这场战争，对藏族在祖国的西北，西南定居和发展，有着极大关系。

唐朝泰永元年（765 年），唐蕃第 5 次和盟，但此次和盟只不过临时的停战，由于双方都没有和平的诚意，特别是吐蕃占据唐朝西部的土地，双方处在对峙的情况下，不久和盟就被战争取代，"吐蕃大将尚结悉、赞磨、尚西东赞及马重英及十万众寇奉天、醴泉等县，大掠居民，男女数十万计，焚庐舍而去"。唐朝的兵将也"杀吐蕃万计，得所掠土女四人"。在唐朝建中元年（780 年），唐首先释族了 500 名吐蕃俘虏。停止了一切敌对活动，赤松德赞大喜，也表示与唐再次和盟的愿望，他对入蕃的使者韦伦曾说道：我有三恨，一不知道唐皇帝死，未能及时吊祭；二对唐皇帝的山陵未及供献赙礼；三不知道皇帝舅继位，已发兵攻打灵州（今甘肃东北）……（《州府元龟》卷九八〇，外部臣通好，页十一，11513 上）。公元 783 年，唐蕃终于在清水（今甘肃清水）举行了第 6 次和盟，订立了"清水盟约"，重新划定了双方边界，大致是将黄河以北贺兰山区划作闲田；黄河以南从六盘山、陇山、沿岷江、大渡河、南抵"磨些诸蛮"（今云南丽江地区）划线，以东属唐朝，以西属吐蕃。

据藏文史籍记载；赤松德赞时期，是吐蕃王朝鼎盛时期，表现它有强大的武装力量，曾经出兵远征天竺（印度），它的彊域范围；东与唐朝相接，以陇山为界，北与回纥相连，西与大食（唐朝对阿拉伯帝国的称呼）接，南与南诏（云南大理），对内赤松德赞在原有的法律基础上增加了新的法律。据藏文籍《智者喜宴》中所记，吐蕃有三十六制（六种大法、六大决议、六种告身、六种标志、六种褒贬、六种勇饰、合称为三十六制）。赤松德赞在发展经济生产上，他效仿唐朝制度，设置诸道节度使，利用战争掠夺大量土地，屯军耕牧，同时还下令吐蕃"每户居民饲养马一匹，犏牛一头，母黄牛一头，公黄牛一头"。家家户户要夏季贮存青草，备以冬季家畜所需。制定这些除了为发动战争，储备充足的军马，粮食以外，在客观上也使农业畜牧业的生产，得到了发展，改善了人民的生活。

赤松德赞在位时，大力发展佛教，建寺译经，剃度僧人。公元 8 世纪后半叶，他在寂护大师、莲花生大师等协助下，在山南扎囊县的山谷及雅鲁布江北岸的桑耶之地，历经数十年，建立了西藏佛教史上第一座佛、法、僧的寺院——桑耶龙吉柱寺，简称为桑耶寺（桑耶寺何时修建，建了多年，藏文史籍及藏学专家们记载看法较多，详见何周德、索朗旺堆《桑耶寺简志》第9页，西藏人民出版社）。桑耶寺以佛教的理想世界的结构为设计基本，以坛城（曼陀罗和曼扎）的形式构建，中央为一座大殿，象征的是须弥山，它代表世界中心，四周有四座大的佛塔，象征着佛教四大部赡部洲；紧靠大殿的两座宝塔象征着日月，它围绕着须弥山。最外层的院墙象征着环绕宇宙的铁围山。其它还有人小赡部洲，无边无际波涛凶湧的海洋等。中央的大殿为三层，一层为印度梵式建筑风格，二层为汉式建筑风格、三层为藏式建筑风格（故称"三样寺"）。寺庙建成后，为了使佛教发扬光大，赞普从贵族子弟中，选出了巴·热多那（原名，巴·吃力徐）秦·释迦扎巴、白若杂纳（也有译母比庐庶那）、恩兰·杰瓦却央、玛·阿自耶·仁钦却、昆·鲁益旺布（也有人认为他不在"七试人"中），藏·勒珠七名聪明英俊少年出家为僧，时称"七试人"（也称为"七觉土"）（索南坚赞著、刘立千译《西藏王统记》12项，西藏人民出版社，1985年版）。这是吐蕃最初的第一批藏族僧侣，后来他又在境内广泛建立寺庙，大量剃度僧人，甚至赞普的王妃、子女和外戚、属部首领中，也有数人皈依佛门。

佛教由此在藏区兴盛发展起来，据史籍记载以汉地佛教大乘和尚为代表的顿门巴与以天竺佛教寂护为代表的渐门巴之间发生了矛盾。因而赤松德赞用辨经的方式"优"淘"劣"，最终以赤松德赞倾向的渐门派胜利，大乘和尚表示认输返回故里，从此，天竺佛教宗派统治了吐蕃，但是汉地的禅宗思想理论却一直保留在藏传佛教之中。

赤松德赞是一位文治武略双全的赞普，后人尊称他为吐蕃王朝的第二位"法王"。唐贞元十三年（797年），他去逝，享年56岁。

5、吐蕃名将—达扎路恭

他是赤松德赞时期的一位重大臣。你要来过拉萨，就可以看到布达拉宫山脚下柏油路对面有一位石碑，已经一千多年的历史，它着着拉萨这座城市千年历史的发展的沧桑，永远默默屹立在片土地上。我已经凝视它几十年它见证了拉萨发展的千年历史，见证了从吐蕃到如今天拉萨的变迁。它是赤松德赞在位时（755—797 年）所立。石碑高 1.92 米，22.25 平方米的正方形基上。台基正中为三级阶梯座，高 1.32 米。碑身通高 8 米，呈方柱形，下宽上收。碑身北、东、南三面均刻有藏文楷书，北侧有 68 例，东侧 16 例，南侧 74 例。碑身完好，碑文大部分尚可辨认。

该碑是为了表彰达扎路恭功绩而立，故纪功碑。碑文赞扬了他的才能和功劳，为此赤松德赞不仅赏赐给了奴隶，土地、牧场还给他及后代以种种特权。该碑对研究吐蕃政治制度以及吐蕃与唐朝的关系，有着较高的研究价值。

达扎路恭，原名，恩兰·达扎路恭，达扎路恭《新唐书》译为马重英，恩兰·达扎路恭出生在彭域（今拉萨林周县）的贵族世家恩兰氏家族。他在政坛上仅次于摄政者玛祥仲巴的重臣。达扎路恭在赤德祖赞（赤松德赞之父）时期就出任将军一职。公元 755 年，赤德祖赞在亚著贝擦城赛马时，被大臣朗·梅色和末·东则布害死，二人勾结苏毗王没庐赞举兵反叛。达扎路恭率军平定了这个叛乱，拥立了王子赤松德赞为赞普。随后，奉命与那囊·尚杰斯秀亭去诛杀了残害赤松德赞父亲的凶犯。因此，达扎路恭在政坛上平步青云。公元 763 年 10 月，达扎路恭与那囊·尚杰斯秀亭率 20 万大军攻陷唐朝都城长安（西安），唐代宗出奔陕州。吐蕃拥立金城公主的兄弟广武王李承宏为皇帝，但是由于吐蕃无法忍受秋季的酷热，军中疾病流行；而且唐朝大将郭子仪等逼近长安，因而吐蕃于在 15 天之后撤离长安。公元 765 年，吐蕃联合回纥、吐谷浑、党项、奴隶等部，以及唐朝的叛将仆固怀恩一起进攻唐朝，达扎路恭、尚野息、尚结息赞磨、尚息东赞等率吐蕃军队从邠州进军长安附近的奉天（今陕西乾县），被唐朝大将浑瑊击败，吐蕃军队伤之 15000 人，由于天降大雨，蕃军由于行军不便，转而进攻醴泉（今陕西礼县北），掳了数万人而归；途经邠州，会同回纥军队围攻泽阳（今陕西泾阳县）。郭子仪据城避免出战。不久仆固怀恩病死，郭子仪同回纥统帅药葛罗结盟，唐、回联军反将吐蕃击溃，因而成功解救了长安之围。

公元 769 年，赤松德赞联合大臣墀桑雅甫拉等人发政变，杀死了玛祥仲巴杰并亲政。赤松德赞任命墀桑雅甫拉为大论，并派人从天竺请来了佛教高僧寂护弘扬佛法。在此期间，达扎路恭同其他一些支持苯教的大臣联合，坚决反对赤松德赞弘扬佛教的计划，迫使赤松德赞将寂护送出境。但是反佛事件平息以后，赤松德赞又将寂护和莲花生大师接到了吐蕃。莲花生大师在吐蕃修建了寺庙—桑耶寺，遭到了苯教大臣的强烈反对，认为一个国家不能有两种不同的官方宗教信仰。莲花生大师提议用辩论的方式决定两个宗教的地位。在赤松德赞的主持下，莲花生大师与苯教的达扎纪恭等大臣进行了辩论。结果莲花生获胜，赤松德赞下令全国废除苯教，改信佛教，废止苯教的祭祀并将本教的经书丢入河中。但是，一些信奉苯教的大臣，在恩兰·达扎纪恭带头下，坚决拒绝修建佛教寺庙，抵制佛教。于是赞普命令将达扎路恭用草绳捆着鞭打了一顿，后流放北方。由此支持苯教的大臣只得服从命令。但后来达扎路恭转为信奉佛教，并且为所建桑耶寺建选了黑塔以供奉如来佛祖的遗骨。由此转变，并且达扎路恭战功赫赫，又被赞普召回委以重任。后来又继那囊·尚杰斯秀亭之后担任了大论之职。因达扎路恭功绩卓著，赤松德赞在罗娑（拉萨）为他建立了一座碑"达扎路恭记功碑"。以表彰他的功绩。赞普下令给他予其后代犯重罪不处以死刑、官街永远以袭、私有财产永不没收等特权。

公元 778 年，达扎路恭（马重英）率军功打唐朝的灵州、庆州、盐州、银州和泾州。790 年，达扎路恭率军北伐，大破支授西域唐军回鹘主力，从此以后回鹘从向了衰落。在公元 792 年，吐蕃完全占领了西域地区，将唐朝与回鹘的势力彻底驱逐。公元 792 年，天竺僧人莲花生与禅宗僧人堪布摩诃衍在罗娑（拉萨）进行了长达三年的激烈辩论中，墀桑雅甫拉支持莲花生，而恩兰·达扎路恭支持勘布摩诃衍。在辩论期间，双方的支持者各自携带武器，气氛十分紧张，最终莲花生一派得胜。但莲花生不久被人暗杀（待考），此事可能与达扎路恭有一定关系。

相传达扎路恭死后变成了一个大非人，被称作"桂波达热"（意为"野大热"），后来被任为秦浦（位于拉萨东南，雅鲁藏布北岸，桑耶寺之东侧）的护法神。

6、吐蕃第一位使用年号—赤祖德赞（热巴巾）

赤祖德赞（赤热巴巾）（806—841 年说法不一）。赤祖德赞汉籍为可黎可足，年号彝泰，又被称为彝泰赞普。唐朝和元年（藏历"火空海"纪元 183 年，公元 806 年）赤祖德出生，具体的出生地不详。其父赤德松赞。他有 4 个哥哥，长兄臧玛，信奉佛教出家为僧；次兄拉结，中天；三兄伦珠幼殇；少兄达玛是个"嗜酒喜内，凶悖少恩"的人。赤祖德赞是父亲赤松德赞和母后蔡邦萨梅朵准最小的儿子，关于他的生年，学者们说法不一。《西藏王统世系明鉴》中未记载他的生年，只说塞那累江允（即赤德松赞）五十五岁死于火鸡年。有的学者指出，按此记载来计算，赤德松赞应牟尼赞普出生的次年即水兔年出生，而牟尼赞普与赤德松赞之间还有一个王子牟茹赞普，那么，赤松德赞的王妃梅朵准应在生下牟尼赞普次年，生下牟如赞普和赤德松赞二人，而他们二人又怎么会是孪生兄弟呢？

巴俄·祖拉陈瓦《贤者喜宴》中记载："赤松德赞和他的长妃蔡邦萨梅朵准生有四子，长子牟赤赞普早逝，未建陵墓；二儿子牟尼赞普生于其父三十四岁的水阳虎年，次年水兔年牟笛赞普出生，再次年木龙年赤德松赞出生"。但是，五世达赖喇嘛著《西藏王臣记》中批评说："蔡邦萨生有三子，长子牟尼赞普继承其父王位，幼子牟笛赞普塞那累江允四岁时继承其大可执政，巴俄•祖拉陈瓦由于不懂牟赤赞普与牟笛赞普塞那累江允是同一个人的不同名字，才说出把牟赤赞普当成他们的大哥的浅陋的话来"。但是，五世达赖喇嘛不同意把塞那累江允和赤德松赞说成是一个人的不同名字的说法，而认为应该叫赤德松赞热巴巾。他说："有的史藉把此王（塞那累江允）的名字说成是赤德松赞，这是由于没有看到赤德松赞热巴巾这样的莲称而发生的错误"。对五世达赖喇嘛的这一观点，有的学者评论说："若按你的说法，应把热巴巾称为赤祖松赞，但是，其他的许多史籍中把热巴巾称为赤祖德赞，而且《贤者喜宴》中收录的存于桑耶寺的塞那累时期的盟誓文书的抄件中也有赞普赤德松赞我之驾前等语，从盟誓文书本身看，清楚地表明赤德松赞即是塞那累江允"。

无论如何，学者们对这位赞普的名号提出的各种不同的说法，都有可能有它的政治和历史方面的重要根据。但是我们以赞普赤德松赞在位时期所刻的碑文中数次提到"父王天子赤松德赞与天子赤德松赞"等语作为依据来分析，清楚地看出，牟笛赞普、塞那累江允、赤德赞、德松赞、丁赤等名称实际上不过是赞普赤德松赞的不同名字而已。《国王遗教》中记载"由阿阇黎起名为牟笛赞普，由父王命名为赤德松赞，由内相上尊号为江允塞那累，由唐人起名为牟茹赞普"。由此来者，它是由于不同的人给同一个赞普起了不同的名，牟笛赞普是阿阇黎莲花生大师起的，赤德松赞是他的父王赤松德赞起的，塞那累江允是大臣们起的。另一种说法，开初大臣们对这位年青的王子是否能够胜任国王的职务有些怀疑，他们商议说：最好去考察一下王子的仪态威严，有无伟人之形，所以大臣们给他起名"塞那累江允"（即歪脖子的经过试探后发观其仪态很好的国王）。然而，在其它史藉中说赤德松赞的二哥的名字叫做牟茹赞普，因而《国王遗教》中的记载的这一点可能不对。

虽然在一些史藉中说，赤松德赞的二儿子叫牟笛赞普，但是实际上赤松德赞的二儿子叫牟茹赞普，而不是牟笛赞普。此证据是在伍多谐拉康的碑文中有"王史牟茹赞"的记载。另外，虽然在常见的史藉中往往都说二王子牟茹赞普被那囊家族的人杀死，所以由三王子赤德松赞继位，但是这种说法是不可信，因为在他的弟弟赤德松赞继位执政后，赐给班弟娘、定段增的盟誓文书中还记有，参加盟誓的有王兄牟茹赞，而且谐拉康的石碑上作为参加盟誓者也刻有牟茹赞的名字。

这到底是怎么回事呢？由此可以认为，在王子牟尼赞普被母后毒死后，按照惯例王位应该由二儿子牟茹赞普继位，但是由于牟茹赞普在此之前将伦尚波的儿子伍仁无辜杀害，由大臣桂氏做了"三满意"的判决，将牟茹赞普流放到门域去了，所以未能继承王位。当年，牟茹赞普九年流放期满从边地返回王官时，其弟赤德松赞早已继位执政，所以在赤德松赞赐给娘·定埃增盟誓文书时，牟茹赞普以国王近亲的身份参加了盟誓。伍多谐拉康的碑文是当时历史的最准确无误的证明者，由此可以推断，此文中纠正一些错误的说法。

关于赤德松赞的卒年，前辈的学者们也有不同的说法。依据拉萨大昭寺门前的《舅甥和盟碑》（或称《唐蕃会盟碑》的记载，来研究探讨这个问题。碑文写于赞普赤祖德赞热巴巾和唐穆宗李恒在位的长庆元年至四年（821—824 年）期间，会盟碑立碑的情况是据碑文的记载："唐蕃双方结此千秋万世福乐大和盟约于唐之京师西隅兴唐寺前，时大蕃彝泰七年，大唐长庆元年，即阴铁牛年冬十月十日，双方登坛"，从此段碑文记载来看，唐蕃双方这次和盟前后进行了两次，第一次是在阴铁牛年（821 年），是唐朝都城西面某个寺前举行的，水虎年（822 年）在吐蕃拉萨以东的哲堆园又会盟一次，水兔年（823 年）才将盟义刻于石碑。

赤祖德赞是吐蕃王朝上第一个使年号的"彝泰"为赤祖德赞的年号，这个年号是藏族历史上在绕迥纪年以前的第一个年号，也是最后一个年号。年号"彝泰"，可能是祝愿赞普赤祖德赞社稷久固，福德长远的意思，"彝泰"藏文之意，是幸福长。可惜这位赞普的国政未坚固，彝泰这个年号也随赤祖德赞执政的结束而消失。但是这个年号对研究藏族古代历史提供了可靠资料。

赤祖德赞于唐元和九年（815 年）继位，他秉承父亲遗志，大力推崇佛教，缓解与唐朝的关系。于大蕃彝泰七年至八年（唐长庆元年至二年，公元 821—822 年），派使礼部尚书论讷罗（当时为论悉诺热）到长安，与唐朝宰相崔植、王播等 17 人于长安西郊兴唐寺（又作西谢桑寺或石羊寺）会盟。会盟完毕后，唐朝大理卿刘元鼎与讷罗入吐蕃，亦与其宰相以下会盟。次年五月，与钵阐本云丹、元帅尚绮心儿等吐蕃臣寮盟于拉萨东郊（《册府元龟》卷九八一外臣部盟誓、页十六、11531 下）。史称为这两次会盟"长庆会盟"，亦称"甥舅会盟"。

长庆三年（823 年），唐蕃各于京师及青海赤岭（今日月山附近）树碑三通纪念、碑文分藏、汉两种文字，其内容涉及当时双方的政治、经济、军事、地界、通商互市、通婚、人名、地名、历法、语言文字及石雕艺术等方面，有着颇高的历史价值。碑立于大昭寺门前公主柳下的"唐蕃会盟碑"（称为"长庆舅甥和盟碑"），它在大昭寺门前历经了千年的风雨，如今依然屹立在大昭寺门前。碑文中称：

大唐文武孝德皇帝与大蕃圣神赞普，舅甥二主，商议社如一，结立大和盟约，永无沦替，神人俱以证知，世世代代，使其称赞……今社稷叶同如一，为此大和。然舅甥相好之义，善谊每须通传、彼此驿骑，一任常相往来，依循旧路，蕃汉并于将军谷交马，其绥戎栅已东，大唐祇应；清水县以西，大蕃供应，须合舅甥亲近之礼，使其两界烟尘不扬，罔闻寇盗之名，复无惊恐之患，封人撤备，乡工俱安，如斯乐业之恩，垂于万代，称美之声，遍于日月所照矣。（《全唐文》卷九八八，参见《西藏地方是中国不可分割的一部分》第 22 页）。

碑文中重申了唐太宗以文成公主嫁于松赞干布、唐中宗以金城公主嫁于赤德祖赞，唐蕃舅甥一家情谊，表示今后"扫彼旧怨，泯其嫌隙"，两家旧好，永不发生争端，以达到"两界烟尘不扬，罔闻冠盗之名""和叶社稷如一统，融熙情谊如一家"的局面。碑文符合了藏汉人民长期以来共同美好的愿望，顺应历史潮流。因而从些唐蕃的战争基本结束，边境安定，两族人民友好关系得到了进一步的发展。赤祖德赞使人民获得了休养生息，在此时间他大力支持佛教传播，因而，后人将他与松赞干布、赤松德赞称为吐蕃第三位"法王"。从赤松德赞至赤祖德赞执政的后期（公元 8 世纪中叶至 9 世纪中叶）的百年之间，佛教得到了高度的发展。藏文的文字也进一步规范。一是对文字形式和语音的改革，适应语音变化的情况，删去了一些不起作用的因素，并对拼写规则进行了统一的规定；二是改进藏文文法；三是制定标准译名，做到译名统一；四是编成译经书目。

赤祖德赞执政时期，大力扶持佛教，因而耗费了大量的财物，增加了属民的负担，引起平民与奴隶对他的愤怒和反对。引起部分贵族将领，地方势力头目，特别是信奉本教的大臣对他的不满，唐会昌元年（841 年）信奉苯教的大臣韦，甲多热等 3 人发动政变，用绳子缢杀了赤祖德赞，吐蕃王朝从此走向衰落。

7、吐蕃末代赞普—赤达玛乌东赞（朗达玛）

朗达玛（799—842 年），原名"达玛"，又称"朗达日玛"，《新唐书》记载"达磨"，他是吐蕃王朝末代赞普。《新唐书》"赞普（寅恪案，此指的是可黎可足，即彝赞普）立几三十年。死。以弟达磨嗣"。《资治通鉴考异》记载："文宗开成三年，吐蕃彝赞普卒，弟达磨立"。《蒙古源流》记载："穆迪子藏玛，（寅恪案，坊刊本藏作减，误。）达尔玛，持松垒，（寅恪案，坊刊本持作持，误。）罗垒，伦多卜等，兄弟五人。长子藏玛出家为僧（句）次子达尔玛（句）持松（寅恪案，松下略一垒字，满文本已如是。）自前戌子纪二千九百九十九年之丙戌年所生。岁次戊戌，年十三岁，众大臣会议辅立即位。在位二十四年，岁次辛酉，年三十六岁，殁。汗无子，其兄达尔玛即位"。《蒙古源流》记载："汗（寅恪案，此指持松垒。）无子，其兄达尔玛，癸未年所生，岁壬戌，年四十岁，即位。因其从前在世为象时，曾设恶愿，十四年之间，恶习相沿，遂传称为天生邪妄之郎达达玛。（寅恪案，藏语谓象为朗儿。）汗将大乘三藏以下，下乘以上之三乘及四项僧人，俱行殄灭，残毁禅教。"

朗达玛在位期间，对佛教采取禁绝灭佛措施，史称为"朗达玛灭佛"，因而他被称为牛魔王再世，故称为"朗达玛"（朗"意为牛"）。公元 842 年，朗达玛被佛教僧人拉隆·贝吉多杰刺杀。他被杀死之后，俄松、气离胡二子相互争夺地位，吐蕃王朝彻底分离。

朗达玛能登上王位，是因赤祖德赞以"七户养僧"的制度，使僧人的数量增多，百姓苦于重税，因而怨恨，对佛教产生极大反感，加之他所倡导的佛法是印度晚期之佛学即大乘之精粹，致使百姓无法接受，而且禁止密宗典籍翻译，佛教与吐蕃的本土宗教信仰——苯教格格不入，由此促使朗达玛灭佛，史称第二次禁佛。他停建寺庙、封闭佛教寺庙、破坏寺庙设施，桑耶寺，大昭寺等被封闭，小昭寺被当作牛圈使用，把寺庙内的佛像扔入河里，据说准备把文成公主带来的释迦牟尼扔入河中，因为移动不易，因而被埋起来，寺内的壁画被抹后，再上面画上了饮酒作乐的画，焚毁经书，只有少数的经书被僧人偷偷地埋入岩洞之中保存下来，这就是以后发掘出来的被称《伏藏》的典籍。有些佛经被僧人带着逃出寺庙，带到了边远远地，僧人的处境惨不忍睹，无法在吐蕃生活下去，逃离吐蕃之地，留在吐蕃的僧人还俗或信奉苯教。

吐蕃朗达玛灭佛与唐朝武宗会昌灭佛相先后，但是由于西藏佛教传入不久，根蒂不深，因而它的打击超过了会昌灭佛。公元842年，在拉境（今西藏山南洛扎县一带）有一名叫拉隆·多吉的僧人将朗达射杀之死，据说当时拉隆·贝多杰，在吐蕃著名的佛教修行处——扎耶尔巴修练，他看见佛教德遭遇如此惨状，产生了杀死赞普念头，于是他携带弓箭来到拉萨，寻找机会杀死朗达玛赞普。据藏文史籍记载，朗达玛在大昭寺前阅览碑文，被拉隆·贝吉多杰以叩见赞普为由，用箭射杀了朗达玛赞普，然后他日以继日的逃离拉萨，到达了安多地区，朗达玛赞普被杀后，吐蕃王室内部，斗争更加激烈，最后分离成两派，他们各自支持两位年幼的王子继位，因而发生了内战，加之爆发了平民起义，吐蕃王朝彻灭亡。由此藏族历史上出现了割据时代。吐蕃王朝的覆灭及藏族地方割据势力的形成，也是为佛教的复兴或者是创造了一个发展的新阶段，随后出现了藏传佛教史上的"后弘期"。朗达玛灭佛以前称为"前弘期"。

关于朗达玛传说故事：从前，有个国王，他非常残暴，杀人不眨眼，特别是在他理发之时，为他理发的人都会被他杀害。有一回轮到家里有一位80岁老母的孝子为他理发，孝子进宫为国王理发之时，告诉国王，请不要杀他，他家中有一位80岁的老母亲需要抚养，国王说，只要你给我理发时，看见的秘密不要说出去，就可以饶你不死，于是理发师发了誓言，说绝不会把秘密说出去，国王才让他为自己理发。在理发时发现了王国头上长着牛角。理发师虽然发誓不把国王头上长牛角的事说出去，可是闷在心里，透不过气。于是他向一位聪明的人请教，聪明的人说："你即然立誓不把国王头上长牛角的秘密说出去，那么你用竹子做一支笛子，在别人听不到的荒山野林中把气吹出去，这样即不违背誓言，心里和肚子里的气就不胀了"。于是理发师按照聪明人说的方法做了一支竹笛，到深山老林，看四周无人，于是吹起了笛子，可是笛吹出来的声音是"鲁都鲁都"，这声音是藏语"牛角牛角"的意思，于是国王生角的秘密暴露了。这位国王他就朗达玛，"朗"藏语公牛之意，朗达玛其实是一头驮牛转世，今生他为赞普，在世间灭佛，是他前世立下的恶誓。在很早之前，有一个地方住着一些佛教徒，他们为了表示对佛的虔诚，为了给自己积福田，选了一个比较高的坡地，在山坡之上修建了一位佛塔，在施工中，有一对牛自始全终为这座佛塔驮运石头，可怜的牛，日复一日，年复一年，为这座佛塔驮石，佛塔建成，这头可怜的牛已是耗尽体力，背上鞍疮溃烂，已经奄奄一息。人们为佛塔建成，开光，都认为自己为佛做了好事，积福无比之大，可是就没有一个人看到栓在墙角的老牛。俗语说万物都是有灵性的，这老头牛心中急愤不平，因此，在断气之时发了一个恶誓："我今世为牛，被僧人如此折磨虐待，如果来世若能转世成为一个掌握生杀大权的大人物，我一定要把佛教"毁灭"。因而时间可以让不可能的事变成可能，这头老牛经过了很多却难，最终转世成了藏王的赞普。向佛教进行复分，这就是朗达玛灭佛之由。

吐蕃王朝终于被朗达玛赞普葬送了。

8、尼泊尔（泥婆罗）公主—尺尊公主

尺尊公主早期的史籍没有记载，她的名字出现在比较晚的神话宗教书籍之中（梵文名：BhrkutiDevi；藏文名：威利"拜木萨尺尊"意为"来自尼婆罗的女神尺尊"）。尺尊公主（？—649 年），译作墀尊公主，赤尊公主、赤真公主、赤贞公主，按照梵文译为波利库姬、布里库提、毗俱胝。吐蕃王朝神话传说中的尼婆罗（吐蕃的阶属国，在现在尼泊尔境内的一个古国）公主国籍：塔库里王朝，她远嫁吐蕃赞普松赞干布。公元七世纪中叶，松赞干布统一吐蕃，建立了吐蕃王朝以后，迎娶了当时位于吐蕃南部的尼婆罗（今尼泊尔）的尺尊公主。有人说：娶尺尊公主是为了，加强与尼婆罗的友好关系，由此来巩固吐蕃王朝和印度半岛的宗教联系的作用。关于尼婆罗的尺尊公主。敦煌吐蕃文献、吐蕃金石铭刻等吐蕃史籍里奇幻荒谬，记载的部分较少，汉籍史料里的记载里，都是松赞干布娶文成公主的记载，没有松赞干布娶尼婆罗尺尊公主。松赞干布娶尺尊公主源于吐蕃某些小说剧情的章节（如柱间史《西藏的观世音》《西藏王统记》等书的一些章节）。甚之是国外藏学家写的《松赞干布的妻子》，说松赞干布娶尼婆罗尺尊公主是虚构的。其实，当时位于吐蕃南部的尼婆罗（今尼泊尔）是为了免遭吐蕃的灭顶之灾。将尺尊公主嫁给松赞干布；也有人说是松赞干布迎娶尺尊公主为妃，是加强与尼婆罗友好关系，巩固吐蕃和印度半岛的宗教联系的作用。尺尊公主入吐蕃时带来了一些尼婆罗土匠，还带来了一尊释迦牟尼 8 岁等身像。据史籍记载，尺

尊公主曾邀请文成公主共同修建寺庙，于是，在吐蕃松赞干布时期，修建了大昭寺、小昭寺，大昭寺供奉着尺尊公主带来的释迦牟尼 8 岁等身像，小昭寺供奉着文成公主的释迦牟尼 12 岁等身像，后来由于历史的原因，释迦牟尼 8 岁等身像与释迦牟尼 12 岁等身像互换了供奉的之位。尺尊公主带来的工匠参与了大、小昭寺的建设，因而大、小、昭寺的建筑风格，带有一些尼婆罗的建筑风格，所在藏文史籍记载，赤尊公主同文成公主一样，被奉为度母的化身加以供奉。但是赤尊公主由于没有正式的地位，我国历史上对这位公主记载的很少。

9、唐朝公主—文成公主

文成公主出身于皇朝世家。据《旧唐书·吐蕃传》卷天 0、《新唐书·吐蕃传》卷七八记载，她是唐太宗李世民胞弟、江夏王及礼部尚书李道宗之亲生女儿。她自幼就受着良好的教育，熟读经、史、诗文，崇仰佛教，对佛教经和卜筮之学，颇有造诣。

文成公主（625—680 年）出生于大唐任成（今山乐济宁）汉名，史籍无记载，在吐蕃被称甲木萨（藏语中"甲"意为"汉"，"木"意为"女"，"萨"意为神仙。

唐贞观十五年（641 年），唐太宗命江夏王李道宗护送文成公主入吐蕃。公主入蕃携带了大批丝织品、手工艺品，还有史书、营造与工技等著作 60 种，医方 100 种，诊断法 5 种，医疗器械 6 种，医学论著 4 种。还带来了耐寒抗旱的芜菁（通称大头菜）种子和其它谷种。带着通成晓书籍的文士与制造各种物品的工匠，她的乳娘、宫女、乐队等。松赞干布亲自到吐蕃部边境迎接公主的到来。公主到逻些（拉萨）时，吐蕃人民盛装迎接公主的到来，称文成公主为"赞蒙（藏语"王后"）"。松赞干布说："我父祖没有和上国通婚的，我能娶大唐公主，深感荣幸，当即为公主筑一城以夸示后代"。他在逻些为公主修筑了唐式宫室。松赞干布也改服唐人装，派遣贵族子弟到长安

（西安）入太学学习诗书，聘请唐朝文士掌握与唐朝往来的文书。到长安学习的吐蕃人很多取得了成就，比如唐高宗时吐蕃使臣仲琮，唐中宗的使臣明悉烈，都是非常著名的汉学者。

文成公主嫁吐蕃，给吐蕃带来了发展和促进民族团结，她在吐蕃生活近四十年（680 年去逝）为汉藏的友谊做了大量的工作，跟随公主入藏的工匠，把中原地区的农具制造、纺织、缫丝、建筑、造纸、酿酒、制陶、碾磨、冶金等生产技术传入吐蕃。吐蕃原来的农业技术比较粗疏，土地不加平整，不打畦，没有阡陌，因而水土容易流失。汉族的农业技术传入后，吐蕃劳动人民开始挖畦沟，田野间阡陌纵横，由此大大提高了产量。公主带来的水磨，深受藏族人民的喜爱，公主和她的侍女，把纺织、刺绣技术传授给吐蕃的妇女们。她为促进吐蕃的发展做出了贡献，深受藏族人民的喜爱，布达拉宫、大昭寺内供奉着公主的塑像，布达拉宫还保存着公主与赞普结婚的洞房遗迹，大昭寺门前的唐柳，传说是公主亲手栽的。因而，藏族史籍中，大量记载了公主的事迹。

文成公主受皇帝之命，从长安迤逦西行，经甘肃、青海、翻日月山，经大河坝，到达了黄河源头，唐太宗为了保证公主能顺利到达吐蕃，命令沿途官员修路、造船、架桥。

文成公主入吐蕃，给吐蕃的农业、手工业和民族贸易的发展，促进文化发展事业、促进藏汉友好关系的发展，做出了不可磨灭的贡献。

10、唐朝公主—金城公主

金城公主（约 698 年—739 年），生年不详，她是中国历史上赫赫有名的唐高宗与武则天皇后的曾孙女，她的爷爷是章怀太子李贤（唐中宗李显的兄弟），父亲是嗣雍王李守礼。由于李显一家境遇不是很好，更主要的是因金城公主自幼聪颖美丽，深得李显的疼爱，收为养女，养在深宫。金城公主出身名门，实为和亲公主之真实"帝女"身份。公主入藏，唐王明言，其为雍王李守礼之女，李守礼的父亲是章怀太子李贤，即唐宗李治第六子，唐中宗与唐睿宗之兄。《新唐书·吐蕃传》记载："唐中宗亲自送金城公主至始平县，帐饮，引群臣及房使宴，洒所，帝悲啼嘘？，为赦始平县，罪死皆免，赐民徭赋一年，改县为金城，乡曰凤池，里曰怆别"。再以左卫大将军杨矩持节送往吐蕃。

唐圣历元年（698 年），吐蕃王朝内部发生重大事变，掌握吐蕃军权的钦陵兵败自杀。钦陵自恃先人之功，野心勃勃，连年征战，百姓怨声载道，他的被翦除，使人民得以修养生息，也使得唐蕃数年的战火平息，唐蕃关系也逐渐缓和。唐长安四年（704 年），吐蕃赞普器弩悉弄亲征南诏（古国名，强盛时，辖区云南、四川南部、贵州西南），"出师未捷身先死"，吐蕃顿时大乱"嫡庶争立，将相争权，自相屠灭"（《旧唐书·郭元振传》）。于是，"国人立弃隶缩赞为赞普，始七岁"（《新唐书·吐蕃传》）。弃隶缩赞即是赤德祖赞，政权其实是祖母可敦没禄氏执掌大权。可敦很快派使者去唐朝告丧并求盟。唐皇特为举丧，辍朝一日（《旧唐书·吐蕃传》）。为了求得强盛的唐朝给予有力的支持，稳定吐蕃的局势，吸收先进文化，发展唐蕃关系，寻求安定和平，可敦多次派使者去内地为赤德祖赞求婚。

唐景龙四年（710 年）春，唐中宗命骁卫大将军杨矩充任护送金城公主专使，金城公主带着皇帝的嘱咐，带着大量的物品前往吐蕃，根据藏文文籍记载，金城公主入藏后，以文成公主为典范，到吐蕃不久，便到逻些（拉萨）朝拜文成公主供养的释迦牟佛像，终于找出了藏着的佛像，并把他安放在大昭寺供养（文成公主与尺尊公主带来的佛像就换位了，尺尊公主带来的佛像，被安放在小昭寺），从而藏区开始朝佛祭祀的仪式《巴协》，转引《甘肃民族研究》1981 年 12 期。由于受金城公主的影响，赤祖德赞下令，"自汉地迎清和尚多人，敬请佛法（《青史》拉萨刻本第一帙第二十页），派人"自汉地甘肃翻译光明正法律分别品"等书（五世达赖喇嘛著《西藏王臣记》47 页，民族出版社 1982 年版）。另随同金城公主来吐蕃的一些官员在辅佐赞普以及后的赤松德赞和传播佛教方面所起的作用更是显著，最有名的唐朝大臣巴德武及其儿子桑希，金城公主对佛教在吐蕃的弘扬起到了一定作用。

金城公主与赤德祖赞联姻，促使了唐蕃关系的变化，但是，仍有时发生战争，双方边境屡次发生战争中。金城公主面对这种局面十分优虑，她深知百姓渴望太平盛世，安居乐业、友好相处。她就在双方之间斡旋，主要表现在：公元 713 年（唐先天二年），"金城公主上言，吐蕃赞普之（祖）母死，命左清道李敬摄宗正卿，持节使于吐蕃，会葬也"（《册府元龟》卷九十九，外臣部和亲二，212 页）。公元 716 年（唐开元四年），金城公主上表文，向唐玄宗说："奴奴见舅甥平章书云，还依旧日，重为和好。即奉如此进止，奴奴还同再生，下情不胜喜跃"（《全唐文》卷一百，金城公主《谢恩赐锦器物表》）。公元 717 年（唐开元五年），吐蕃百姓不愿与唐朝为敌，金城公主又上书皇帝，吐蕃厌战，求和："此间宰相向奴奴道，赞普甚欲得和好，亦宜亲署誓文。往者皇帝兄不许亲署誓文，奴奴降蕃，事缘和好，今乃搔动，实将不安和。矜怜奴奴远在他国，皇帝兄亲署誓文，亦非常事，即得两国久长安稳，优惟令之！"（《册府元龟》卷九十九，外臣部，和亲二，21 页，12 页）。公元 730 元（唐开元十八年），吐蕃大臣明悉列献书唐皇，表示"伏惟皇帝舅宿亲，又蒙降金城公主，遂和同为一家。天下百姓，普皆安乐，中间为张玄表、李知古等东西两处先动兵马，侵抄吐蕃，边将所以互相征讨，迄至今日，遂成衅隙。外生以先代公主今金城公主之故，深识尊卑，岂敢失礼！又缘年小，枉被边将谗构斗乱，令舅致怪，伏乞垂察追留，死将万足！……去冬公主遣使娄众失力将状专往，蒙降使着公主来，外生不胜喜贺。……金城公主又别进金鸭盘盏新品物等"（《册府元龟》卷九十九，外臣部，和亲二，21 页，12 页）。公元 733 年（唐开元二十年），"金城公主上言，请以今年九月一日树碑于赤岭，定蕃汉两界（《册府元龟》卷九十九，外臣部，和亲二，20 页，12 页）。此年中，金城公主在给唐朝皇帝的信中再次谈到："恐彼此边界，黎庶不委长和，虑有恶，妄生乱意。请彼此差使相监，从沙州已来，洮州已来，分明报告，使无疑虑，即将永定"（《册府元龟》卷九十九，外臣部，和亲二，21页，12页）。

公元 739 年（唐开元二十七年）冬，金城公主因病逝世于吐蕃。她在吐蕃生活了 30 年，为吐蕃与唐朝能和平稳定做出了卓越的贡献。她嫁入吐蕃时，是在赞普年幼嗣位困难的时候，她的一生对吐蕃的影响较大。藏文史籍中有不少记载金城公方的事迹与故事。比如她在半道闻询王子夭折后，在痛苦悲痛中仍然前往吐蕃；她生下儿子，被那囊氏夺去……，这些故事都被绘成了壁画，保留至今（布达拉宫、罗布林卡新宫等地。赤松德赞被认为是金城之子（说法不一样，待考）。金城公主一生都在为维护吐蕃与唐朝和平稳定，立下不可磨灭的功绩。

11、藏传佛教先驱者—寂静大师

寂护大师（约 700—760 年，藏语译为"喜瓦措"意为"静命"，故称"静命大师"，他是天竺（印度）高僧，今印度比哈尔邦人（今孟加拉）是天竺摩揭陀国王舍城东著名寺院那烂陀寺的首座，大乘佛教中观学派衍化之瑜伽中观派的创始人。寂护又名静命，出生于孟加拉，是当时萨霍尔王之子，早年出家，在当时的印度佛教界，以精于因明而知名。

公元 770 年（唐大历五年），吐蕃官员巴·赛囊受赤松德赞的委派，到唐朝都城长安（西安）取经迎僧，当时吐蕃王朝内部反对佛教，苯教的势力强大，巴·赛囊从长安返回吐蕃逻些，在逻些受到了苯教势力的排挤，因而他被贬到了芒域之地。他从尼婆罗到天竺去朝拜大提寺，那烂陀寺等，朝拜佛教圣地。朝拜之后，在返回吐蕃的路上，遇见了寂护大师，因此，恳请大师去吐蕃传教说法。由于当时佛教在印度正走向衰落之地，寂护大师也想为佛教寻找出路，就答应了巴·囊的要求，随他去吐蕃弘扬佛教。于公元 743 年到吐蕃传教，受到赤松德赞欣赏，但是大臣们担心他是尼婆罗的金刚乘咒师（具说咒术素以灵验厉害而著称），决定先派人去了解寂护大师，得知他是一位"品行端正，学问颇深"，才邀请他入蕃。寂护大师对吐蕃禁佛之事，早有耳闻，他进入吐蕃之后，没有冒然去逻些，而是先去了山南的青朴。因此地的地理条件不错，也是吐蕃王朝的发祥之地，靠雅鲁藏布（江），这里进退方便。寂护大师在此地往下，巴·赛囊安排好大师住地，约赞普赤松德赞与寂护大师见面、会谈。赤松德赞闻询大师到来，来不及束腰带就手持一升金沙来迎接大师。寂护大师风趣说："大王，你头上扎了头巾，因而在上阿里能建立像靴子大的教律，腰间未束腰带，因而中部地方的教法有很快毁灭的危险，但是您大王能以宝物进献，佛法还是在些地传播的"。赤松德赞对寂护大师十分崇敬，顶礼相待。从此以后，由克什米尔人阿南达担任翻译，寂护大师向赤松德赞通俗地讲解了十善业及十三因缘，十八界等佛学道德规范和基础理论。

寂护大师在逻些主持翻译佛教典籍为藏文事宜。因为受教苯教势力的顽强抵抗，在逻些只停留了四个月，便去了尼婆罗，并在尼婆罗居住了 6 年之久。在此间他推荐了莲花生大师入蕃弘法传教。于公元 749 年再度与莲花生大师入蕃，并在山南桑耶之地建立了第一座有僧伽组织的桑耶寺。公元 762 年，寂护大师在一次外出时被马踢伤，因失血过多致死。他生前著有《真性要集》《中观庄严论》等佛教典籍。

12、藏传佛教的先驱者—莲花生大师

莲花生大师是公元 8 世纪日期人，天竺（印度）佛教的密宗大师，藏传佛教宁玛派的祖师。他生于邬仗那（今巴基斯坦斯瓦特河谷一带），是著名的佛教大师寂护的妹夫。

　　莲花生大师，通称：贝玛迥乃，尊称为：咕汝仁波切、邬金仁波切。他是印度佛教史上最伟大的大成就者之一，是创立藏传佛教前弘期的重要人物，宁玛派的祖师，无止密乘大圆满教法的传承祖师。赤松德赞赞普时期，寂护大师应邀来到吐蕃弘扬佛法，因遭到信仰苯教大臣的极力反对，不得离开吐蕃。他临行前，深感到佛教要在吐蕃弘扬佛法，非有密宗大师才行，于是，他向赞普推荐了莲花生大师。赤松德赞采纳了寂护大师建议，派大臣巴·赛囊去天竺请莲花生大师，他在行之芒域碰见了莲花生大师，并一同前往吐蕃，一路上莲花生大师用密宗咒法，与苯教徒斗法，而且取胜，因而，众多的苯教神祇被莲花生大师收为佛教的护法。赤松德赞因对莲花生大师的到来十分高兴，并与隆促宫堡会面，佛教在吐蕃慢慢被逐步接纳，于是，莲花生又说服寂护再次入蕃，共同弘扬佛教。

　　公元 772 年（唐大历七年），莲花生大师与寂护大师，在赤松大德赞的大力支持下，修建了吐蕃历史上最早剃度的僧人出家寺院，——桑耶寺。莲花生大师经再三考察与勘察，最后选定在雅鲁藏布（江）江岸的山南札囊县建寺，寺庙建于此地，一是逻些的贵族势力较大，二是山南则靠近王室的发祥之地，桑耶寺建筑风格，吸收了印度、汉地、尼泊尔的建筑风格，于是称为"三阳寺""三样寺"。赤松德赞亲自主持桑耶寺奠基典礼。公元 779 年（唐大历十四年），桑耶寺建成，寂护大师和莲花生大师协助赤松德赞主持了桑耶寺开光仪式。

　　据多罗那，他在公元 1610 年著《莲花生传》中记载：约于摩揭陀国天护王时，他出生于乌仗那王族。初名为莲花光明，因后来他通晓声明及各种明处，因而得名莲花金刚。旋又依真言阿阇黎寂色学事、行、瑜伽二部密法，因而得密号为莲花生。后来又从瑜伽师乐天及瑜伽母乐持学无上部法。莲花生大师周游印度，广访密宗大师，成为佛吉祥智的四个证得现法涅盘的弟子之一（燃灯贤、极寂友、王种罗睺罗）。他又从吉禅师子学法。据智慧海王所著《莲花生传》记载，他从吉祥师子学习了大圆满法以后，曾到中国的五台山学习天文历算。

莲花生大师为了普度众生，具有八种变相（莲师八变身）。

（一）海生金刚：最初，阿弥陀佛心间的"舍"字，投射到邬金达那够夏海的莲花上，莲蕊中诞生了一位八岁童子。邬金国王恩札布德膝下无子，因其乐善好施，不时供养三宝，故国库空虚，于是到大海里取宝。在回程的路途中，大臣紫那木扎首先见到莲师，接着国王也看到他了，对其生起极信心，迎请到宫中作为太子赐名"海生金刚"。

（二）忿怒金刚：莲师降伏了奸臣之子，国王将其流放到了尸陀林。他在不同的尸陀林中，为有缘人与非人宣说种种殊胜法门；对无缘对佛的邪知邪见的鬼神，以忿怒金刚形像全部降伏。

（三）释迦狮子：在印度金刚座莲师出现了种种神通，说自己是自生佛陀。很多人不相信，并对他加以诽谤。为了把这些众生引入解脱之道，他在扎巴哈日上师座下示现出家，称为释迦狮子。

（四）爱慧莲师：莲师于西日桑哈、桑吉桑瓦（密宗等诸多上师面前，得以大圆满为主的众多显密教授。他听闻任何一部经典和续部，都可以了如指掌、通达无碍，故称罗丹确哲（汉译"爱慧"）。

（五）班玛托创匝：莲生在萨霍国出现了种种神变，国王不承认他的成就相，命人堆积木柴焚烧他。结果烈火变成了湖，木柴变成莲花，莲师坐在莲花上，颈上挂着骨鬘以作庄严，没受任何损伤，此时叫班玛托创匝。托创匝为颅鬘妙之义，指的是莲师用骷髅鬘装饰身体。

（六）莲花生：萨霍国王和大臣们对莲生大师极大的信心，于是，请他担任了国师，并且担任了13年，国王从国库里取出了珍贵的衣饰、莲花帽等作为供养。莲花生戴的莲花帽，此时叫做班玛加波，即莲花王。

（七）日光莲师：在格拉佐尸陀林，莲师示现了种种禁行，给空行母传授密续法门。并降伏了一些鬼神，对其宣说诸多妙法，在日光上显示了各种神变，因而叫革日宁玛沃热，即日光莲师。

（八）狮吼莲师：在印度金刚座，莲师用辩论击败了五百邪见外道，并依靠咒术的极大威力降伏了他们，使外道屈服，并且皈依佛门，因而叫革日桑给扎周，即狮吼莲师。这就是莲花生大师的八大变身之由源。

莲花教法的精华主要是伏藏法。伏藏是藏传佛教藏经的方式，即使世界上发生战争或地水火风的灾难，地球毁灭，伏藏法也毁不掉。伏藏法的几个特点：传承不断，不受外道侵害；法源清净，免受世人邪说影响；有极其甚深的智慧力量；开取出来之后，对无量众生加持非常迅速。

莲花生大师从他开始，将佛教传入吐蕃，在吐蕃佛教中逐步形成了西藏的密教体系，称为"藏密"。莲花生大师由于赞普将自己的爱妃卡茜萨措杰作为灌顶送给了莲花生大师，遭到大臣们的反对，说：（莲花生）先夺走王妃，又要去夺吐蕃政权，于是群起责难，逼使莲花生大师离开吐蕃，由于这样莲花生在桑耶寺建成不久，便离开了吐蕃，他在吐蕃呆了 18 个月，便离开了吐蕃。截止目前，据说莲花生撰写的《五部遗教》等流传。

13、藏传佛教后弘期大师—阿底峡大师

阿底峡（公元 982—1054 年）孟加拉著名的佛教大师。生于公元 982 年（中国宋太平兴国七年），生于扎户罗国（今孟加拉国达卡附近）的一个王族家庭，在家排行老二。父亲名迦尔耶那师利（格维贝），是扎户罗国的国王，母亲名贝毛沃赛见。阿底峡幼名达瓦宁布，意为"月藏"，梵文名作迪巴嘎热施咱纳（音译），藏族名为贝玛尔梅泽益西，其意为"燃灯吉祥智"。阿底峡是"殊胜"之意，他是古格王朝（今西藏阿里）藏王对他的尊称，汉名为无极自在。

阿底峡从小聪颖过人，他 5 岁时能景赋诗，10 岁时就掌握了医方、文学、佛教知识，11 岁在印度那烂陀寺从觉贤学习佛学，后来又去王舍城跟密宗大师阿缚都底波陀学习密法，又去了超戒寺从那

洛波，刻苦钻研显密二宗。15 岁时他就能将此学的《正理滴论》的通理降伏外道。21 岁时通达内外声明、因明学、语言学、工巧学等。29 岁在菩提伽耶摩底寺（又说奥坦多补梨寺）从戒护受具足戒，从此出家，由于他出生的那个年代，佛教在天竺（印度）已经衰微，尽管阿底峡在那烂陀寺、超岩寺、欧登塔浦里等学习多年，但是他感觉密宗，仍不能满足的他的求知欲望。于是在公元 1013 年（宋大中祥符六年），阿富汗的穆突起默得·伽塞尼的穆斯林军队最后一次侵略印度前，他带领弟子们远涉重洋去了金洲（今苏门答腊）学习密法，后又去了锡兰（今斯里兰卡）刻苦钻研大、小乘佛教的经论与密咒。被人们誉为"大班智达"，名扬四海，修习圆满。在他 44 岁时返回印度。曾任天竺（印度）著名寺院超岩寺住持，还兼任其它 18 个寺院的住持。出任超戒寺首座（大上座），声名极盛，与宝生寂、觉贤、阿缚都底波陀、动毗波、寂贤等人一起称为超戒寺八贤。

阿底峡被迎请到吐蕃传教，有着深刻的历史背景。公元 9 世纪，吐蕃王朝内部爆发了大的斗争，一部分达官权臣们杀死了他们的赞普赤热巴巾，拥护其哥哥朗达玛继位。公元 838 元（唐开成三年），朗达玛继位后，大力禁止佛教，封闭寺庙，焚烧佛教经典，强迫僧人还俗，使藏传佛教遭到了灭顶之灾。一部僧人对朗达玛的灭佛极度增恨，奋起反抗。公元 843 年（唐会昌三年）僧人贝吉多吉刺杀了朗达玛。朗达玛死后，吐蕃王朝内部的斗争越发激烈，王位之争，长期内部征战不休，最终倒致了奴隶与平民起义的暴发，彻底据翻了吐蕃王朝。

公元 11 世纪（公元 1042 年，宋庆历二年）西藏阿里古格王朝统治者绛曲（智光）沃时期，阿底峡应国王之请，来到了古格王朝，看到了朗达玛灭佛之后的百余年，藏传佛教极为混乱，此时是藏传佛教后弘期刚刚开始。公元 1042 年，阿底峡在尼泊尔王与大臣贵族及由藏区前来迎请的译师们的簇拥护下，来到了古格王朝之地，受到了热烈欢迎。一个月后到了古格国王的托林寺，会见了国王绛曲沃，国王希望阿底峡能在古格之地阐明业果，安定社会。于是，他在古格王朝讲经传教三年，并在托林寺与仁钦桑布、那措及译师翻译经典。

阿底峡是天竺佛教的一位大师，学问精深，对五明（声明、因明、工巧明、医方明、内明）有较高的造诣，他的佛说论著有 50 多种，以《菩提道灯论》影响最大，其内容概括了噶当派的基本教法，同其他译师将佛教经典翻译了 10 余部藏文，对《时轮金刚经》进行了注解。他还精通医学，为百姓治病，他撰写了《医头术》，翻译了《配方甘露达雅干》等。据说，他看到雅鲁藏布（江）洪水泛滥，倡议并领导修建了一座防洪坝等。

阿底峡在西藏地区讲经传教 10 年（1042—1054 年），跟随他学法的弟子很多，以仲敦巴（仲敦杰微琼内）和译师俄·雪必西饶最著名，藏区随处可以看到他们师徒 3 人的塑像和画像。阿底峡把显密传授给弟子仲敦巴后，于公元 1054 年（宋至和元年）九月圆寂于聂塘（今曲水县聂当乡境内），享年 72 岁。遗体火化后，供奉在聂塘寺（现曲水卓玛拉康 318 国道对面）院内的灵塔中。公元 1056 年（宋至和三年），仲敦巴依据大师遗嘱，在今林周县境内创立了噶当派的祖寺—热振寺。在公元 1076 年（宋熙宁九年，藏历火龙丙辰年）在古格王朝的托林寺举行了阿底峡圆寂法会，这是藏族历史上著名的"丙辰法会"（又称"火龙年法会"）。

在阿底峡圆寂 900 多年之后的 1963 年，"亚洲十一个国家和地区佛教徒会议"在北京召开时，会议之中周恩来总理会见了与会的代表，此时孟加拉国的代表，维苏达难陀长老，向总理提出，将阿底峡大师的骨灰迎回国供养的要求，周总理当即同意。1978 年，孟加拉国派代表团来华，迎回了阿底峡的部分骨灰。阿底峡为中孟两国人民之间的友谊和藏传佛教文化事业做出了巨大贡献，将永载史册。

14、蒙古达赖喇嘛—四世云丹嘉措

四世达赖喇嘛云丹嘉措（1589—1616 年），为蒙古掩达汗的曾孙。

父亲名：青格尔杰布、母亲名：尊姆琼娃帕堪努拉。他达赖喇嘛系中唯一的不是藏族的达赖喇嘛。

云丹嘉措出生后，首先是由当地蒙古人认定为三世达赖喇嘛索南嘉措的转世"灵童"，这主要是三世达赖喇嘛索南嘉措的管家，班觉嘉措和云丹嘉措的师傅贡桑孜巴起到了作用，它也得到了内蒙古王公、后妃和洪台吉等人的支持。然而，实事上，只有蒙古人承认是不行的，必须要得到格鲁派的三大寺（甘丹寺、哲蚌寺、色拉寺）的承认。三大寺高僧大德，在得到转世"灵童"的消息后，采取了非常慎重的态度，最后，决定先派一个代表团，于是在 1592 年前往蒙古去查访。

据说代表团查访"灵童"回来后，又经过了一系列的慎重的讨论，最后，才承认云丹嘉措是三世达赖喇嘛索南嘉措的转世"灵童"。公元 1602 年，西藏三大寺高僧大德正式派代表团前往蒙古，迎请三世达赖喇嘛索南嘉措的转世"灵童"入藏。1603 年在拉萨林周县热振寺举行坐床仪式，然后被迎请到哲蚌寺居住学经，拜四世班禅罗桑曲结、甘丹赤巴根敦坚赞为师，并受沙弥戒。

公元 1614 年，云丹嘉措邀请四世班禅前往哲蚌寺，拜四世班禅为师，受比丘戒。

公元 1616 年 12 月 15 日，四世云丹嘉措在哲蚌寺圆寂，时年 28 岁。云丹嘉措于公元 1602 年从蒙古被迎请到拉萨，1616 年圆寂，在藏只生活了 14 年。关于他的圆寂，有的藏文资料中，说云丹嘉措是被藏巴汗派人害死的，并无准确的事实。但是，此时的西藏政局发生了巨大的变化，后藏地区完全落入藏巴汗的统治之下，藏巴汗对格鲁派（黄教）采取了敌对的态度，因为，藏巴汗属于噶举派（白教）。

15、甘丹颇章地方政权建立者—五世达赖喇嘛阿旺罗桑嘉措

五世达赖喇嘛阿旺罗桑嘉措（公元 1617—1682 年），出生于山南琼结县，父亲名都堵绕登、母亲贡嘎拉泽。他的父亲曾任"第司政权"（帕木竹巴政权）的宗本，是一个小贵族。

阿旺罗桑嘉措在公元 1622 年，在四世班禅罗桑曲结主持下，由三大寺僧众迎至哲蚌寺供养、学习。公元 1625 年，拜四世班禅罗桑曲结为师，受沙弥戒；公元 1637 年又请四世班禅罗桑曲结给他受比丘戒。

五世达赖喇嘛阿旺罗桑嘉措，是西藏政教合一的鼎盛时期，他联合蒙古和硕特部首领固始汗，推翻嘎玛巴（噶举派）政权，结束了短短的 23 年（1618—1642 年）的历史。由此，建立了甘丹颇章（格鲁派）政权。开始了他辉煌成就的一生。在五世达赖喇嘛前的达赖喇嘛，均住在哲蚌寺的甘丹颇章。在五世达赖喇嘛之前（按拉萨在吐蕃松赞干布时期（唐代）是西藏首府拉萨；宋代西藏是割据时代，是各自为政的年代；元代萨迦政权统治时期，首府设在萨迦寺；帕竹政权统治时期，首府设在山南乃东；嘎玛政权统治时期，首府设在日喀则），五世达赖时期，首府才设在拉萨。在此期间，五世达赖命第巴，在布达拉宫原有的基础上进行维修扩建，布达拉宫落成后五世达赖喇嘛由哲蚌寺移居到布达拉宫。

根据《卫藏通志》记载："曲结松赞干布好善信佛，在拉萨地方山上诵旺固尔经，取名布达拉，逐步修布达拉宫寨城恒，搭银桥一道，以通往来，后来莽松作乱，官兵拆毁布达拉宫，仅存观音佛堂一所，嗣经五世达赖喇嘛掌管佛教，兼理民事，逐以原观音堂为中心，向东西建立白宫，以后又由第巴桑结嘉措在正中建筑了红宫及上下经殿房舍"，逐步才成为，你今天看到雄伟的布达拉宫。

五世达赖喇嘛于 1642 年（明崇祯十五年，清崇德七年）建立噶

丹颇章之际，正好是明朝末年，内地兵荒马乱，政治腐败，清政府已在东北建立，而且，已经占领了东三省和内蒙古之地。此时，正好在内蒙古传教的格鲁派喇嘛赛钦曲结，正好从内蒙古返回西藏，正好是噶丹颇章建立之年，因此，他向达赖、班禅建议，应该派遣使者与清朝皇帝（藏族史籍"觉吉甲布"）通好。因而，五世达赖喇嘛、四世班禅与固始汗商议，派遣赛钦曲结为代表，与清政府接触，于公元1642年离藏，前往盛京（沈阳），1643年到达。赛钦曲结于公元1644年（清朝顺治元年）返回拉萨，带来了清顺治皇帝给达赖、班禅萨迦法王、达龙法王、不丹法王、嘎玛法王等亲笔信和许多礼物。在给五世达赖喇嘛的信中称"大清国宽温仁圣皇帝致书与大持金刚达赖喇嘛：今承喇嘛以拯济众生之念，欲兴扶佛法，遣使通书，朕心甚悦！兹特恭候安吉，凡所欲言，俱令察汗格隆、巴喇宪噶尔格隆、喇克巴格隆、诺木齐格隆、诺莫干格隆、萨木谭格隆、衮格垂尔札尔格隆等口悉。附奉金碗一、银盆二、饮茶桶三、玛瑙杯一、水晶杯二、玉杯六、玉壶一、镀金甲二、玲珑撒袋二、雕鞍二、金镶玉带一、镀金银带一、玲珑刀二、锦缎四，特以侑碱"。（《清太宗实录》）

五世达赖喇嘛阿旺罗桑嘉措于公元1652年前往北京，觐见顺治皇帝；公元1653年（清顺治十年）返回拉萨，在途中，顺治皇帝前官员，送去了册封达赖的满、汉、蒙、藏四种文字的金册、金银，金印"西天大善自在佛所领天下释教普通瓦赤喇怛喇达赖喇嘛之印"。

五世达赖喇嘛阿旺罗桑嘉措于公元1682年（清康熙二十一年），在布达拉宫圆寂，时年66岁。第巴桑结嘉措秘不发丧，把持政权15年。

16、奔波一生—第十三世达赖喇嘛土登嘉措

第十三世达赖喇嘛土登嘉措的一生，多于奔波，在他执政时期，西藏是多秋之时，西藏的政治形式动荡不稳，清政府的腐败和没落，

英帝国主义的入侵等等。

十三世达赖喇嘛土登嘉措（公元 1876—1933 年）生于朗县朗墩（"朗敦"藏语意为象山之前）村的一户农户家里，其血统不是贵族，父亲名：贡嘎仁钦，母亲名：罗桑卓玛。在 1876 年（光绪二年）5 月 5 日，太阳刚刚出升时，这个家里诞生了一名男婴，婴儿额宽广、黑发、头定上有几根白发。被认定为十二世达赖喇嘛成列嘉措的转世"灵童"。

经过多方验证及观湖最后，确认他为十二世达赖喇嘛成列嘉措"灵童"，后由，八世班禅、摄政通政善呼图克图、三大寺和扎什伦布寺的全体僧俗官员联名，向当时的驻藏大臣松溎上了公文，要求驻藏大臣转奏清皇帝，由于灵童只有一名，请免予金瓶掣签。公元 1877 年 3 月，光绪皇帝在奏折后面批示："贡嘎仁钦之子罗布藏塔布克加木措，即作为达赖喇嘛之呼毕勒罕，毋庸掣瓶。钦此"。

公元 1877 年（清光绪三年）10 月 20 日，前往朗敦村迎接达赖灵童，来拉萨供养，被迎请到公塘寺以后，噶厦立即向驻藏大臣报告："准备在 1878 年（光绪五年）举行达赖坐床大典，请转奏皇上，照过去旧例予以照准，并准许新达赖在坐床时乘坐黄轿，并用黄色马鞍"。1879 年 5 月，清光绪皇帝的圣旨到了拉萨，内云："达赖喇嘛转世已经确定，今年六月十三日良辰时举行坐床，甚佳，朕深喜之！现赐达赖喇嘛黄哈达一条、佛像一尊、念珠一串、铃杵一套。达赖喇嘛坐床之后，可启用前世达赖之金印，并将印是日上奏。前请乘用皇轿及黄色鞍辔均予准用。佛父贡嘎仁钦封为公爵，赏戴宝石顶子，着孔雀翎，依圣旨遵行，钦此！"

六月十三口良辰时举行坐床，按惯例到大昭寺殿堂朝佛，后在布达拉宫日光殿举行坐床典礼。而后，公元 1882 年（清光绪八年）4 月，拜摄政济咙通善呼图克图阿旺班丹曲结坚赞为正佛师、普觉夏仲罗桑楚臣强巴嘉措为副佛师，受沙弥戒。公元 1895 年（光绪二十一年）8 月勤政，以谋害罪处死原摄政第穆呼图克图，总揽西藏政教大权。

十三世达赖喇嘛土登嘉措幼年时，西藏政治处于飘摇之际，清王朝覆灭；英帝国主义侵略西藏；国民北伐失败。1925—1927 年大革命已经失败，国民党在南京建立。

十三世达赖喇嘛土登嘉措，在 1928 年派北京雍和宫堪布贡觉仲尼前往南京，陈述西藏地方政府拥护中央政府的意愿；1930 年，国民党政府在南京召开蒙藏委员会会议，十三世达赖喇嘛土登嘉措，派僧俗官员参加，并委任楚臣丹增等人为常驻南京办事处。1933 年 12 月 17 日在布达拉宫圆寂，享年 58 岁。

十三世达赖喇嘛土登嘉措的一生经历：

（1）1886 年，英军由锡金侵入西藏。

（2）1888 年 3 月，英国武装进攻隆土山中英签定了《藏印条约》，中国割让哲孟雄给英国，允许英人在藏开埠贸易。

（3）1898 年英印总督寇松两次致函达赖，试图抛开清政府，与西藏单独谈判立约。遭到了达赖的坚决拒绝，寇松以武力相威胁。

（4）1899 年达赖通过外蒙哲布尊丹巴转奏清廷，要求与清政府直接对话，遭到清政府拒绝。

（5）1900 年达赖两次密派亲俄分子德尔智前往俄国寻求支持。

（6）1903 年底，荣赫鹏率英军 3000 千人，再度入侵西藏，由亚东、帕里进入江孜。1904 年攻占拉萨。达赖逃亡，暂驻外蒙库伦（今乌兰巴托），再派亲俄分子德尔智前往俄国。

（7）1906 年 4 月起程返藏，收到了英方阻扰，被迫转去青海塔尔寺。此时班禅、达赖，先后提出入京。

（8）1908 年，达赖奉旨入京，觐见光绪、慈禧，商讨藏事，收到清廷颁给金册。达赖再雍和宫会见了英国公使朱尔典，表示友好互利。

（9）1909 年 9 月取道那曲返回拉萨，此时正与驻藏大臣联豫在藏推行改革，引起社会动乱，清廷根据联豫请求，派川军入藏进行镇压。达赖致电各国驻京公使，迫使清廷撤军，并下令征调藏军进行阻截川军。于是，1920 年 3 月川军进抵拉萨，与藏军发生了激烈的战斗，达赖逃往印度。清廷革去达赖喇嘛名号。

（10）1911 年，清朝灭亡。达赖在英国的唆使下，派遣达桑占东潜回西藏组织暴动。驻藏川军以革命为由，在拉萨大肆抢劫财物。引起西藏人民的反对，驻藏大臣因清政府灭亡而自动离职。西藏地方政权出现，无政府的状态。

（11）1912 年 6 月，达赖返回西藏。1913 年 10 月派代表参加西拉姆会议，主张"西藏独立"，遭到了北洋政府的发对和拒绝。因而从 1931 年开西藏实行了一系列的"新政"，如创办新军、建立警察、邮政、办电厂、医疗、教育等等。1917－1930 年，达赖在英国的胁迫下，发动了两次对西康的进攻。

（12）1919 年 10 月，北京政府派朱绣入藏，与达赖喇嘛进行了多次会晤，最后达赖喇嘛表示愿意服从中央政府。

（13）1921 年初，因为反对英国人柏尔扩编藏军，增加赋税，遭到三大寺喇嘛的发对。

（14）1924 年，以达桑占东为首的亲英分子谋反行为败露，被达赖革职查办。达赖下令封闭英国人在江孜新办的贵族学校，拒绝英国代表团来拉萨的请求。

（15）1929 年国民党政府派刘曼卿入藏，申明国民政府的各项主张，达赖喇嘛表示拥护国民政府，并表示愿意回复旧制。派人参加了 1930 年举行的蒙藏会议，1931 年在南京设立西藏办事处。1933 年 12 月 17 日，十三世达赖喇嘛病逝于拉萨。

十三世达赖喇嘛的一生，在西藏政局上，充满了动荡不安的社会局面。

17、帕木竹巴地方政权统治者—藏巴汗

藏巴汗（第悉藏巴），藏语称为"后藏上部之王"，他是明代后期，

西藏地区继帕木竹巴、仁蚌巴之后兴起的世俗贵族政权。公元 1565年，原本担任仁蚌巴手下的官员辛厦巴才丹多杰起兵造反，占领了香、八囊伦珠孜、帕日等宗管辖之地。1566 年辛厦巴的统治范围概括了乌思藏地区。他自称"藏巴加波"（藏，即今日日喀则地区；加波，即为国王之思）。这就是西藏历史上的"藏巴汗政权"的开始，都城在桑珠孜（今日喀则）。1613 年，辛厦巴的后来的继承者，彭措南嘉控制了阿里地区，而且兼并了四周的小部落。在宗教信仰上，他信奉噶玛噶举派，两次因宗教纠纷攻打信仰珠巴噶举派的不丹，给活佛噶玛巴封上了"卫藏之主"的信仰，仇视新兴的格鲁派（黄教）。1617 年，喀尔喀蒙古卫地信仰格鲁派的信教徒，曾经企图攻打藏巴汗。1618 年，噶玛巴派集万余人救援，打败了以色拉寺僧和其它格鲁派势力的联军，因而占领色拉寺和哲蚌寺，杀死了起事的格鲁派僧人，余下的格鲁派僧侣逃往北方。彭措南嘉自称后藏上部之王，正式建立政权，历史上称藏巴汗。1621 年，噶玛丹迥旺继任藏巴汗。1634年，四世班禅与五世达赖，请蒙古和硕特部汗王图鲁拜唬（即固始汗）入藏。1641 年，固始汗发兵攻打藏巴汗，包围了日喀则藏巴汗府邸。1642 年，藏巴汗兵败被俘，后被杀害。固始汗继续领兵西进，并亲自驻守日喀则，他的长子达延鄂齐尔汗驻守拉萨，分兵控制了西藏各地，使他成为了西藏的汗王，因而被清朝顺治皇帝封为"遵行文义敏慧固始汗"。

藏巴汗政权建立于 1618 年，灭于 1642 年，历任两代君王，共执政 24 年，但是有的学者将藏巴王朝从 1566 年仁蚌巴被推翻开始算起。

18、蒙古和硕特汗王—固始汗

固始汗（1582—1655 年）又译为顾实汗，皆"国师"之音译，姓孛儿只斤，名图鲁拜琥。是明末清初卫拉特蒙古和硕特部首领，是卫拉特汗哈尼诺颜洪果尔的第四个儿子，他以勇武著称。

根据《青海史》记载，1594 年（明万历二十二年），图鲁拜琥年仅十三岁时，率兵击攻了俄伽浩特之千万士兵，战据了今巴里坤（新疆巴里坤哈萨克自治县）、乌鲁木齐一带。1606 年（明万历三十四年），因调解平息了卫拉特与喀尔喀战事之事，因而备推重，被东科尔呼图克图授为"大国师"称号。1634 年（崇祯七年）冬，与巴图尔珲台吉发动对哈萨克远征，获胜。1635 年（崇祯九年），遣使至盛京贡马匹、方物。同年，他为了避免蒙古众部落内部冲突，因而他另行开辟新的牧场，应西藏四世班禅罗桑却吉坚赞、第巴索南绕丹之请，与巴图尔珲台吉联兵进入了青海，击败了却图汗，将它据为已地。1638 年（崇祯十一年），到拉萨会拜了五世达赖喇嘛和四世班禅，被封为"顾实·丹增曲结"（国师·持教法王"，或为"丹律却吉甲波"，意为"佛教护法王"尊称。蒙语为"顾实·诺门汗"（国师·护法汗）。1640 年（崇祯十三年），打败了康区白利土司顿丹多吉。同年出席了蒙古领主大会，参与制定了《蒙古卫拉特法典》。1641 年率兵入后藏。1642 年（崇祯十五年），灭藏巴汗，掌握了西藏地方政权，扶持格鲁派（黄教）。1646 年（清顺治三年）与卫拉特各部首领 22 人联名奉表贡，清朝以赐以甲胄弓矢，命其统辖诸部。1653 年（清顺治十年），受封为"遵行文义敏慧固始汗"。后来病逝于拉萨。他的一生对西藏地方和清政权的关系起到了一定的作用。

19、固始汗之孙—拉藏汗

拉藏汗他出生时间不祥，死于 1717 年。在固始汗任藏王时期，虽然立五世达赖为地方政府首领，其实实权掌握在他的手中。固始汗之孙拉藏汗时，权势渐渐衰弱。拉藏汗在 1705 年（清康熙四十四年），在拉萨杀五世达赖的第巴桑结嘉措及驱逐六世达赖，另立六世达赖喇嘛，因此引起西藏人们的不满，从而倒致西藏地方政权不稳。因在

1717 年（康熙五十六年），准噶尔部策妄阿拉布坦出兵拉萨，拉藏汗被杀。从此，和硕特在西藏的势力消失，从而开始了清政府治理西藏之始。

拉藏汗是和硕特最后的一代可汗，他是固始汗之孙，达赖汗明素克之子。在 1701 年，达赖汗去逝，拉藏汗继承汗位，清康熙皇帝册封他为"翊法恭顺汗"。1703 年拉藏台吉入拉萨，1705 年，拉藏汗杀死了专权的第巴桑结嘉措，废除了六世达赖仓央嘉措，重新选定六世达赖阿旺益西嘉措，得到了康熙的册封。1717 年，准噶尔的策妄阿拉布坦派台吉大策凌敦多布经藏北纳木措攻入拉萨，杀死了拉藏汗，从而和硕特汗国灭亡。

20、西藏著名噶伦—康济鼐

康济鼐（？—1727 年），他是西藏著名噶伦，清代功臣。他本名为索朗杰布，生于后藏（日喀则）南木林"康济"（意为大房子）的大家族。由于他早期出生日及幼年时，史料记载不多。他因娶了蒙古和硕特部首领拉藏汗的女儿，所以他有一个蒙古的名字叫达钦巴图尔。

公元 1715—1716 年（清康熙五十四底至五十五年初），掌管西藏地方政府的拉藏汗委派康济鼐为阿里三围（西藏的西部）的噶本（即总管之意）。1716 年，蒙古准噶尔部的汗王策妄阿拉布坦，他为了扩展他的统治范围及势力，调集了六千多人的军队，任命他的堂兄弟策零敦多布为最高统领，偷袭西藏。康济鼐及时的向拉藏汗上报。可是拉藏汗自以为他和策妄阿拉布坦是儿女亲家，公元 1714 年拉藏汗的儿子丹中与策妄阿拉布坦的女儿博托洛克结婚。拉藏汗根本没有引起重视，觉得亲家不会做出这样的事。于是公元 1717 年（清康熙五十六年）6 月，准噶尔兵直抵藏北的达木，这时拉藏汗才慌了手脚，不知此措，其结果，双方展开了激烈战斗，经过多次战斗，拉藏汗屡败，直至被困于布达拉宫之内，1717 年年底他在突围中被杀。准噶尔攻入拉萨之后，烧杀抢惊，无恶不做，给西藏人民带来了灾难。这时康济鼐位于阿里偏远之地，兵粮充裕，他一方面拦截准噶尔兵抢却的东西，准备运回新疆伊犁的大批财物，切断西藏与伊犁的交通线；另一方面他等待时机举兵征剿准噶尔军。公元 1720 年（康熙五十九年），康济鼎联合颇罗鼎，配合第二次进藏的清军，于后藏、阿里一带进行反击准噶尔。清兵终于将准噶尔叛军驱逐了西藏。1721 年（康熙六十年）春天，清政府废除了西藏地方政府第巴一职，实行了噶伦制度，在西藏地方政府设置了 3 名噶伦负责政务的制度。因康济鼐在反击准噶尔侵略军的战斗中功绩卓越，被清政府授封为"贝子"，因而他被任命为首席噶伦，兼管后藏与阿里地方事务。其他的两位噶伦阿尔布巴、隆布鼐。这就是噶伦制度的开始，后来在公元 1723 年增补了扎尔鼐、颇罗鼐为噶伦（王辅仁、陈庆英《蒙藏关系史略》第195 页。

康济鼐上任后，前往日喀则拜见了五世班禅罗桑益西，他受到了五世班禅的热情款待。他在巡视后藏时，在途经那塘寺的时候，看到该寺，年久失修，破损严重，漏雨，寺内到处是尘土乌粪，佛像、经书、寺内的佛塔供养非常匮乏。他当即下令，并委托济咙·比林巴等人对该寺进行维修，责令颇罗鼐对寺庙维修大力资助。

公元 1722 年（清康熙六十一年）末，康熙皇帝逝世，他的四子胤禛（雍正）即位，他即位后派萨克大喇嘛为团长的使团来到拉萨，正式宣布继位，胤禛（雍正）皇帝令康济鼐亲巡阿里、那仓及萨迦等边境，防止准噶尔再次入侵西藏。康济鼐同颇罗鼐等率兵前往边境巡视。公元 1723 年（雍正元年），青海的和硕特部的首领罗布藏丹津，他妄图恢复祖辈固始汗时，掌管西藏事务大业，公然发动了反清叛乱。清政府为了防止罗布藏丹津叛乱波及西藏，派遣以抚远大将军年羹尧、四川松潘总兵官周瑛等为首的万余官兵进兵西藏。康济鼐得知此事后迅速由阿里返回拉萨，同钦差大臣鄂赖磋商对策。并主动要求率领军队去围剿叛军，由于因需要，他留守拉萨，由颇罗鼐率军围剿叛军。1724 年（雍正二年）下旬，传罗布藏丹津逃之青藏交界之处，康济鼐立率藏兵万余人与钦差大臣率领的 300 名士兵驻守羊八井，并得到颇罗鼐的大力协助。说明了康济鼐热爱祖国，报效祖国的美好愿望。

公元 1727 年（雍正五年），由钦差大臣鄂赖上呈给雍正皇帝的奏折中，分析了当时西藏地方政府上层领导人之间不和，达赖喇嘛虽聪慧，年纪尚幼，政务由他父亲索诺木达尔扎（索南达杰）负责，康济鼐他虽人好，但是因他功绩卓越，轻视其他噶伦，因而遭到其他噶伦等一些贵族的憎恨。阿尔布巴此人奸诈阴险，处处与康济鼐作对。达赖的父亲因娶了隆布鼐的两个女儿，所以与阿尔布巴、隆布鼐窜通一起，并教唆达赖喇嘛，说西藏必定要出事，加之，扎尔鼐懦弱无能，康济鼐建议撤掉隆布鼐、扎尔鼐职务，西藏地方政府便得以长治久安（《清世宗实录》卷五二、页二九）。对这奏报，雍正皇帝估计西藏地方政将发生动乱，派遣了清朝首任驻藏大臣僧格、玛拉前往西藏，他们俩还未抵达拉萨之前的六个月（1727 年 8 月 5 日），阿尔布巴等人在大昭寺楼顶先发制人，乱刀杀死了康济鼐及妻子、姐姐及下属众多官员。

21、西藏爱国民族英雄—颇罗鼐

颇罗鼐（1689—1747 年）。颇罗鼐，按古代藏族上层贵族惯例，凡是出身于该世家之子弟，均在其名字前冠以族名，故称之为颇拉瓦·索朗多吉，清史资料中译为"颇罗鼐"。他是一位爱国的民族英雄。公元 1689 年（清康熙二十八年）藏历第十一个绕迥土蛇年八月，生于后藏（日喀则年楚河流域的"颇拉"，今白朗县杜琼区颇拉乡）的贵族之家。他的祖辈是以武为豪，曾祖父达吉在"护教法国"固始汗的军中，以武艺高强而著名，后来在后藏年楚河与藏巴汗·噶玛丹迥旺布战斗中英勇，因而得到了固始汗的赏识，提升为官吏，在 1642

年（明崇祯十五年），达吉随固始汗征战在工布（林芝）地区的噶玛噶举，荣立战功，再次得到了固始汗的赞誉，并授于他领地，免交各种差税的待遇。祖父阿松任白朗宗（县）宗本（县长）因告发日喀则宗本第巴·罗布叔侄谋反，被赐给"颇拉"府邸与庄园、农奴等。从此以后这个家族便改姓为"颇拉"。他的父亲白玛杰布参加了西藏地方与拉达克的战争，战功显赫，得到奖赏。在五世达赖喇嘛圆寂后，第巴·桑结嘉措掌权，白玛杰布被派往聂拉木为官。在后来与不丹侵占折孟雄（锡金）和亚东的战斗中他屡建奇功。颇罗鼐的家族战功赫赫，为维护西藏与祖国的领土完善，做出了贡献。

颇罗鼐的一生为民族团结，捍卫领土完整做了他一生的贡献。颇罗鼐原名为索朗多杰，他从小就随着叔父占堆习武，他聪明好学，勤奋而刻苦，练就了精湛的射、骑马等高超技艺，臂力惊人直到他花甲之年。他 9 岁开始拜师学习各种藏文字体，后来又到了当时西藏的文化中心，山南敏珠林寺，拜宁玛派（红教）高僧大德达玛师利等人，学习书法、文法、正字、修辞、韵律、诗词、文章、星算、佛学等。经过了他不懈的努力及各师的言传身教指点下，终于获得了丰富的知识。成了文武双全的有用之材，为日后报效祖国打下了良好基础。

公元 1705 年（康熙四十四年），蒙古固始汗的曾孙拉藏汗与第巴·桑结嘉措的战斗中，拉藏汗夺取了西藏地方政府的大权。在庆祝大会上，17 岁的颇罗鼐跑马射箭，马上火铳等比赛中表现出他非凡的才艺，得到了拉藏汗的赏识，被派往噶厦政府的重要部门"孜康"，孜康藏语译言，为"审计处"西藏地方所属机关名，主管除班禅活佛系外的西藏财政收支审计，负责贵族出身的俗官培养任职。由于他才华出众，被拉藏汗任命为自己的金字使（随身秘书）。拉藏汗为了整顿边务，任命颇罗鼐为汗王的代表，接管后藏年楚河流域的军事事务。他上任后加强边境的防务，果断处理与周边部落之间的草场纠纷，消除他们之间的怨恨，使他们之间同舟共济；对历史遗留问题，抓住大节，依法治裁，不偏不护，公证处理，对教派之间的关系，一视同仁，要求各派之间依法修持、互不相抵等。以他的能力缓和各阶层之间的关系，使之出现了边境安宁、政教兴盛、民富物丰的形势，被拉藏汗授于"比切济如吉封号"。

颇罗鼐的一生，正逢清政府与准噶尔反动势力投俄叛乱时代，其影响波及新疆与西藏。他的一生对祖国，对人民忠心可佳，他坚决维护祖国的统一，维护民族团结。颇罗鼐掌政的近 20 年（1728—1747 年）他恪守其职，励志图治，改革时弊，整顿藏政，使西藏社会稳定，发展生产，为国家和民族的繁荣发展做出了杰出的贡献。

公元 1747 年（乾隆十二年），藏历第十二个绕迴火兔年二月，病逝于拉萨，享年 58 岁。

22、格鲁派（黄教）创始人—宗喀巴

宗喀巴（1357—1419 年），公元 1357 年（元至正十七年），藏历第六绕迴阴火鸡年，宗喀巴的生年，一般史书均记载为明永乐十五年（公元 1417 年），经刘家驹先生考证，他的出生应是恰错轮甲子（60 年），应为元至正十七年（1357 年）。他生于多麦东部的宗喀地区（今青海省湟中县塔尔寺地方）的世袭贵族之家，湟中一带，藏民族自尔为宗喀，故尊称他为宗喀巴（意为宗喀地方的人）。父亲名为鲁本格，是元代末年"达鲁花赤"（官名），母名辛沙·阿曲。他兄弟 6 人，他排行为第 4。宗喀巴从 3 岁时在噶当派僧人达玛仁钦受近事戒，取名贡噶宁布，于夏琼寺（今青海化隆县）于达玛仁钦座前习读佛经。6 岁时他的师傅，为给他灌顶，赐密号敦悦多吉。7 岁时正式出家为僧，噶当派高僧顿珠仁钦为他受沙弥戒，取名为罗桑扎巴。7—17 岁宗喀巴用了 10 年间，他在藏文、密法、显教等经论方面，打下了牢固的基础。

1372 年（明洪武五年），宗喀巴 16 岁的时候，他同两位舅舅和香客一起结伴去乌斯藏（西藏）深造。路上看到的是宗教一片混乱，宗教派别林立，宁玛、噶当、噶举、萨迦、本教派，各自一方。宗喀巴逐个去投师求学，拜各教派的高僧大德为师，取百家之长。首先去了贡塘寺（现拉萨蔡公塘乡），拜蔡巴噶举名医官却加，学习《四部医典》总义《八支医书本释》以及藏印诸大德的其它有关药物种类、性能、配制法、治疗经验等论述。后又入聂塘德瓦坚寺学习两年，重点学习了《现观庄严论》为首的慈氏五论。宗喀巴 19 岁时，到了桑普寺、纳塘、安让曲得等佛学院深造。很快名声远扬整个藏区。后来又拜了大学者年红·更朵巴哇及弟子、萨迦派教主仁达哇·雪乃洛为师，反复学习显教其它重要论述方面的经典书籍，《俱舍论》《集论》《入中论》《量释论》《戒论》，对 6 位印度佛教名师的著作进行了深入研究。后来在孜塘等寺院作了《论藏》《戒律》《中观》《因明》等方面的立宗答辨，并获得"噶希巴洛桑扎巴"的称号。

公元 1393 年（洪武二十六年）以后，宗喀巴在思想上逐渐形成了一个体系，其特点有三个方面：

一是提倡僧人自己严格遵守戒律，不应干涉世俗事务，不得娶妻和从事生产劳动；

二是大力兴复寺院，招收僧徒，并将噶当派各地寺院全部纳入格鲁派（黄教）属下；

三是，每年定期举行传召法会，在法会上讲经传法，主张僧人修习先显后密，规定必修五部经论，创立了传召期间进行辩论和考试，以授与格西（格西，藏传佛教僧学院中最高学位，藏传佛教考"格西"制度，类似清代的科考制。

凡进入寺院的僧侣首先学习五大部经典，即《因明学》《般若学》《中观学》《俱舍学》《戒律学》。在 15 年之内学习完这五部经典，成绩合格者称之为"噶然巴"，再经过 5—10 年的研习佛教经典，方可申请报考"格西"学位。考格西学位要在众目之下质疑辨（考试以口试），进行辨论，经大众认可，方能取得"格西"学位，"格西"学位相当于博士学位。

格西学位分四个等级：

第一等"拉然巴"其意思博学高明之士；

第二等"磋然巴"格西，意全寺性卓越高明的人；

第三等"夺然巴"格西，即佛殿门前石阶上经过辨论问难考取的格西之意（这一等的格西色拉寺内又称"日然巴"），

第四等"林赛"格西，意是从寺陀里选拨出来的人）的制度。

1408年（永乐六年），明王朝遣使臣来乌期藏迎请宗喀巴大师去内地弘法，因他要筹备大型法会，于是1408年6月19日上书辞谢。1412年，永乐皇帝再次诏请，宗喀巴因患病不能前行，授其弟子大慈法王强钦曲结·释迦益西代表自己前去京靓见皇上。为此，永乐皇帝授其"西天佛子大国师"尊号，他又成了明代封的大国师之师。

1409年（永乐七年正月）藏历第七绕迥阴土牛年，宗喀巴大师经过了两年的筹措，在拉萨大昭寺主持召开了盛大的大祈愿法会（默朗钦木）各地与会的僧众约万余人，受永乐帝封为阐化王的扎巴坚赞是大会的施主。这种大法会是宗喀巴大师为了纪念释迦牟尼倡建的大规模宣扬佛教，发愿祈祷的宗教活动，后来成为了定制，而延续下来，定为每年藏历正月一日至十五日举行一次（藏文史籍，将1409年为宗喀巴创立格鲁派之始）。

大法会之后，宗喀巴大师在拉萨50里的旺古尔山口，以帕竹属下贵族仁钦贝、仁钦伦布父子为主的施主，创建了甘丹寺，寺内设三个扎仓，"以养生徒"。甘丹寺建立以后，宗喀巴大师师徒前往甘丹寺，因而这一派称为"甘丹寺派"，后为格鲁派。

1416年（明永乐四年），宗喀巴弟子世西贝敦在拉萨西郊建立了哲蚌寺；1417年（明永乐十五年），宗喀巴集中能工巧匠，在甘丹寺羊巴井殿建立了释迦佛铜像，集密三十二尊，胜乐六十二尊及金刚界大曼陀罗等。均按照续部所示仪轨供养开光。1418—1419年（永乐十六至十七年）释迦益西在拉萨北郊建立了色拉寺。格鲁派以甘丹、哲蚌、色拉寺为主的三大寺院。宗喀巴圆寂以后，1447年在日喀则建立了扎什伦布寺；1577年在青海省建立了塔尔寺；1710年在甘肃夏河建立了拉楞寺，这就是今天所说的格鲁派六大寺院，同时也奠定了格鲁派（黄教）发展稳固的基础，黄教之说。

1388 年（大约洪武二十一年）宗喀巴大师规定他的徒弟，要戴黄色的僧帽，用它来区分红帽（宁玛派）、黑帽（噶举派），等教派之别，故历史上俗称格鲁派为黄帽派，称之黄教，此举是宗喀巴大师抛弃当时僧人不尊守戒律的恶习，他并重整戒规，改革藏传佛教，这就是改革后的格鲁派（人称新噶当派），格鲁派是在噶当的基础上进了一系列的改革，形成的，他吸收各派之长处，加以充实，对显密两宗进行有次序、有条理的整理。重视戒律、显密互相学习，这是格鲁派的主要特点。

公元 1419 元（明永乐十七年），藏历第七个绕迥土猪年）十月二十五，宗喀巴大师圆寂在甘丹寺内，享年 63 岁。1420 年甘丹寺为他建立了灵塔，把他贵骨存放在灵塔之内，将藏历的十月二十五日作为他圆寂的纪念日，为宗教节日，藏语为"甘丹阿曲"（或为甘丹昂曲，俗称为"燃灯节"）。

23、民间故事人物—阿古顿巴

阿古顿巴传说，他是拉萨达孜县德庆镇德庆村人。现在保留下来的德庆村卓舞，又叫阿古顿巴卓舞。传说阿古顿巴：一是庄园主的儿子；二是一位流浪汉。在德庆镇的白纳村有一座白塔，传说是阿古顿巴父母的灵塔；村中有一泉水，叫阿古顿巴泉，据传说，阿古顿巴曾经住过这里。阿古顿巴的故事飘荡在西藏的每一处，生活在德庆镇白纳村的人都能讲上几段阿古顿巴的故事。

阿古顿巴是藏族民间故事中机智、勇敢、勤劳、智慧的藏族人民集中代表的具体表现。因而阿古顿巴的故事幽默、风趣、富有智慧，使人能在笑话、趣事中获得乐趣，同时也受到教育，领悟人生的一些哲理。

二：近代人物

1、清政府驻藏大臣唯一的汉族—张荫棠

在藏民族之中人们喜爱的一种花，叫张大人花，这种花的引进就张荫棠，这一种单瓣菊科花卉。

张荫棠是驻藏大臣中唯一的一位汉族，张荫棠清朝政府驻藏帮办大臣，他对西藏兴办农务，推动西藏政治、社会、经济生产发展等。

张荫棠，字为憩伯，广东南海人。清朝光绪十八年被纳资为内阁中书，十九年他考取了海军衙门京章，二十二年就任清政府驻美国使馆三等参赞，二十三年改任为旧金山总领事，后又任清政府驻西班牙代办。

1905 年（光绪三十一年一月），清政府以外部侍郎唐绍仪为清政府代表，率张荫棠等人赴印度与英国商议修改《拉萨条约》。1904 年 6 月，英帝国主义为独霸西藏，乘着俄国在我国东北战争之际，发动了第二次侵略西藏的战争，强使清政府与西藏地方政签订丧权辱国的《拉萨条约》。为了维护祖国领土与主权，他与英帝国主义据理为争。同时上奏朝廷，藏区的局势岌岌可危，英国人的狼子野心并非一日，他呼吁政府用武力收复主权，整顿西藏是刻不容缓之事。1906 年 10 月，清政府破格提升他为其领副都统之衔。为驻藏帮办大臣，他也是第一位担任驻藏大臣的汉族官员。

张荫棠就任后，他亲眼目，目睹了英军侵略西藏边境的专横跋扈，欧毙人命的暴行，增强了他更加爱国与效法欧美资本主义的变法图强的决心，改革西藏地方政府的决心。他弹劾昏误国的驻藏大臣有泰及 10 多名满、汉、藏族贪官污吏。主张优侍达赖、班禅，恢复藏

王制度，以汉官监督；清查户口、租赋，设立西藏行部大臣，会办大臣等，分别治理外交、督练、财政、学务、盐茶、巡警、农务、工商、路矿等 9 局事务；等饷练兵、修筑公路、兴办教育、振兴农工商业，开发矿产，革除苛政，废除乌拉差役，设立银行，改良风俗，办理一切新政等措施。但是由于这一系列改革触动了大农奴主阶级的根本利益，看到他们极大的恐慌与反抗，由此引发了英印政府无理抗议和驻藏大臣联豫的诬告，晚清政府于光绪三十三年（1907 年）五月，将张荫棠调离了西藏，命他与英谈判并修定《西藏通商章程》。1908 年（光绪三十四年）授外务部右参赞。1909 年（宣统元年）出任驻美国、秘鲁、墨西哥、古巴大使。1935 年（民国 24 年冬，去逝），他著有《西藏奏牍》5 卷行世。

张荫棠在西藏提出的发展工商业，开发矿产，便利交通，发展教育等，对西藏后来的建设和发展有着深远之意，他也深受藏族人民的赞颂和敬仰。藏民族人民将他当年在西藏种植的单瓣菊花取名为"张大人花"。它至今仍然开放在西藏各地，此花也成为他光辉业绩的象征。

2、民国回族女特使—刘曼卿

刘曼卿（1906—1941 年）女，藏文名为雍金，戴季陶为她拟名为德美西，回族，西藏拉萨人。他父亲叫刘荣光（刘华轩）为拉萨的回族人，母亲是四川康定藏族。她于 1906 年（清朝光绪三十三年），藏历第十五个绕迥阳火马年生于拉萨。刘曼卿的祖先原为汉籍，清朝中叶随某使者入藏，遂家拉萨。她父亲刘荣光，曾是进贡大臣秘书，往返于北京拉萨数次，后在成都的班禅办事处任职。刘曼卿母语为藏语，她本人信奉伊斯兰教，幼年她的家住在拉萨大清真寺寺坊的教民。1915 年，她随父母移居印度大吉岭。在 1918 年，她 12 岁时，又随父母回到中国，寓居于北京，在北京市市立第一小学读书，半年后学会了汉语。读完小学三年级后，她升入了通州女子师范学校。在她 19 岁时，被父母产严命退学，父母做主让她结婚。不久之后，因她对这段婚姻不满而离婚。再度进入通州女子师范学习，毕业之后，她在北京道济医院当护士。1928 年，十三世达赖喇嘛派五台山堪布罗桑巴桑为代表奔赴南京，会见南京国民政府官员，并面见蒋介石。刘曼卿应堪布罗桑巴桑的邀请担任翻译。在南京之行中，她的语言能力受到蒋介石赞赏，因而她被任命为国民政府行政院文官处一等书记。1929 年，十三世达赖与九世班禅发生了争斗。于 1929 年 6 月，她申请到康藏调查当地现状，获政府批准，令她以文官处书记官名义赴西藏拉萨和十三世达赖喇嘛、龙夏、多吉次杰等人进行接触，并派文官处二等书记官，孔当江村（藏族）一同随她前往拉萨。与她（他）们同行至西康的还有从南京回西康的西康人叶履观。1929 年 7 月她（他）们出发前往拉萨，1930 年 2 月到达。在拉萨住了三个月，与十三世达赖喇嘛两次会见。1930 年，她（他）们经印度海路回到南京。1931 年，刘曼卿获得国民政府奖状。1932 年，她第二次考察了康藏。于 1933 年 11 月，她著了《康藏轺征》，并出版。后来她参与了中国边疆学会的创建工作。抗日战争爆发后，她与康藏的爱国人士发表了支持中国人民抗战的宣言，在西康民间宣传抗日。1941 年，她病逝，年仅 35 岁。

3、民国特使—黄慕松

黄慕松是广东省梅州市梅县区人，日本陆军大学 31 期毕业，中国军事测量之父、参谋次长、陆大校长，广东省政府主席。他的一生励志于保卫祖国边疆，曾经宣抚新疆和出使西藏，但是，最终因为实力不足而无法施展，后来，被追认上将。

黄慕松（1884—1937 年）以特派致祭专使身份前往西藏，参加册封、祭祀第十三世达赖喇嘛活动。1933 年第十三世达赖喇嘛圆寂，国民政府追赠达赖喇嘛为"护国弘化普慈圆觉大师"封号，并特派黄慕松为致祭达赖喇嘛专使前往西藏。1934 年 4 月，自南京出发，经四川、西康到达拉萨。

1933 年冬天，第十三世达赖喇嘛土登嘉措，在布达拉宫圆寂，国民党政府出于加强西藏与中央关系，决定派遣一名官员前往拉萨致祭，黄慕松成为人选之一。这也是国民党政府，首次派中央代表团进藏。1934 年 4 月 6 日，黄慕松从南京出发，前往西藏拉萨之路，于 8 月 22 日到达拉萨。黄慕松一行到达拉萨后受到噶厦政府隆重的欢迎。下榻于八廓街南侧的吉堆巴大院，此处，后来是国民党蒙藏委员会驻藏办事处所在地。

在拉萨期间，他尊重民族风俗、尊重佛教及高僧大德，先后朝拜大、小昭寺、哲蚌寺、色拉寺、甘丹寺等。

1934 年 11 月 1 日，在布达拉宫举行第十三世达赖喇嘛的致祭，因为，在布达拉宫举行吊祭大典，悬挂党、国旗，引起反对意见。黄慕松当即驳斥："举行册封时，党、国旗亦曾悬挂，且举行庆吊大典，在内地悬挂党、国旗，已成当然之事，况本使此次代表中央，亦即代表四万万同胞来致祭达赖大师，若不能悬挂，究竟何方人致祭，似欠妥当"。但是，某些噶伦仍然反对，只好将旗悬挂于行署，将国民政府旗帜抬至布达拉宫红山祭堂。

最终，黄慕松完成了西藏艰难之旅，于 1943 年冬返回，他为了视察英国人在西藏南部和尼泊尔、不丹等地的情况，他决定由印度返回南京。

黄慕松的西藏拉萨之旅，可以说是成功的，不仅仅增加了汉藏之间的关系，而且业考察了西藏当时的社会实情。他回到南京后向国民政府呈递了《黄慕松奉使入藏册封并致祭达赖大师报告书》，报告中陈述了"西藏之近况"，为中央政府制定治藏方针政策提供了依据，而且为内地民众展示了一个真实的西藏。

黄慕松完成西藏使命后，曾公开发表了一本图片集《藏游概述》，收录了一些珍贵的西藏历史及风貌照片。

4、国民政府蒙藏委员会委员长—吴忠信

吴忠信（1884 年 3 月 15 日—1959 年 12 月 16 日），字禮卿，一字守堅，號恕庵。他是安徽合肥县人，民国军事将领，政治人物。1900年（光绪二十六年），他入南京江南将弁学堂学习；1905 年（光绪三十一年）毕业，他毕业后，进入陆军第九镇任官；1906 年（光绪三十二年）经杨卓林介绍，秘密加入了中国同盟会；1908 年（光绪三十四年），升职为二等参谋官；1911 年（宣统三年）辛亥革命爆发，他随陆军第九镇统制徐绍桢参加革命派的起义，在南京同张动率领的清军交战，1912 年（民国元年），南京是中华民国临时政府成立，他被任命为警察总监。袁世凯出任临时大总统之后，他被任命为宁镇澄淞四路要塞司令。不久之后，他辞职，担任以上海中国同盟会机关报（民立报）的经理，兼代理社长，辅佐社会于右任。

1913 年（民国二年）第二次革命战争爆发，他参加革命派，黄兴任南京讨袁军的司令，他应黄兴邀请任南京警察总监，在大革命失败后，他流亡于日本，1914 年（民国三年）孙文（孙中山）创立中华革命党，吴忠信加入。1915 年(民国四年)他奉孙中山之命返回上海，辅佐陈其美策划反袁起义；1917 年（民国六年），孙中山开始护国运动，他参加了护国运动，被任粤军的上校参谋，在各地转战。1921 年（民国十年），他任桂林卫戍司令兼大本营总兵司令，1922 年（民国十一年），孙中山、张作霖、段祺瑞三方同盟，他为孙中山方面的军事代表。后来他生病，在苏州疗养三年；1926（民国十五年）夏，广州国民政府开始北伐战争，吴中信应蒋介石的邀请，在南昌任其幕僚。1928 年 3 月 2 日至 1930 年 3 月 17 日，任安徽省政府委员，1929 年（民国十八年）2 月，他赴海外视察，1931 年 2 月 16 日至1932 年 5 月 4 日，任监察院监察委员；1932 年 4 月 5 日被任安徽省主席；1933 年 5 月辞职，后来又任国民政府军事委员会委员长南昌行营总参议；1935 年 4 月任贵州省政府主席，任职内严肃纲纪，振

兴地方经济，他还与相邻的广西省新桂系调整关系；1935 年 11 月，当造为中国国民党第五届中央执行委员。

吴忠信在 1936 年 8 月，任蒙藏委员会委员长，为流亡中国内地的九世班禅返回西藏之事进行努力。1937 年九世班禅在青海玉树圆寂，他促成班禅灵枢返回西藏。1940 年 2 月，十四世达赖坐床典礼在拉萨举行，他作为国民党政府代表参加了十四世达赖坐座典礼仪式。

关于十四世达赖坐床之事，热振摄政于 1938 年 12 月 12 日致电吴忠信表示："为昭大信；悦遐迩计，中央应当派员参加"，于是国民政府 12 月 28 日令："特派蒙藏委员会委员长吴忠信同热振呼图克图主持第十四世辈达赖喇嘛转世事宜"。西藏地方政府多次表示接受中央这一安排。

1939 年 4 月 23 日，西藏驻渝办事处奉噶厦电文向蒙藏委员会表示，欢迎吴忠信委员入藏，吴忠信一行于 1939 年 10 月 21 日离开重庆飞香港、仰光、再乘船去印度赴西藏。由于英国与西藏的亲英分子人作梗，吴忠信等人在赴藏途中，噶厦亲英分子操纵下，不等吴忠信入藏，就在三位灵童中，排除了另外两名童，只留下了青海的灵童，不行掣签仪式。蒋介石得知情况，迅速致电噶厦地方政府灵童之"征认手续暨各种礼节，应俟吴委员长莅藏后会同热振呼图克图主持办理，会衔呈核，方足昭大信而杜纠纷，希即遵照为盼"。

吴忠信一行 19 人，经印度、锡金入藏，于 1940 年 1 月 15 日底达拉萨。噶厦政府派藏军前往亚东担任沿途的警卫，又派亚东总管负责沿途随侍。噶厦政府在西藏拉萨西郊的接官厅对吴忠信等一行进行隆重的欢迎。热振活佛的代表、三位噶伦并七品以上的僧俗官员 70 余人肃立恭候，藏军 700 名列队接受检阅，数千名藏脆欢迎，城内鸣礼炮 27 响，接待盛况空前。吴忠信入住后，四位噶伦立即前往他的住处去拜望吴忠信。当晚，噶厦政府，设宴为吴忠信一行洗尘。吴忠信在拉萨拜见了热振活佛，面交了国民政府特派热振活佛主持典礼之特派状，蒋介石的亲笔信、中央册封热振之册文及金印、中央颁发热振的彩玉勋章等。

热振活佛即于 1 月 23 日致电国民政府主席林森表示感谢！热振活佛于 1 月 26 日呈交了长函一封，详尽叙述了寻访灵童的经过和认定灵童的理由，请中央免予掣签。吴忠信在取得察看，并核查热振长函的情况下，审时度势，于 1 月 28 日电请民国政府：

"国府颁布命令，准以该灵童拉木珠继任第十四辈达赖，俾得及时筹备坐床典礼，以昭郑重。1 月 31 日，吴忠信赴罗布林拜望年仅 5 岁的灵童，认为灵童拉木登珠，慧性湛深，灵异特著，查系第十三辈达赖喇嘛转世，应即免予抽签，特准继任为第十四辈达赖喇嘛，此令"。

1940 年 2 月 22 日晨，十四达赖喇嘛的坐床典礼仪式，在布达拉宫举行，中央及西藏地方官员，共有 500 多人参加。吴忠信坐在达赖喇嘛之左，其他中央官员坐在东面西；热振率众僧坐在西面东，三位噶伦及众俗官则坐南面北。英帝国主义的挑唆低设吴忠信座位的阴谋彻底破产，英国分子古德没有参加典礼。十四世达赖坐床，国民政府拨款四十万元作为坐床典礼经费。

关于吴忠信是否主持了十四世达赖坐床大典，此事国内外藏学界有些争论。由此可见，吴忠信入藏取得成果是明显的。连英帝国主义分子黎吉生也不得不承认"总的来说，吴的出使巩固和改善了中国在拉萨的立脚点，使它立于了正常的基础之上"。

1941 年 9 月，吴忠信被任为甘宁青区党政工作考察团团长；1942 年赴新疆与盛世才交涉。1942 年 12 月任中国边政学会理事长，创办了《边政公务论》；1944 年 8 月他接任盛世才，任新疆政府主席兼保安司令（保安副司令由第八战区司令长官朱绍良代理）；1944 年 11 月，三区革命成立东突厥斯坦共和国，他未能制止。其结果，经过苏联同国民党政府交涉，东突厥斯坦共和国问题暂时解决。1946 年 3 月，他辞去新疆政府主席职务。1947 年，任国民政党委员。1947 年，在安徽省合肥县当选为第一届国民大会代表；1948 年 12 月 24 日，蒋介石任命他为总统府秘书长；1949 年 3 月 3 日，到逝江溪口，3 月

10 日，蒋介石送吴忠信到杭州，随后，他跟随蒋介石前往台湾，任总统府资政；1950，任国民党中央评议委员；1953 年，任国民党中央纪律委员会主任委员；1959 年 12 月 16 日，他在台湾台北病故，享年 76 岁。

5、西藏第一任书记—张经武

张经武，是共和国的开国中将。又名张仁山，1906 年 7 月（另说 10 月出生于湖南酃县（今炎陵县）沔渡镇的一个贫苦农民家里。他 1930 年加入中国共产党，1932 年参加中国工农红军，土地革命战争日期，任瑞金红军学校政治营营长，军委军事教导团团长，基地司令员，中央军委五局副局长，会昌教导团团长，军委直辖教导师师长，军委第二野战纵队参谋长，陕甘支队第三纵队参谋长，军委二科科长。他参加了红军二万五千里长征。抗日战争时，任八路军山东纵队司令员，陕甘宁留守兵团副司令员，陕甘宁晋绥联防军参谋长。解放战争时，任晋绥军区参谋长，中共驻北京"军事调处执行部"副参谋长、参谋长，西北军区参谋长，西安市警备司令部司令员。

1949 年 10 月，中华人民共和国成立，张经武由西南军区副参谋长调任中央军委人民武装部部长，兼军委办公厅主任。全国解决以后，他征尘未洗遵毛泽东、周恩来的指示，奔赴西藏边疆，肩负起了和平解放西藏的重任。他的一生没有想到，西藏竟是他军旅生涯辉煌的一页。

1951 年 4 月，在党中央的和平解放西藏中，西藏地方政府派以阿沛•阿旺晋美为代表的代表团来到北京，同李维汉为中央代表，张经武为全权代表之一的中央人民政府代表团进行和谈，5 月 23 日签订《关于和平解放西藏办法的协议》，内容共 17 条。但是由于西藏分裂主义分子勾结帝国主义，在协议签订前挟持十四世达赖逃到边境亚东（日喀则境内），企图以十四达赖出国破坏和平解放。在这关键时刻，张经武被党任命为中央人民政府驻西藏全权代表，他肩负着这一重任，绕道香港、印度，来到了亚东劝说十四世达赖返回拉萨。由于任务紧迫，事关重大，周恩来在紫光阁亲自向他交代了任务和党对西藏的方针政策。毛泽东亲笔书写了一封给十四达赖的信，请张经武亲手交于他，并亲切地嘱咐他：你到西藏去任务重大，要注意工作方法，认真开展统战工作，尽快说服十四世达赖返回拉萨。几天后，他经广州、香港、印度，他带着毛泽东的亲笔信和几名随行人员到亚东去了。当时西藏上层集团内部对十四达赖是否出境意不一致，正在举棋不定之时，张经武赶到了亚东，他立即将毛泽东写给十四达赖的亲笔信转交给了他，同时转达了毛泽东对十四世达赖委派代表团到北京谈判，签订协议。张经武住在老乡家里，每天往返几十里路会见十四达赖，反复宣传协议精神和党的民族、宗教政策，同时积极争取西藏上层分子中的爱国力量，经过半个多月的艰苦努力，终于说服十四世达赖返回了拉萨。

张经武在西藏工作，虽然年过不惑，仍然奋不顾身地为党工作。1951 年 8 月，他在解放军进藏部队先遣支队前一个月来到拉萨。当时，拉萨的亲英分子势力非常嚣张，企业图推翻 17 条协议。他身处陌生环境，安全没有保障，群众无法接触的困难之中，不顾高原长途跋涉之劳累，一下马就开展上层统战工作。他天天都到贵族僧侣官员家中去，宣传党的民族宗教及协议的精神。有一天，他竟然去了六家，过度的疲劳和严重的缺氧，突然晕倒，在家中打碎了水瓶、茶碗，脸也碰得青紫了。他顾不了这一切，也顾不上休息，立即让警卫员摇动马达给中央发报，汇报当天的工作。终于在 1951 年 10 月 1 日，拉萨城内竖立起了第一面五星红旗，召开了第一次庆祝庆中国国庆的群众大会，使西藏和平解放，迈出了第一步。

1951 年 10 月，解放军进藏部队，刻服路途上的艰辛困难，顺利到达拉萨，解放军进驻拉萨后，西藏上层反动分子，趁着解放军供应困难之际，分开叫嚷"饿肚子比打败伏还难受"，妄图把解放军"困死""饿跑"。此刻，张经武提出开荒生产、对外贸易、修筑公路等措施，挫败了少数分裂分子的阴谋，站住了脚跟。

1952 年 3 月，张经武接替张国华担任中共西藏工委书记，同时是"事实上的西藏军区第一政委"。1952 年 3 月 31 日，西藏上层反动集团在英帝国主义的策划下，利用传统宗教活动机会，召开了"人民会议"，派出了所谓的"人民代表"向中共西藏工委请愿。4 月 1 日晚上，他们公然纠集部分藏军喇嘛、流氓千余人包围了党政机关和张经武的住所，在围房顶上架满机枪，疯狂叫嚷："解放军撤出西藏"，"西藏的制度不能改变"，企图造社会骚乱，反对和平解放西藏协议的实行。在这危机关头，他身边只有一个警卫班，但是自若镇定，电话通知军区司令员张国华、政委谭冠三研究部署部队，防止突发事件发生，他牢记毛泽东的嘱咐"统战上层，爱国一家"，他请来了全部噶伦，有理、有利、有节的原则，争取教育工作，严肃指出这次骚乱，是企图破坏民族团结、分裂祖国的，西藏地方政府必须立即制止骚乱。如果事态扩大，有人执迷不悟，我们将要做出自卫反击，将肇事者严惩不怠。至此噶伦们承认事态的严重性，阿沛·阿旺晋美等噶伦提出，情愿留在张代表住处，应付事态恶化。张经武和西藏工委领导同志又对上层进行了彻夜的思想工作，使那些反动分子未取骚动。他带着一个警卫班去布达拉宫会见十四世达赖。此刻，藏军遍布山坡，枪支林立，戒备森严，有一触即发之势。他非常镇定对战士们说："我们要坚持和平协议的原则，决不打第一枪。万一反动分子武装挑衅，我们就不得不坚决自卫还击。但打还是为了和平解决问题。今天上去，要准备牺牲。为革命牺牲，是光荣的"。他留下其余战士，只带着翻译和两名警卫员，登上布达拉宫，会见十四世达赖，传达了毛泽东主席的指示。共产党临危不惧的精神，使十四世达赖佩服，下令解散"人民会议"，撤消了制造骚乱的幕后策划者司曹鲁康娃、洛桑扎西的职务。形势由动荡转为安定，为开展全藏工作奠定良好基础。

张经武在 1955 年 7 月，毛泽东任命张经武担任中华人民共和国主席办公厅主任，但要他继续主抓西藏工作，继续留任中央人民政府驻藏代表和中共西藏工委书记。1955 年 9 月被授予中将军衔，荣获一级八一勋章、一级独立自由勋章、一级解放勋章各一枚。

张经武在和平解放西藏后，重点是做好统战工作，他常常和西藏爱国人士、上层朋友谈心，帮助他们理解中央方针、政策。他与第十世班禅、阿沛·阿旺晋美、帕巴拉·格列朗杰等。相处融洽，感情深厚。他为了班禅安全，去日喀则部队视察工作，教育"班禅警卫营"战士们，要尽心尽力，做好警卫工作，确保班禅的安全。民主改革等问题，他深入调查研究，1956 年春，有些汉族与少数藏族干部急躁冒进，要实行民主改革，从而引起西藏上层一些人物对民改的害怕，他耐心教育干部要从西藏的实际出发，并上报党中央，从而粉碎反动分子忘图制造民族矛盾，打击爱国进步人士。9 月 4 日党中央接受他的建议，公开宣布：因条件不成熟，西藏民主改革"六年不改"。6 年后，是否进行改革，那时要依据实际情况再作决定。

西藏地方政府和上层反动集团，不顾党中央的耐心等待和再三教育。于 1959 年 3 月 10 日撕毁 17 条协议。发动了以拉萨为中心的武装叛乱，向西藏工委和西藏军区进攻。当时，张经武与张国华在内地开会，接到报告后，立即电告西藏主持党政军工作的谭冠三；依靠百万农奴与广大干部，团结广大爱国进步人士，果断下令反击叛乱，极力争取十四世达赖回头。但是十四世达赖，不顾劝说，叛逃于印度。1959 年 5 月，张经武返回拉萨，一边做好平叛工作，一边开始进行民主改革，深入基层进行调查研究，结合西藏实际，制定了《关于当前平叛工作中几个政策问题决定》，并决定以拉萨、山南、塔工等地区为民主改革试点，亲临现场，摸索经验，指导工作。到 1961 年 10 月，平叛胜利结束。民主改革也近尾声，成立了农牧业生产互助组等一系列举措，使西藏人心稳定，经济发展，人们生活得到改善。

1965 年 9 月 9 目，西藏自治区成立，张经武奉命调回北京，担任了中央统战部副部长。1967 年春文革中被打成"现行反革命"逮捕，1971 年 10 月 27 日含冤去世。1976 年 10 月平反昭雪。

张经武中将的一生，为和平解放西藏，建设西藏保卫祖国西南边疆，加强民族团结，维护祖国统一，民族团结，作出了毕生的贡献。

6、人民解放军第十八军军长—张国华

张国华第一位进藏的高级将领，生于 1914 年 10 月 22 日，江西永新，1929 年 3 月在井冈山表文才、王佐的部队当兵。从此，他走上了革命的道路。他 35 岁时就任中国人民解放军第十八军军长。张国华 1949 年 12 月时任中国人民解放军第二野战军第 5 兵团第 18 军军长，在胜利完成成都战役后，进驻川南地区的第二天，被中央军委任命为川南行政公署主任。1950 年 1 月 10 日，接到中共中央的命令，决定由张国华率领的 18 军执行和平解放西藏的重大历史任务。中共中央批复决定组成。

1950 年 3 月 18 日，张国华在四川东山主持进军西藏营师大会，以张国华为书记的中共西藏工作委员会。张国华军长庄严宣誓："坚决要把五星红旗插上喜玛拉雅山，让幸福之花开遍西藏"。张国华军长和谭冠三政委率领 18 军刻服困难，以顽强的意志，进抵金沙江以东。在西藏上层反动集团抵抗的情况下，人民解放军迫不得已，决定发起昌都战役。1950 年 9 月初，张国华到达甘孜州，成立了 18 军前方指挥部，他主持召开了一次西藏工委扩大会，告诉大家：毛泽东主席对 10 月份解放昌都寄予很大的希望，会议对昌都战役做出了部署，会后张国华奔赴玉隆、邓柯等地，了解确定了藏族土司、头人对解放军进军昌都的诚意，因而彻底决定了昌都战义的最后决定。

1950 年 10 月 7 日，张国华指挥部队，发起了昌都战役，10 月 19 日，顺利打下了昌都，这次战役也打开了进军西藏的大门。昌都战役的胜利，加速了西藏上层统治集团的分化。在党的民族宗教政策的感化，西藏地方政府终于接受了中央人民政府的建方，派出以阿沛·阿旺晋美为首的和谈代表团到达北京谈判。1951 年 5 月 23 日，张经武、张国华以中央人民政府全权代表的身份，参加了《关于和平解放

西藏办法的协议》签字仪式。协议签订的当天，毛泽东主席在听取张国华汇报时，高兴地说："好哇，办了一件大事，这是一个胜利。但这只是第一步，下一步要实现协议，要靠我们的努力"。毛泽东主席详细询问了部队的思想生活情况，要求部队尽快进军拉萨。

张国华军长遵照毛泽东主席的指示，率领18军经过艰苦奋战，长途跋涉，克服高源缺氧，终于在1951年10月26日顺利进入拉萨，受到两万多僧俗官员及各界群众的隆重欢迎。1952年2月10日，经中央军委批准，成立了西藏军区，张国华军长被任命司令员、党委第一书记。他认真贯彻党中央"慎重稳进"的方针，全力开展上层统一战线工作，积极团结藏族同胞，同少数分裂主义分子进行争锋相对的斗争。开展以执行十七条协议和撕毁协议为中心的激烈斗争。国际上的帝国主义势力与上层少数分裂主义分子，不甘心他们的失败，利用宗教信仰破坏民族之间和军民之间的关系，控制粮食，抬高物价，妄用"困"和"饿"的手段，使解放军不战而退，达到他们分裂祖国的目的。当时的司伦鲁康娃见到张国华，第一句话就是："过去满清入藏大臣也姓张（指张萌棠），只在拉萨设了一个衙门，你何必带这么多军队。饿着肚子跑回去，可比打败仗更难受啊！"张国华立即叫随行人员把和平解放西藏的藏文本摆在他面前，据理驳斥。张国华遵照中央关于"进军西藏，不吃地方"的指示，发出"向荒野进军，向土地要粮，向沙滩要菜"的号召，自力更生养活自己。张国华率领机关，直属队到拉萨西郊开荒种地（现八一农场）。

1952年春节，驻拉萨的机关干部职工全体出动，铲除在布达拉宫堆积如山的垃圾，这就是今天的布达拉宫广场。在这一年，部队开垦荒地1.6万亩，彻底粉碎了分裂分子"饿走"人民解放军的阴谋。藏族同胞参观了收获的蔬菜之后写道："共产党是太阳，我们博巴是月亮；月亮围着太阳转，太阳出来万物能生长"。张国华把经过千山万水带来的舍不得吃得大米，饼干和罐头送给藏族同胞。他要求部队利用一切条件，替藏族同胞治病、盖房、修水利、发放贷款和农具，鼓舞藏族人民建设新生活的信心，于是藏族人民称解放军是"新汉人""菩萨兵"。

1952 年 12 月 11 日，张国华等领导干部代表全军指战员，向党中央，中央人民政府和毛泽东主席致电，决心长期建设西藏，捍卫祖国边防的决心。18 军的后方部队利用四年半的时间，克服重重困难完成了 2000 多公里的康藏公路。1954 年 12 月 25 日在拉萨举行通车典礼。1955 年 2 月 2 日，张国华军长代表毛主席向筑路人员授锦旗。锦旗是毛主席亲笔题词："庆祝康藏、青藏公路的通车，巩固各族人民的团结，建设祖国"。

1956 年 4 月，西藏自治区筹备委员会成立，十四世达赖与十世班禅分别担任正副主任，张国华任第二副主任。9 月份，张国华出席共产党第八次全国代表大会，介绍西藏建设情况及建议。对藏族群众提出的改革问题，他认为改革的开始还需要在一个较长时间之后。于是在 1957 年春，中共中央正式决定，西藏在第二个五年计划期间不进行改革（即六年不改）。

1959 年 3 月拉萨发动了武装叛乱，张国华根据党中央和主席的命令，立即指挥平叛战斗。平叛胜利后，西藏的民主改革顺利进行，使百万翻身农奴获得了新生。在平叛，改革之际，外国侵略者在中印边境不断进行挑衅，蚕食中国领土。中国政府决定实行自卫反击战，在反击战打响之前，他认为不应受非法的麦克马洪线的约束，做好主攻部队指挥员准备工作，请示中央，建议得到批准后，战胜艰难险阻，打出了国威，打出了军威。经过一个月的反击战，歼灭入侵敌人7000 多人，保卫了祖国的领土。

张国华在西藏工作战斗了 17 年，对西藏的革命和建设做出了不可磨灭的贡献。1967 年 5 月调入四川，任成都军区第一政委、党委第一书记和四川省第一书记，四川省革委会主任，兼西藏军区司令员，由于他长期在藏工作生活，在艰苦的工作生活环境下使他身体状况很差，积劳成疾，于 1972 年 2 月 20 日猝死。人们送给他了一个美丽称号——"佛光将军"。

7、解放军十八军政委—谭冠三

谭冠三（1908—1985 年），曾用名谭才儒、谭年春。湖南末阳市人。中国共产党优秀党员，久经考验的忠诚共产主义战士，中国人民解族军卓越的政治工作者，中国人民解放军高级将领。1955 年被授予中将军衔。荣获二级八一勋章、一级独立自由勋章、一级解放勋章。

1950 年 7 月 24 日，谭冠三主动要求，到拉萨劝和藏族爱国人士格达活佛到达昌都，但是西藏地方政府的反动势力拒绝谈判，在帝国主义分子的策划下，杀害了格达活佛，将其总兵的三分之二的兵力布防在昌都及其周围地区，企图阻止解放军进军西藏。从 1950 年 10 月 6 日开始到 10 月 24 日，在张国华、谭冠三的指挥下，以十八军为主力，发动了昌都战役。在纵约千里、横约五百里，在气候恶劣及地理环境复杂的情况下，由于张国华军长实施了正面攻击与迂回包围的战术，谭冠三对部队进行吃苦耐劳，英勇作战等方面教育，所以昌都战役取得重大胜利，为和平解放西藏创造了有利的条件。1951 年春天，西藏地方政府响应中央人民政府和平解放西藏的号召，西藏地方政府派出代表团前往北京，同中央人民政府代表团进行了谈判。5 月 23 日，双方签署了《中央人民政府和西藏地方政府关于和平解放西藏办法的协议》，共十七条。《协议》的签订，从而宣告了西藏和平解放。5 月 25 日，中央军委按照《协议》规定，命令进藏部队分路进驻西藏。

1951 年 8 月 28 日，张国华、谭冠三率领十八军进军拉萨，进藏之路风雪茫茫，山路崎岖，谭冠三感慨地说："人说蜀道难，我看西藏的路就更难了！不过，在我们共产党人面前，是没有克服不了的困难的！"，他集几十年政治工作的经验，深知政策和策略是党的生命。在西藏的特定环境下，坚决，准确地贯彻、执行党的各项政策显得特别重要。为了尊重藏族的风俗习惯，十八军主行军途中，同大家一样不进寺庙，不住民房，露宿在冰天雪地之中，十八军这些刚铁官兵们克服重重困难，于 1951 年 10 月 26 日，顺利到达拉萨。

张国华、谭冠三率领的十八军指战员们，不负国家重托，完成了这一伟大的历史史命。1951 年 11 月 16 日，《人民日报》发表了"新华社记者集体写作"了《记人民解放军进藏部队进入拉萨》，本文中记述了十八军将士，经过两个多月连续行军翻越了千山万水，饱经风雪的战士们，个个精神饱满，整齐雄壮地通过检阅台前。西藏僧俗人民看到了一列列整齐战士们雄赳赳走过，他们简直不相信这支队伍刚刚跋山涉去走过千山万水的队伍。

解放军刚进藏，因为没有公路，部队的主副食供应十分困难，部队的指战员只好吃碗豆、胡豆、青稞粒充饥。于是少数西藏分裂分子背弃和平解放的十七条协议，趁机封锁粮食，卡解放军的脖子，要饿走解放军，在这困难艰苦的时刻，张国华、谭冠三提出了"开荒生产，自力更生"，在西藏站稳脚跟，建设西藏，保卫边防等战略方针和响亮口号。

1952 年 8 月，谭冠三政委常领官兵建立了西藏第一个农场"八一农场"，他经常到农场参加劳动，与官兵同吃同住，他住在农场的一个被称为"罐头盒房子"的土房里；墙是用草皮垒的，房项是用罐头盒铁皮盖的。他顶着高原的日夜温差大的情况，中午热得汗流浃背，半夜冷得他四肢僵冻（那时的西藏气候，比现在寒冷的多），战士们看着年过半百的谭政委，和大家同甘共苦，开荒的热情更加高涨。经过了一年的艰苦努力，军区"八一农场"和机关部队的庄稼蔬菜，获得了大丰收，这也鼓舞了驻藏部队长期建设边疆的信心。

1953 年秋收时节，谭政委特意邀请了西藏上层爱国人士及妇联、青年联谊会的人们，到拉萨"八一农场"参观，这些人当中有阿沛·阿旺晋美夫妇，有十四世达赖的母亲等。"八一农场"附近的藏族老百姓也闻讯赶来参观。这鼓舞干了藏族人民群众建设自己的家园，让藏族人们坚信共产党解放军是人们的子弟兵，是来帮助西藏人民发展生产，建设祖国边疆的。百姓们称解放军是"新汉人"、是"菩萨兵"。

谭冠三政委常常对战士们说："咱们在世界屋脊、风雪高原搞生产，撒下的不仅是萝卜种子，白菜种子，富裕繁荣的种子啊！"西藏高原缺少水果，吃水果很困难。谭冠三积极支持"八一农场"试种水果，批准农场到山东、河南等地买苹果苗，请专家指导"八一农场"试种果树。他到内地开会，回来时带一些果树苗。经过他的辛勤劳动和培栽，他的小苹果园比"八一农场"的苹果树早一年结果，有一棵竟收了 200 多斤。政委的苹果园丰收，带动了军区各个农场和部队种植苹果树。

1959 年 5 月，在张国华、谭冠三的，中共西藏工委拟定了《平叛工作中几个问题的决定（草案）》，制定了十三个方面的政策和执行办法，党中央在批复中指出："这个方案所制定的各项政策，都是正确的。"到 1961 年 10 月，平叛作战胜利结束。在平叛的同时根据党中央"边平叛，边改革"的方针，西藏进行了彻底摧毁封建农奴制度的民主改革。使西藏人心稳定，发展经济，民族团结，人民的生活得到了改善。人们称民主改革使西藏稳定发展的时期，是西藏的第一个"黄金时代。1965 年 9 月 9 日，西藏自治区宣告成立，阿沛·阿旺晋美担任主席、张国华任区党第一书记，谭冠三任第二书记。"

谭冠三在西藏高原戎马戍边先后十二年，他很少休假。他热爱西藏人民，热爱边疆的山河，对西藏的一草一木都有着深厚的感情。他用光辉人生为和平解放西藏，建设西藏贡献了他美好时光。从 1978 年起谭冠三历任成都军区顾问，全国政协第四、第五届常委。

1985 年 12 月 6 日因病去逝在成都，谭冠三他走完了他辉煌的人生，曾在西藏边疆立下赫赫功勋的他，临终之时，他向党提出了唯一的请求："我死后，请把我的骨灰埋在西藏！"1986 年 8 月 1 日，根据谭冠三的遗愿，西藏自治区党政军民怀着深厚的感情，在拉萨"八一农场"苹果园隆重举行了他的骨灰安放仪式。他永远默默看着，这片雪域西藏的繁荣稳定发展。

第五部分：自然风光

1、思金拉措—财神湖

思金拉措（财神湖），我曾经多次站在这个小家碧玉的湖边，看着它那清秀脸庞，她那美丽秀美的情怀，使我记忆永远停留在她的身旁。

这个美丽的湖，位于拉萨墨竹工卡县以东日多乡的米拉山下，海拔 4600 米。思金拉措（湖），藏语为：具有威力的神湖，当地的百姓称为"财主百龙之王"居住的神湖。她的中间有一个形如毒蛇舌头的绿色草坪，名叫蛇舌草坪。据传当年吐蕃赞普赤松德赞，建成西藏第一位寺庙——桑耶持后，正在为没有金子给众佛上金粉而感到忧虑时，莲花生大师为赞普出了一个主意说：请你找世间财主墨竹思金龙王，可设法取得金子。赞普赤松德赞，他亲自前往思金拉措神，刚走到思金拉措神南面的哲申山旁边一潭名叫郭迪朗的黑湖边时，忽然从这油黑湖中冲出了一条非常凶猛的毒蛇，她破浪横游思金拉措神湖，挡住了赞普赤松德赞的去路。正在这危急时刻，莲花生大师从仲巴山洞中施法降伏毒蛇，当时割下它的舌头，扔进了湖中，随即变成了这块蛇舌草坪。

在蛇舌草坪旁边，有一块沿湖顺势形成的形如卡垫式绝色草坪，这块美丽的湖中草坪，是莲花生大师为赞普赤松德赞铺坐垫而变成的。当赞普赤松德赞坐在这块卡垫上，思金拉错神湖上掀起了许多冲天的浪花，随之在赞普手上落下了七千多块金币，赞普心满意足，于是烧香祭拜了湖中墨竹金龙王，以表谢意。桑耶寺距今已有 1200 我年的历史，但是如今依然沿续着每年烧香祭拜墨竹思金龙王的习俗。

每年到了藏历六月十五的那天，过去历代达赖、班禅喇嘛、直孔梯寺活佛都要到思金拉措祭拜神湖，往湖中投入许多金银财宝以报神湖的恩锡。这个习俗慢慢形成了一个制度。如今依稀可见思金拉措神湖边上留下了许多历史沧桑的遗迹，如迎宾宝座、修行遗迹，有搭建帐蓬的美丽草坪。传说从前在整个藏区和墨竹地方干旱少雨时，日多寺、直孔梯寺随时会到神湖求雨，特别是直孔梯寺活佛到神湖边去求雨，会日夜下雨，而且雨水不停。

据藏文古籍《五部遗教》等藏文记载，墨竹思金拉措神湖位于犹如聚宝盘里用金银财宝向四周供奉曼陀罗。其间，蓝天倒映在神湖之中。而美丽的思金拉措中思金龙王以雪域财主的身份把几宝撒在大地上，撒满了雪域高原的山川，并用各种珍贵药材及树木、鲜花、野生动物将其点缀的更加美丽。神湖背面的山形像龟王，山上有莲花生大师修行的"仲巴"岩洞及许多历史悠久的修禅静地和生成之物。

神湖东面的山脉，象十六尊罗汉，东南边还可以看见雪域高原著名的摸顶山，供世人们膜拜。传说祭拜摸顶山神，可以积累福运。思金拉措神湖的南面山脉，供奉的是曼陀罗，西面的山脉大象背上的宝座。山的左边是祭拜黑湖，山的右边是前往神湖参观旅游的路口。思金拉措的四周小湖泊是罗棋布，小湖泊有着不同的象征意义和历史渊源，有着显灵传说。在它的东面象征五个飞天的五个小湖，南面有六个小湖，它的西面有象征着八尊古如（莲花生大师的八大变化身）的八个小湖，北面有象征着"三怙主"的三个小湖。

我站在地形犹如聚宝盘的思金拉措边，忆着千年沧桑而有美丽的传说，感慨万千，她如此的美丽，水天如一。山上的雪莲绽放，金腰子草、冬虫夏草、黄莲花等珍贵的药材。山间随地可见的雪鸡、雉鹑、岩羊、鹿、高山岭羊、香獐等，偶尔可见狼、马、熊、豹等野兽。思金拉措可真是个聚宝盘，诱人可秀呵！

2、念青唐古拉的爱人—纳木错（湖）

纳木措响誉国内外的神湖，我曾经无数次的踏上这片神奇的神湖，她为唐古拉（山）的爱人，展现着那委婉神密的面沙，静静躺在雪域高原纯洁的大地之上，默默的记载着她那无言的诉说。向人们展示着她那美丽而委婉的传说。

纳木措（湖）中国第三大咸水湖，海拔 4718 米。东西长 70 多千米，南北宽 30 多千米，面积 1920 多平方千米，她的最深处 120 多米，为世界上海拔最高的大型湖泊。它位于拉萨当雄县与那曲班戈县之间。"纳木措"是藏语；蒙古语为"腾格里海"，两种名子之意，均为"天湖"。纳木措藏语是"天湖"，藏语的全名为"纳木措普摩"，竟为"富裕天湖"。纳木措曾经是古象雄雍仲本教的第一神湖，在雍仲本教的经典中记载："纳木措有七十二个圣地"。后来纳木措成为著名的佛教圣地之一。湖心的扎西岛上有扎西岛寺院香火旺盛。每在藏历羊年时，成百上千的信徒前来朝圣。纳木措还是预卜凶吉祸福的圣湖。据说"命大"之人登上湖边的山丘，可见湖中的灵异现象，过去这里为藏传佛教进行圆光卜的场所。每蓬夏季，有不少的喇嘛前往纳木措朝圣，以湖中显现的灵异景象来预卜未来，纳木措也是古象雄文明发祥之地。纳木错也是西藏古老的苏毗末羯女儿国，祭拜的神母；念青唐古拉为神父。

据《西藏王统记》《朵堆》等古藏文典籍记载、象雄辛饶·弥沃对过去原始本教进行了许多改革，创建了雍仲本教，它为西藏最古老的古象雄教。据说辛饶·弥沃创立了古老的象雄文字（待考），并传授"五明学科"，工巧明（工艺学）、声论学（语言学）、医学、外明学（天文学）、内明学（佛学）。古象雄的文明以"雍仲本教"的传播而发展起来。

《藏族人口史考略》记载，根据军队比例，象雄人口应不低于 1000 万。后来，吐蕃逐渐在西藏崛起，到公元 8 世纪，吐蕃彻底征服了象雄古国。象雄文化逐步融入吐蕃文化之中，有些文化渐渐也消失了。西藏雍仲本教文献被学者们称"象雄密码"。《吐蕃王统世系明鉴》记载："自聂赤赞普至墀杰脱赞之间凡二十六代，均以本教护持国政"。而当时的象雄文字，它主要用于本教经书典籍的书写。由此可见了解西藏的文明发展，象雄文明是西藏必须要了解和研究的根基。苏毗（孙波）也是西藏发展文明的一个重要组成部分，对于她的渊源发展研究，对进一步了解西藏发展，是不可忽视的重要历史。公元 7 世纪，松赞干布兼并统一西藏。

各部落，建立了强大的吐蕃王朝以后，西藏正史和历史开始才有了记载。由于近年来考古发现证明；古象雄文明才是西藏文明真正的根基。根据汉文史记与藏文典籍记载，象雄古国（实际是部落联盟），史称羌同、羊同；苏毗末羯这个母系氏族的古老民族，在青藏高原显赫一时的女儿国，尽管给我们留下了一个文明程度较高的国度。在慢慢历史发展之中，尽管给我们留下了，无数之谜，她的流传中与纳木措、念青唐古拉有着密不可分的关系，纳木错羊年转湖的习俗与苏毗末羯女国的自然崇拜有着联系。

纳木措的形成是地质构造形成的，她是喜马拉雅运动凹陷而形成，实为断陷构造湖，并具冰川作用的痕迹。如湖水不断退缩，至今湖的周围留有 8—10 道古湖岩线，最高一道古湖岸线，最高一道距湖约有 80 米。纳木措周围有大小湖泊 1500 多个。纳木措的南面是终年积雪的念青唐古拉（山），北面和西面是高原丘陵和广阔的湖滨。纳木措周围被草原包围，水草丰美，湖水清澈，湖水含盐量较高，其流域范围之内的野生动物资源非常丰富，如野牛、山羊等。湖中多野禽、细鳞鱼、无鳞鱼。湖被四周雪山相映，风景如画。

湖的东南部是直插云宵，显得巍峨壮观，念青唐古拉（山）的主峰终年积雪；北面依偎着缓缓连绵的高原丘陵，广阔无垠的草原与山脉，环绕着美丽的天湖，她象一位美丽的少女，天湖象一面宝镜，像镶嵌在藏北草原上的明镜。蔚兰的天空，碧蓝的湖水、白雪皑皑的山峰、绿茵茵的草原，牧民牛毛帐蓬，伴随着五颜六色的野山花，光辉相映，象一幅美丽动人的画卷。我曾多次身临其境，无不感到心旷神怡。纳木措由罗萨河、打尔古藏布、查哈苏太河等河流注入。

纳木措在公元十二世纪末，她由藏传佛教达隆嘎举派的创始人达隆塘巴·扎西贝等高僧，曾经到湖上修习密宗要法，创建羊年环湖之举（这种说法待考证，有可能由于后来佛教在西藏兴起，佛教徒给予她的一个定义）。信徒们传说，每到羊年，诸佛、菩萨、护法神都会在纳木措集会，大兴法会，在此时前往朝拜的信徒们，转湖念经一次，胜过平时朝礼转湖念经十万次，因此，每年藏历羊年时，僧俗信徒长途跋涉转湖。转湖活动藏历四月十五日为高潮。纳木措湖畔玛尼堆遍布，是朝圣者心中的圣地。因纳木措形状像静静卧着的金刚度母，湖的南面有乌龟梁、孔雀梁等18道梁人，湖的北面有黄鸭岛、鹏鸟岛等18个岛、湖的四面还有4座寺庙，它们象征着佛教中说的愠、怒、权、势。4个寺庙的墙壁上有许多自然形成的佛像，传说纳木措是帝释之女，念青唐古拉之母。

纳木措中有五个岛屿立于万顷碧波之中，佛教徒们传说是藏传佛教密宗的五方佛的化身。五个岛以良多岛的面积最大，面积为1.2平方公里。五个岛从不同的方位凸入水域，其中扎西岛为五岛之冠，岛上纷杂材立，有无数石柱、奇峰异石，有的象象鼻、有的像人形、有的象松柏，千姿百态。扎西岛上还有许多幽静岩洞，有的岩洞内留史前岩画，岩洞口呈圆形而洞浅短，有的溶洞狭长，有的岩洞上面塌陷象天然天窗，有的洞内里布满了瘤钟乳石，岛上地貌奇异，巧夺天工，实属奇观。

纳木措佛教传说故事：

相传"纳木措是天释天的女儿，念青唐古拉的妻子"。它们的造像分别为：念青古拉它头戴盔甲、右手举着马鞭、左手拿着念珠，骑白马，纳木措她腾云驾雾，骑着飞龙，右手持龙头禅杖、左手拿佛镜。念青唐古拉在北方诸神灵中最具权威，他拥有广大无边的北方疆域和丰富的财宝。

在那木措北岸有一座不大的山坡上住着一位叫扎古恶脸的赞

神，它法力无边，以狩猎为生。

一天，太阳刚从东方升起，朝霞给至高无上的念青唐古拉戴上明晃晃的金冠。扎古恶脸挎上弓箭别着大刀去打猎，在路上遇见了一条黑蛇和白蛇在那里厮杀，那条白蛇威风凛凛，钳嘴卡住黑蛇的头甩来甩去。当扎古恶脸晚上打猎回来，带着猎物往家走的路上，又看见黑蛇占了上风，黑蛇那山洞般的大嘴死死地掐着白蛇甩来甩去，白蛇已奄奄一息，半死不活。扎古恶脸想想说：就把白蛇当成天神吧，把黑蛇当做魔鬼吧。于是，他拔出大刀把黑蛇砍成两截，救了白蛇的性命。

过了几天，扎古恶脸又在出去打猎，在路上看见了一头白野牛和一头黑野牛顶架。白牛象一座高高矗立的雪山，每一次攻击都使黑牛只有招架之力。等到傍晚扎古恶脸归来的时候，黑牛高高举着蓬松的牛尾，两只黑洞洞的鼻腔冒着青烟，嘴里闪着火焰般鲜红的舌头，白牛已被顶翻在地。扎西恶脸心想，这白牛可能是天神，黑牛可能是魔鬼。他用野牛肋骨做成了弓箭射死黑牛。

扎古恶脸刚回到家里，念青唐古拉神化为凡人相貌，着一身白色绸缎衣裳，头戴白色头巾，左手持一短剑，左手握着马鞭骑着白马飞驰而至。

念青唐古拉山神对扎古恶脸说："朋友，你给我帮了大忙啊，你需要什么，我可以满足你三个要求"。扎古恶脸不明原由，说："我没有帮过谁的忙，我也不要你满足我的要求。"

念青唐古拉神解释说："不，朋友，你所救的白蛇和白牛是我的两个神魂动物。我要报答你的救命之恩"。

"既然这样，那我就不客气了"。扎古恶脸听了念青唐古拉的解释说。

念青唐古拉山神打开所有仓门，让扎古恶脸选三样东西，只准拿三样。

山神的仓房里堆满了金银珠宝，绫罗绸缎，到处都是金光灿灿，亮晶晶，令人眼花缭乱，目不暇接，赞神一时不知道要什么好。于是就闭目瞎摸。他第一次摸到的是盐，便抓了一把撒向北方说："但愿对人类有用"。第二次摸到的是碱，便抓了一把撒向北方说："但愿对世人有用"。第三次摸到一个疙疙瘩瘩的东西，也抓了一把说："也撒到北方去吧"。可这个疙疙瘩瘩的东西可不是什么好东西，而是一把炭疽病菌。

天真可爱的牧人感谢扎古恶脸赞神给藏北大地撒满了盐碱。但同时惋惜的是，他同时也撒了一把炭疽菌。

念青唐拉（山）神还做过一次对不起纳木措的事情。念青唐古拉（山）神虽然身为神灵之王威震一方，但是西部的达尔果雪山经常进犯念青唐古拉（山）神的领地，偷袭马群。它想讨伐达尔果雪山，但自己又懒得出阵。于是，他对扎古恶脸说，你常住我的领地，吃我的家畜，我需要你来帮忙，你去替我讨伐达尔果雪山，速成之后，我可以满足你一个愿望。

扎古恶脸二话没有说，出阵讨伐达尔果雪山。达尔果雪山正和爱妻加岗拉姆与孩子们玩耍，便匆忙应战，经过几昼夜奋战，扎古恶脸借助念青唐古拉（山）神给它的神力，勉强获胜，赶着被抢来的马群凯旋归来。

念青唐古拉（山）神对扎古恶脸说："好，你胜利归来。你想得到什么？"扎古恶脸说："我不要你的财物，我要和纳木措过一夜。"

念青唐古拉说："好，我们有言在先，我会满足你的要求"。

有一天，扎古恶脸在纳木措湖边放羊，突然在他面前出现一个"不像人间女儿，倒像天上公主"的美丽女人。她对扎古恶脸说："我是听了念青唐古拉山神的话来和你约会的。你想按你们人间的习俗呢？还是我们神仙的习俗"，扎古恶脸心想，人间的习俗，我已经尝过了，神仙是怎么过那种生活的呢？他对纳木措说："我要按你们神仙的习俗"。话音刚落，一道艳丽的彩虹在纳木措与扎古恶脸之间闪了三下，纳木措仙女说："完了"。等三月十五日月亮出时分，到湖边来认领你的孩子吧，你要给我记住千万别带上你的弓箭，一定要记住"。说完消失于湖面。

　　扎古恶脸苦苦地等呀等呀，终于等到了来年三月十五日，月亮从东方升起，扎古恶脸出门认子。但是，不带着弓箭实在不习惯出门，最终他还是把弓箭带上了，当他来到湖边，有一头母野牛正在舔着刚出生的牛犊，扎古恶脸见到野牛正在舔着刚出生的牛犊。扎古恶脸见到野牛他手心痒得难受，便拿出箭，上了弦射向野牛，没想到正好射中那头刚刚出生的小牛犊。

　　这时，纳木措显出人形对扎古恶脸说："你这个罪人，你不听我的话带上弓箭，你知道你射死的小牛犊是谁吗？那是你的儿子，我们因缘已断"。纳木措哭着消隐于湖中。

　　念青唐古拉与纳木措结为伉俪相亲相爱，这是北方百姓的福份，但它们的感情不是没有出现过裂痕。

　　保吉山传说

　　在纳木措北岸约 30 公里处有一座山叫保吉山，与念青唐古拉遥遥相望。当年威严峻拔的保吉山常与念青唐拉的爱妻——纳木措窃窃私语，缠缠绵绵。生下一个儿子——唐拉扎杰。保山和纳木措为了不让念青唐古拉发现唐拉扎杰，把唐拉扎杰藏在保吉山以西约 6 公里的大坝。奇怪的是，纳木措以北地区无论从什么角度都能目睹念青唐古拉的尊容，可就是站在唐拉扎杰山看不到念青唐古拉。

　　尽管唐拉扎杰没有被念青唐古拉看到，可不幸的事情还是发生了。保吉拉（山）和纳木措的如意算盘打得太简单，神力无边的念青唐古拉怎么会不知道他们那点小事呢？有一次他们正在幽会时，念青唐古拉发现自己的爱妻与保吉拉（山）承通，保吉拉（山）正欲拔腿北逃，念青唐古拉的长刀砍断了他的双腿，保吉拉从此再也无法站立了。

　　尽管我去纳木措与念青唐古拉多次，每走进他们的怀饱里，总会想起这段美丽动人的故事传说。

3、古老的吉曲—拉萨河

拉萨河从小就在她的身边长大，看着她有时静静流淌、有时波浪翻滚、有时清澈透底、有时带着黄沙滚滚而下。她背负着拉萨这座千年历史名城，永远奔流不息，肩负着历史的承载。

拉萨河是雅鲁藏布（江）五大支流之一。藏语"吉曲"。拉萨河发源于念青唐古拉（山）脉南麓嘉黎县（那曲地区）彭措拉孔马沟。北部和西北部与怒江流域相邻，东部与帕隆藏布和尼洋河相接，南部为雅鲁藏布（江）干流，西部和西北部为藏北内流水系。在雅鲁藏布（江）各支流中位居第三位。

拉萨河是拉萨的母亲河，对拉萨的发展有着很大的影响。拉萨人民深深爱着这条河。

4、流沙河—拉萨季节性河流

流沙河，我从小就在你的怀饱中玩耍喜戏，它是伴随我成长的摇篮。曾经是一条美丽的河流，可是如今已经找不到流沙河的影子。说实说心中真的有些失落。流沙河由夺底沟和娘热沟水汇流而成，最终流向拉鲁湿地，流沙河如今也被到入夺底沟小流域综合治理项目中，流沙河承载了沧桑历史，也承载着我们童年的记忆，流沙河焕发新的生机。

流沙河在 20 世纪 70 年代以前，拉萨北郊是一个流沙坝，流沙河藏语称为"杰热"，"杰"就是沙子，"热"就是水渠、堤坝。流沙河发源于娘热沟和夺底沟，穿过现在的色拉路往东南流经林廓北路，从拉萨中学现院中流经自治区税务局——拉萨饭店——西藏宾馆———汇入拉萨河。

5、拉鲁湿地

拉鲁湿地位于拉萨西北角，总面积 6.2 平方公里，平均海拔 3645 米，它是典型的青藏高原湿地，属于芦苇泥炭沼泽。湿润的气候和丰美的水草，在高原上十分难得。湿地每年会引来许多赤麻鸭、黄鸭、斑头雁、棕头鸥、戴胜、百灵、云雀和西藏毛腿沙鸡等野生动物，还有少量的黑颈鹤在此嬉戏，一片盎然生机。它是世界上海拔最高、面积最大的城市天然湿地，也是中国唯一的城市内陆天然湿地。被誉为拉萨的"天然大氧吧""拉萨之肺"。

拉鲁湿地在 1959 年以前，是西藏大贵族拉鲁家族的领地。

参考书目：

《拉萨文物志》西藏自治区文物管理委员会编

《达赖喇嘛传》牙含章编著（西藏人民出版社）

《佛界》杨辉麟编著（青海人民出版社）

《吐蕃金石录》王尧编著

《藏传佛教格鲁派》项智多吉著（西藏人民出版社）

后　记

我在西藏生活了超过半个世纪，从小就对西藏以及拉萨的历史非常感兴趣。在西藏工作的 40 年当中，我亲眼见证了西藏地区，特别是拉萨翻天覆地的变化。

为了让人们更好地了解西藏和拉萨的历史和今天，我用了几年时间编写了这部《西藏千年史话》。这部书介绍了西藏文明的多个方面，应该还有很多遗漏和缺憾，但愿能够给读者起到抛砖引玉的效果。

本人写作水平、知识有限，书中可能有不少错误，请广大专家学者批评指正。

白玉芬

2023 年 10 月 30 日于拉萨